학교야 학교야 뭐하니? 연극한다!

학교야 학교야 뭐하니? 연극한다!
수업과 동아리, 자유학기제에 활용하는 초중고 연극 교실

1판 1쇄 발행 2019년 10월 21일
1판 2쇄 발행 2020년 11월 23일

지은이 ── 전국교사연극모임
펴낸이 ── 한기호
책임편집 ── 박주희
편　집 ── 여문주, 오선이, 박혜리
본부장 ── 연용호
마케팅 ── 윤수연
경영지원 ── 김윤아
디자인 ── 장원석
인　쇄 ── 예림인쇄
펴낸곳 ── (주)학교도서관저널
　　　　　출판등록 제2009-000231호(2009년 10월 15일)
　　　　　04029 서울시 마포구 동교로 12안길 14(서교동) 삼성빌딩 A동 3층
　　　　　전화 02-322-9677　팩스 02-6918-0818
　　　　　전자우편 slj9677@gmail.com
　　　　　홈페이지 www.slj.co.kr

ISBN 978-89-6915-064-6　03370
이 도서의 국립중앙도서관 출판예정도서목록(CIP)은 서지정보유통지원시스템 홈페이지 (http://seoji.nl.go.kr)와 국가자료종합목록 구축시스템(http://kolis-net.nl.go.kr)에서 이용하실 수 있습니다.(CIP제어번호 : CIP2019040596)

책값은 뒤표지에 있습니다.

전국교사연극모임 지음

학교도서관저널

서문
연극으로 놀며 배우는 뿌듯한 만남을 위해

전국교사연극모임(이하 전교연)은 1992년에 창립된 이래 14개 지역 교사 모임과 유기적으로 '연극으로 학교를 즐겁게' 하는 일들을 신명 나게 해왔습니다. 매년 여름과 겨울 두 차례씩 5박 6일 간의 전국 단위 연수를 실시하고 워크숍, 사랑방 연수, 지역연극교실 등을 통해 배움을 게을리하지 않았습니다. 공연과 연극 지도 등의 실천 활동에서도 '놀이와 즉흥'이라는 자유로움을 추구하고 있습니다. 지역 모임 외에 300여 명의 개인 회원들도 주체적으로 활동 중입니다.

전교연의 여러 활동과 배움, 실천 내용은 계간으로 발간되는 회지 〈몸짓〉에 기록되어 생생하게 되살아나고 심화됩니다. 이런 활동이 그동안 『1주일 만에 뚝딱 연극 만들기』와 청소년 연극 대본집 『우리 연극해요』(전 2권)라는 단행본으로 발간되어 교육연극이 학교 현장에 뿌리내리는 데 큰 역할을 담당했습니다. 이번에 발행되는 세 번째 단행본 『학교야 학교야 뭐하니? 연극한다!』는 회지 〈몸짓〉의 '전교연, 연극으로 놀다'라는 꼭지에 실린 실천 사례들을 엮은 것입니다. 초중고 수업 시간, 동아리 활동, 학교 공연, 자유학기제 활동 등 학교 현장에서 활용된 연극 수업 사례를 수록했습니다.

　구체적인 사례와 활동 소개에 앞서 '연극 활동을 할 때 알아두면 좋을 것들'과 '연극 활동과 관련한 고민 상담'을 수록했습니다. 전교연에서 오랫동안 활동해 오신 백인식 선생님의 활동 경험과 전국 전교연 선생님들의 중지를 모아 정리한 것으로, 학생들과 연극 활동을 해보고 싶은 교사는 물론 현재 연극 활동을 하면서도 갈등을 느끼는 선생님들께 좋은 길잡이가 될 것입니다.

　'1부 수업 시간, 드라마 기법으로 놀다'는 수업 시간에 동화와 시, 소설 등의 문학 작품을 활용하여 연극을 해보려는 교사들에게 구체적인 수업 사례를 제공합니다. 심진규 선생님의 '몸으로 동화 읽기'와 김선정 선생님의 '노비 해방을 꿈꾸다'는 드라마 기법을 활용한 초등 연극 수업 사례를 보여줍니다. 고등학교 문학 수업에서 시 「못 위의 잠」 「우리 동네 구자명 씨」, 소설 「수난이대」 「아홉 켤레의 구두로 남은 사내」, 희곡 「파수꾼」 등으로 여러 연극 기법을 활용해 학생들과 극을 만들고 즐긴 서호필, 박영실 선생님의 수업 사례는 연극과 문학 수업이 만나 어떤 교육적 효과를 내는지 엿볼 수 있게 해줍니다.

　'2부 연극 동아리, 나도 한번 해보자'는 초등은 물론, 중고등학교에서도 다양한 연극동아리 활동이 가능함을 보여줍니다. 그림책, 우리 이야기, 문학 작품을 통해 활동하고 공연 대본까지 수록한 조윤주 선생님의 수업 사례와 연극동아리의 첫 만남에서부터 공연까지 친절하게 정리한 김선정 선생님의 기록은 초등 동아리 활동의 든든한 지원군이 될 것입니다. 오랜 시간 인천대건고에서 연극동아리와 함께한 한만수 선생님의 창작극 만들기 활동 지도안과 공연 과정에 관한 기록은 고등학교 동아리뿐 아니라 중학교 자유학기제에도 적용 가능한 자료입니다.

'3부 학교 공연으로 우뚝 서는 아이들'은 학예회나 학교 공연에서 연극을 만들고 관객과 교감하는 내용을 담았습니다. 국어, 미술, 체육 통합 프로젝트로 29차시 연극 활동을 실천한 박재민 선생님과, 초등학교 3학년들과 극을 만들고 학예회 공연을 한 고진선 선생님의 활동 사례는 초등 연극 활동의 모델이 될 것입니다. 그림책을 모티프로 중학생들과 좌충우돌하며 창작극 공연을 한 이종영 선생님의 수업 사례를 보면 학생들이 직접 찾은 기사를 활용해 어떻게 이야기 구조를 짜고 장면을 만드는지 아이디어를 얻을 수 있습니다.

오랫동안 연극동아리와 어울려 지낸 교사 이인호의 '학교 연극공연 매뉴얼'과 국어시간에 낭독극을 여러 반과 공연할 때의 과정과 유의점을 정리한 '국어시간에 낭독극 공연하기'도 참고해 보세요.

'4부 자유학기제, 자유롭게 즐겁게'는 최근 중학교에서 실시하고 있는 자유학기제 활동과 관련해 수업 운영을 어떻게 할지 고민하는 선생님들께 대안을 제시해줍니다. 연극 수업이 낯선 아이들에게 연극의 즐거움을 맛보게 해줄 연극놀이 수업 18차시를 실시한 이종영 선생님의 수업 사례와 매시간 학생들과 나눈 이야기와 연극 활동, 학생들의 소감과 아이디어를 기록한 수업 일기를 바탕으로 창작극 대본을 만든 양은영 선생님의 수업 사례를 소개합니다.

연극으로 이렇게 생생하고 즐거운 만남이 가능하게 해준 안내자이자 이를 먼저 실천한 필자들의 '즐거운 수고'에 뜨거운 박수를 보냅니다. 책에 실린 프로그램의 연극놀이와 즉흥은 여러 연극 전문가와 교사들이 창작하고 활동한 방법을 필자들이 각자의 프로그램에 맞게 변형하고 재창조한 것들입니다. 연극놀이와 즉흥을 만들고 발전시켜 온 모든 분께 감사드립니다. 아울러 이런 보석들을 페어 단행본으로 만들 수 있게 오랜 시간 수고하고 마무리 작업까지 솔선한 전교연 회지 〈몸짓〉의 편집위원 안지영, 박영실, 고진선, 최지선, 심진규, 김선정 선생님을 오래 기억할 것입니다. 우리는 연극을 통해 더 자유롭고 아름다운 삶을 가꿔갈 것입니다. 그 행복한 여정에 이 책이 좋은 길동무가 된다면 더 바랄 게 없겠습니다.

2019년 10월
엮은이 이인호

차례

서문_이인호 —— 5
연극 활동을 할 때 알아두면 좋을 것들_백인식 —— 11
연극 활동과 관련한 고민 상담_백인식, 박재민 —— 19

1부 수업 시간, 드라마 기법으로 놀다
01. 몸으로 동화 읽기_심진규 `초등` —— 33
02. 노비 해방을 꿈꾸다_김선정 `초등` —— 54
03. 시로 연극하기 1_서호필 `중고등` —— 71
04. 시로 연극하기 2_영실 `중고등` —— 90
05. 희곡으로 연극하기_서호필 `중고등` —— 102
06. 소설로 연극하기 1_서호필 `중고등` —— 123
07. 소설로 연극하기 2_영실 `중고등` —— 138

2부 연극동아리, 나도 한번 해보자
01. '연극쟁이'의 연극 만들기_조윤주 `초등` —— 153
02. 연극놀이부, 만남에서 공연까지_김선정 `초등` —— 180
03. 학생연극회 창작극 만들기_한만수 `중고등` —— 203

3부   학교 공연으로 우뚝 서는 아이들

01. 그림책으로 연극 공연 만들기_박재민 `초등` ────── 231

02. 열 살 친구들과 극 만들기_고진선 `초등` ────── 251

03. 에이, 극은 뚝딱 만들어지지 않던데요_이종영 `중고등` ────── 268

【참고자료1】학교 연극공연 매뉴얼_이인호 `중고등` ────── 283

【참고자료2】국어시간에 낭독극 공연하기_이인호 `중고등` ────── 290

4부   자유학기제, 자유롭게 즐겁게

01. 까불까불 몸짓놀이_이종영 `중고등` ────── 295

02. 우리의 이야기, 연극이 되다_양은영 `중고등` ────── 314

찾아보기 ────── 351

연극 활동을 할 때 알아두면 좋을 것들

백인식_전국교사연극모임 회장

'내가 잘할 수 있을까?' '잘못하면 어떻게 하지?' 학생들과 연극 활동을 처음 시작하는 선생님이라면 이런 걱정을 하기 마련입니다. 세상 대부분 일이 그렇듯이 처음부터 연극 활동을 잘할 수는 없습니다. 활동을 마친 뒤에 뿌듯함을 느끼기보다는 생각과는 다른 반응을 보이는 학생들에 당황해하던 자신의 모습을 돌이켜보며 '그때 이렇게 했더라면 좋았을 것을….' 하며 후회하는 경우가 더 많지요. 그럼에도 선생님은 용기를 내어 다시 학생들 앞에 섭니다. 그렇게 실천과 경험이 반복되고, 점점 나아지는 자신의 모습에 뿌듯해합니다. 우리는 모두 그렇게 성장해 갑니다. 즐거운 연극 활동을 위해 저와 여러 선생님들이 경험을 통해서 얻은, 연극 활동을 할 때 알아두면 좋을 것들을 이야기해 보겠습니다.

직접 연극놀이와 즉흥을 즐겨보세요

학생들과 좋은 연극 활동을 하기 위한 기본 조건으로 '선생님이 직접 경험해 보기'는 중요한 요소입니다. 우스갯소리로 사랑은 책이나 영화로 배울 수 없다고 하지요. 연극도 마찬가지입니다. 책이나 동영상으로 배우는 방법으로는 직접 활동해야만 얻을 수 있는 느낌과 맥락 속의 가르침을 얻을 수 없기 때문입니다. 연극놀이와 즉흥을 직접 경험해보고, 즐거움과 어려움, 지도하는 사람의 자세를 체험하면 학생들과 연극 활동을 할 때 큰 도움이 됩니다. 직접 경험하지 않고도 가르칠 수 있는 지식이 있기는 하지만, 연극 같은 예술은 활동을 이끄는 사람의 직접 경험이 중요합니다. 연극 활동을 지도하는 일은 연기를 잘하는 것과는 별개의 문제입니다. 연기를 잘하지 못해도, 연극놀이와 즉흥, 연극을 즐기는 선생님은 학생들의 좋은 안내자가 될 수 있습니다. 홈런 타자가 아니어도 홈런 치는 방법을 지도할 수 있는 것과 같다고 하겠습니다.

몸과 마음 열기는 꼭 필요해요

두 사람에게 종이비행기를 접으라는 과제가 주어집니다. 한 사람에게는 얇은 복사지, 다른 사람에게는 하드보드지 같은 종이로 접으라고 해보죠. 어떤 결과가 빚어질지는 자명합니다.

연극 활동을 시작하기 전, 학생들의 몸과 마음은 딱딱하게 굳어 있습니다. 그 상태에서 바로 교과 수업과 관련된 연극 활동을 하면 기대하는 효과를 거두기 어렵습니다.

일반적으로 연극 활동은 '몸과 마음 열기-몸과 목소리의 표현적 사용-즉흥-연극 만들기'의 순서를 따릅니다. 한 시간 수업이든 두세 시간 수업이든 이 순서를 따르는 것이 효과적입니다. 때로는 '몸과 마음 열기' '몸과 목소리의 표현적 사용'이 하나로 합쳐지거나 '즉흥'이 빠지기도 할 것입니다. 그렇지만 '몸과 마음 열기'는 빼놓을 수 없는 활동입니다. 경험이 풍부한 선생님들은 3, 4월에는 연극놀이와 즉흥을 충분히 즐길 수 있도록 계획합니다. 학생들은 이 과정을 통해서 연극 활동의 즐거움, 서로 배려하는 자세, 공동체 구성원 사이에서 이뤄지는 표현의 안전망 등을 경험하게 됩니다. 이런 다음에 연극 만들기나 수업과 관련된 활동을 하면 더욱 좋은 모습을 만나게 될 것입니다.

들어 올려주고 꺼내주세요

우리 교육의 폐해로 '누가 누가 잘하나 줄 세우기'와 '교과 지식을 머리에 집어넣기'를 꼽기도 합니다. 학생들의 연극 활동은 자유로움을 바탕으로 하는 질서 있는 놀이판과 같습니다. 이 과정을 통해 '내가 이런 생각과 표현을 할 수 있구나!' 하는 자신감 즉 '들어올려 주기'와 학생들의 가슴, 머리, 몸에 들어 있는 생각과 정서 등을 밖으로 꺼내서 표현하는 활동이 이루어지도록 해야 합니다.

예술 활동에서 개인의 표현은 '틀림'이 아닌 '다름'입니다. 선택의 문제입니다. 모둠을 이뤄 무엇을 결정할 때, 올바른 하나의 답만이 있는 것이 아닙니다. 상호 존중의 분위기에서 함께 선택하고 만들어 가자는 전체의 이해와 합의가 있으면 좋겠습니다.

선생님이 잘할 수 있는 활동, 작은 것부터 시작하세요

연극놀이와 즉흥에는 간단하지만 학생들이 쉽게 몰입하고, 재미있게 활동할 수 있는 종류가 꽤 많습니다. 선생님이 해본 활동 중 재밌었던 연극놀이, 쉽게 가르치고 따라 할 수 있는 즉흥으로 시작해보세요. 이 과정을 통해 학생들은 재미를, 선생님은 경험과 자신감을 가지게 됩니다.

마음껏 뒹굴 수 있는 공간이면 좋겠죠

교실에서 활동할 때는 책상과 의자를 최대한 뒤로 물리거나 복도로 잠시 치워두는 것이 좋습니다. '언제 다 치우지?'라고 걱정하지 마세요. 학생들이 협조하면 의외로 금방 정리할 수 있습니다. 연극 활동을 하다 보면 바닥에 누워야 할 때도 있습니다. 바닥이 지저분하면 활동에 제약을 받게 됩니다. 마루가 깔린 곳이면 좋겠지만 그런 공간이 없는 학교가 많습니다. 교실 바닥을 청소해도 바닥에 앉거나 눕기가 꺼려집니다. 이때 돗자리를 몇 개 준비해서 사용하면 효과적입니다. 알루미늄 비닐 돗자리는 눈이 부셔서 집중에 방해가 됩니다. 야외 소풍 갈 때 쓰는 접이식 매트나 돗자리가 더 좋습니다. 한 개에 1~2만 원 정도면 큰 돗자리를 구입할 수 있습니다.

몇 가지 천을 준비해 두세요

남학생이 할머니 역할을 맡게 되었을 때, 보는 이들이 바로 알 수 있도록 연기만으로 표현하기는 어렵습니다. 이럴 때 천을 수건처럼 머리에 쓴다든가 간단히 변형하여 할머니를 표현할 수 있습니다. 공간을 표현할 때도 천은 다양한 활용이 가능합니다. 그렇다고 천을 남용해서 쓰면 오히려 상상력을 표현하는 데 방해가 됩니다. 몸이나 연기로 표현할 수 있도록 최대한 노력하고, 거기에 약간의 천을 활용하는 것이 연극 활동의 취지에도 맞습니다. 다양한 천은 온라인 쇼핑몰에서 쉽게 구할 수 있는데, 연극 활동 경험이 많은 교사에게 문의하면 필요한 천을 구입하는 데 도움을 얻을 수 있습니다.

때로는 악기도 필요합니다

교육용 악기인 오르프(Orff) 같은 간단한 악기는 여러 가지 활용이 가능합니다. 핸드벨, 에너지 차임, 톤블럭 등은 활동의 시작과 끝을 알릴 때 쓰면 좋습니다. 윈드 차임, 핸드드럼, 실로폰 등은 즉흥극을 할 때 색다른 효과를 낼 수 있습니다. 박자를 맞춰야 할 때 손뼉을 치는 대신 타악기를 사용할 수도 있겠지요. 교육용 악기들은 값이 그리 비싸지 않습니다. 틈틈이 한두 개씩 구입하거나 학교 예산으로 구입할 수 있다면 더 좋겠지요.

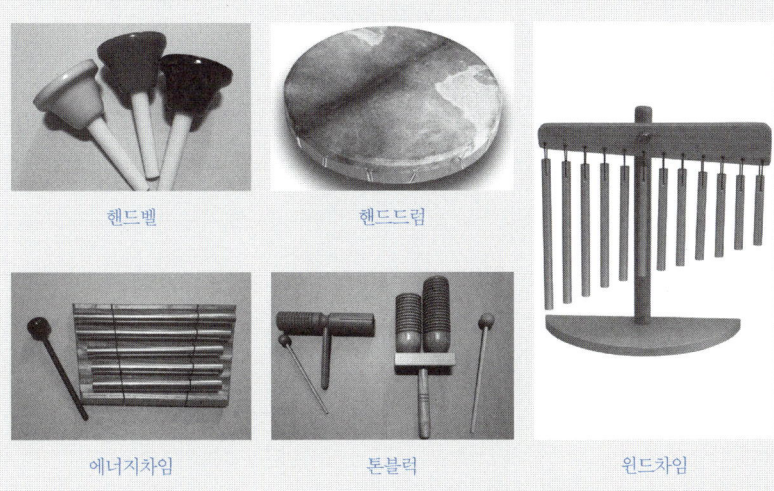

핸드벨   핸드드럼

에너지차임   톤블럭   윈드차임

간단한 약속과 규칙이 활동을 더 즐겁게 합니다

약속과 규칙은 활동을 제한하기 위해서가 아니라 함께 더 즐거운 경험을 하기 위해 필요합니다. 연극놀이나 즉흥의 시작과 끝을 알리는 신호나 약속을 정하세요. 특히 즉흥극에서는 연극 속으로 들어가고 나가기 위한 약속이 필요합니다. 연극 상황 속으로 들어갈 때 교사가 "하나, 둘, 셋!", 현실 속으로 돌아올 때는 "이제 현실로 돌아오겠습니다. 셋, 둘, 하나!"라고 말할 수 있습니다. 에너지차임처럼 듣기 좋은 소리를 내는 타악기를 함께 쓰면 더 나은 효과를 거둘 수 있습니다.

활동을 잠시 멈추고 설명해야 할 때, 집중할 수 있는 약속이 있으면 좋아요. 주의를 집중시키기 위해 큰 목소리를 내다보면 교사가 쉽게 지칩니다. 선생님이 고른 악기 소리와 함께 "여기 보세요!" 또는 "얼음 땡!"이라고 하면 동작을 멈추고 선생님을 본다는 식으로 약속을 정해보세요.

의견 나누기, 소감 나누기를 할 때 다른 사람이나 모둠의 부족한 점을 지적하기보다는 좋은 점을 말하도록 합니다. 교육연극은 자신이 직접 해보는 배우의 입장과 다른 사람의 표현이나 발표를 보는 관객의 입장을 넘나들게 됩니다. 그러므로 서로 이해하고 배려하는 마음이 필요함을 환기해주세요.

안전도 살펴보세요

연극놀이 중에는 움직임이 많은 활동도 있습니다. 힘이 넘치는 청소년들이 과도한 힘을 쓰지 않도록 미리 주의를 환기하는 것이 필요합니다. 교실에서는 주변 사물에 부딪히지 않도록 하고, 특히 모서리가 뾰족한 물건은 미리 치워 두어야 하겠지요.

교실이 아닌 공간인 경우 바닥이 미끄럽지 않은지도 미리 살펴봐야 합니다. 무용실이나 체육관 같은 곳에서는 양말을 벗고 움직이면 발바닥으로 느껴지는 촉감도 좋고 잘 미끄러지지도 않습니다. 소품을 사용할 때는 깨지거나 부러지기 쉬운 물건은 될 수 있는 한 사용하지 않도록 합니다.

블록 수업을 시도해 보세요

어떤 활동이냐에 따라 다르겠지만 한 시간 수업보다는 두 시간 블록 수업으로 할 때 더 나은 효과를 거두는 경우가 많습니다. 초등의 경우는 교사의 재량에 따라 두 시간 블록 수업이 중등보다는 수월하겠죠. 중등의 경우도 블록 수업이 가능한지 확인하고 시도해 보시길 권합니다.

팀티칭도 고려해 보세요

20~30여 명의 학생은 교사 혼자서도 지도할 수 있습니다. 그래도 여건이 가능하면 다른 선생님과 함께 하는 팀티칭을 시도해 보세요. 혼자 진행할 때보다 훨씬 효과가 좋습니다. 짝을 지어 활동해야 할 경우, 인원이 딱 안 맞는 때가 있습니다. 이럴 때 팀티칭을 하는 다른 선생님이 깍두기처럼 짝을 맞출 수 있지요. 한 명은 전체 활동을 안내하고, 다른 한 명은 학생들 사이에서 도움을 줄 수 있습니다. 활동에 필요한 준비물을 미리미리 챙겨 줄 수도 있고요. 활동이 끝난 뒤에 수업에 대한 피드백을 나눌 수 있다는 것도 큰 장점입니다.

초등의 어느 선생님은 같은 학년 선생님과 교환이나 합반 수업을 하기도 한답니다. 자신은 연극 활동을, 다른 선생님은 음악, 미술이나 체육 수업을 지도하는 방식으로 반을 바꾸어 두 번 반복 수업합니다. 이렇게 하면 수업 내용과 진행에 대한 피드백이 가능해져서 다음 활동에 반영할 수 있고, 선생님의 연극 지도 경험에서 변화와 발전이 더 빨라지게 됩니다.

통합 수업도 할 수 있겠죠

쉬운 일은 아니지만 동료 교사와 협의가 잘되는 분위기라면 교과 통합 수업도 시도해 볼만 합니다. 예를 들어 국어/사회와 미술 시간을 합쳐서 배운 내용을 연극 활동으로 진행할 때 미술시간에 소품이나 의상 만들기, 공간 구성 등을 해볼 수도 있을 것입니다. 음악, 체육 등 다른 과목들의 조합도 상상해 보세요.

연극 활동과 관련한 고민 상담

백인식 _ 전국교사연극모임 회장
박재민 _ 구미원남초 교사

교사의 수업은 직접적으로는 학생, 간접적으로는 동료 교사, 교장, 교감, 학부모에게서 영향을 받게 됩니다. 교육과정에 일부 포함되어 있지만 연극 활동은 교사가 활동의 양과 깊이를 선택할 수 있습니다. 이러한 교사의 자율적 선택은 주변의 다른 사람들로부터 긍정적이거나 부정적인 영향을 받게 됩니다. 연극 활동을 수업에 적용할 때 흔히 겪는 어려움을 짚어보고 대처 방법을 소개합니다.

수업 시수를 어떻게 확보해야 할까요?

연계된 교과 단원들을 찾아 수업 시수를 확보하는 것이 중요해요. 국어 교과서를 찾아보면 이야기를 만들고 장면을 꾸미는 데 어울리는 단원이 있어요. 소품과 음향, 조명에 관해서 이해하고 만들어 보는 시간은 예체능 교과에서 관련 단원들을 찾을 수 있어요.

어떤 작품으로 연극을 해야 할까요?

학생들이 공감할 수 있거나 재미있는 작품을 고르는 것이 첫 번째겠죠.

두 번째로 상상의 여지가 있는 작품을 고르는 것이 좋아요. 예를 들어 만화책처럼 그림이 상세한 텍스트보다는 그림책처럼 장면 사이의 내용이 비어 있거나 동화책처럼 글밥이 많은 작품이 상상력을 발휘할 기회가 많답니다. 세 번째로 적당한 길이의 작품을 고르는 것이 중요해요. 작품을 파악하는 데 시간을 많이 허비하면 극을 만들 시간이 줄어들어요. 또한, 학생들의 집중력도 함께 떨어지죠. 초등학생의 경우 한 차시(40분) 안에 작품을 읽고 내용도 파악할 수 있는 길이의 텍스트가 좋아요. 네 번째로는 학생들의 인원수를 고려하여 등장인물들이 적절하게 나오는 작품을 선택해야 합니다. 스무 명이 넘는 반에서 연극을 올릴 때, 인물이 두세 명만 나오는 작품을 선정한다면 극을 만들기 쉽지 않을 거예요. 두세 명이 주요 인물로 등장해 대사와 장면을 다 가져가면 다른 학생들은 소외받아요. 반 인원수를 고려하여 등장인물이 적절하게 나오는 작품을 선택합시다.

학생들과 어떤 극을 만들면 좋을까요?

연극놀이나 드라마 활동을 하며 학생들의 성향을 잘 살펴보세요. 학생들이 외향적이라면 움직임이 많이 들어간 극을, 내향적이라면 다양한 소품과 음악 등을 활용할 수 있는 극을 계획하는 것이 좋답니다. 또한, 일상생활 속에서 일어나는 이야기에 관심이 많다면, 현실을 반영하는 작품을 선정하는 것이 극을 만드는 데 수월해요. 판타지에 관심이 많다면 상상으로 채울 수 있는 여백이 많은 작품을 고르는 것이 좋아요.

학생들이 장면을 만들 때 교사는 어느 정도로 개입하는 것이 좋을까요?

연극 만들기 수업에서 교사는 연출가 역할을 해야 합니다. 학생들이 자유롭게 표현할 수 있도록 돕되 작품의 얼개는 교사가 잡아줍니다. 활동을 하다 보면 학생들이 재미를 쫓다가 만들고 있는 연극의 방향에서 벗어난 아이디어를 고집할 때가 있습니다. 이럴 때 교사는 연극의 큰 방향을 짚어주고, 본 이야기로 다시 들어올 수 있도록 안내해줘야 합니다.

학생들에게 모든 것을 맡기면 혼란스러워지거나 수업이 필요 이상으로 길어질 수 있어요. 학생들이 내는 다양한 아이디어들 중에서 교사가 연극의 방향에 맞는 것들을 선택해 주는 것이 바람직합니다. 학생들끼리 표현하는 것을 어려워할 때는 교사가 장면을 제시해 주어도 좋겠죠.

교실에서 공연할 때 무엇을 준비해야 할까요?

교실 공연을 올릴 때는 전문적인 장비를 쓸 수 없으니 조명, 음향, 무대 및 소품 등을 연극의 흐름에 꼭 필요한 것만 구입하거나 만들도록 합니다. 조명은 캠핑용 조명이나 손전등, 휴대폰 조명 등을 적절히 이용하면 좋습니다. 다만 특수한 조명 효과를 사용하고 싶을 때는 암전을 철저히 해야 합니다. 음향 장비는 학생들이 구해오기에는 무리가 있지요. 장면에 필요한 배경음과 효과음을 상의하고, 교사가 몇 가지를 구해서 같이 정하는 것이 좋습니다. 무대는 이동용 행어나 이동식 칠판 등에 검은색 천이나 종이를 이용하여 꼼꼼히 가리기만 해도 적당한 무대막의 느낌을 표현할 수 있어요. 소품의 경우에도 꼭 필요한 것은 구입하되, 신문지나 박업 등으로 소품을 만들면 시간과 비용을 절약할 수 있습니다.

반마다 분위기가 달라요

중등의 경우 같은 내용으로 수업을 해도 반마다 반응이 다릅니다. 어느 반에서는 만족스러운 활동이 이뤄지는데 다른 반에서는 썰렁한 반응에 당황해하기도 합니다. 연극 활동과 관계없는 방향으로 분위기를 몰고 가려는 학생도 있지요. 일반 수업과 마찬가지이지만, 이런 상황이 생기면 교사는 고민에 빠집니다. '내가 왜 연극 활동을 해서 이 고생을 할까? 그만둘까?' 하는 생각이 들기도 합니다. 안타깝게도 이런 문제를 해결하는 뾰족한 방법은 없습니다. 경험이 많은 선생님들은 어떻게 대처할까요? 여러 선생님이 '인내와 기다림'을 말해 주셨습니다. 첫째도 둘째도 셋째도 인내심! 참고 기다려주기. 너무 당연한 이야기지만, 좋은 교육 방법임에는 틀림없습니다.

어느 선생님은 수업을 하기 싫을 정도로 관계가 좋지 않은 반 때문에 마음고생을 많이 했는데, 학기 말에 학생들로부터 "연극 수업을 해주셔서 고맙습니다"라는 말을 들었다고 합니다. 도중에 포기하지 않은 것이 참 다행이었다고 말하시더군요. 쉽지는 않지만 선생님이 믿음을 갖고 활동을 지속해 나갔을 때, 학생들이 마음을 열고 변화한 사례를 꽤 많이 들었습니다.

수동적인 학생, 방해가 되는 학생은 어떻게 할까요?

'이렇게 재미있는 것을 왜 안 하려고 하지? 수업도 아닌데…' 반마다 움직이거나 표현하기를 심하게 꺼리는 학생들이 있기 마련입니다. 활동을 안 하려는 학생은 하고 싶은 마음이 들 때까지 옆에서 지켜보게 하는 것이 일반적인 해결 방법입니다. 아무런 관심이 없고, 활동을 하지 않던 학생이 움직임이나 대사가 없는 나무나 바위, 의자 등의 역할을 맡으면서 서서히 변화해 가는 모습을 보여주기도 합니다. 수동적인 학생들은 자신이 활동에 참여하여 표현을 할 때 다른 사람들이 포용해 준다는 확신이 생기면 조금씩 변화를 보입니다. 기다림과 포용적 분위기의 힘을 믿어보세요.

자기 마음대로 하려는 학생, 너무 튀려고 나서는 학생, 교사가 진행하려는 방향과 다른 쪽으로 분위기를 이끄는 학생도 있지요. 활동에 방해가 되는 행동을 하는 학생을 지도하는 것은 늘 쉽지 않은 문제입니다. 연극 활동을 오래 해온 베테랑 선생님들은 어떻게 대처할까요?

"방해하는 행동을 멈출 때까지 지켜보고, 수업이 끝난 뒤에 왜 그런 행동을 했는지 상담합니다."
"수업에 방해가 되거나 다른 사람에게 피해를 주지 않는 범위 내에서 최대한 수용하려고 노력하는데 쉽지는 않네요."
"수용에 관한 문제는 수업에 대한 교사의 고정된 틀 자체가 깨지지 않는 한 변화가 일어나기 힘든 것 같습니다."

연극 활동에 수동적이거나 방해가 되는 학생을 지도하는 나름의 방식이 있는 경우도 있겠지만, 만병통치약 같은 극적인 변화는 쉽게 이루어지지 않습니다. 인내와 기다림의 효과를 잊지 마시고, 마음을 다독여 보세요.

동료 교사와 의견이 맞지 않아요

같은 학년을 수업할 때, 수업 내용과 진행 방식에 대해 동료와 마음 터놓고 이야기할 수 있는 선생님은 행운아라 생각합니다. 갈등을 겪는 선생님도 있고, 최소한의 협의만 하는 경우도 많기 때문입니다. 연극 활동을 수행평가로 할 때에는 같은 학년 교사와 미리 충분히 의논해야 합니다. 같은 내용을 수업하지 않는 경우 나중에 문제가 생기곤 합니다. 동료 교사와의 관계 때문에 연극 수업을 포기하는 경우도 있더군요. 미리미리 이야기 나누는 것이 최선입니다만, 교육관이 현저히 다른 경우는 별 대책이 없어 보입니다. 이럴 때는 서로 합의할 수 있는 최저 기준을 정하는 것이 꼭 필요합니다. 이상적인 이야기지만 연극 활동의 경험이 없는 동료 교사에게 선생님이 연수를 진행하여 알려줄 수 있다면 더 바랄 나위가 없겠지요. 그럴 수 있다면 얼마나 좋을까요?

교장, 교감, 학부모가 부정적인 시선을 보낼 때 어떻게 설득할까요?

선생님을 믿고, 새로운 수업을 한다고 격려해 주는 분들도 있지만 그 반대인 경우도 있습니다. 교육 경력이 많지 않은 선생님들에게는 잘못된 압력이 더 쉽게 들어오기도 합니다.

"수업 시간에 왜 공부를 안 하고 노는 건가요?"
"소란해서 다른 반 수업에 방해가 됩니다."
"교육과정에 있는 내용인가요?"
"성적 떨어지면 책임질 건가요?"

이런 질문에 대한 답변을 미리 준비해 두면 도움이 되겠지요. 감정적으로 대응하다 보면 마음만 상할 뿐입니다. 한 번쯤은 강하게 대처할 필요가 있지만 부드럽게, 웃으면서 할 말 다 하는 것이 효과를 거둘 때가 더 많습니다. 먼저 경험한 선생님들은 이렇게 이야기했답니다. 아무 준비 없이 맞닥뜨리는 것보다는 조금이라도 도움이 되지 않을까 싶네요.

유형 1. "수업 시간에 왜 공부 안 하고 노는 건가요?"

답변 A "이거 *** 단원에 나오는 내용이에요. 다양한 방법으로 수업을 해 봐야 아이들도 다양하고 창의적인 성장을 하지 않겠어요?"

답변 B "학생들이 수업에 집중하지 못해서 놀이를 통해 집중시켜 봤어요. 그런데 효과가 있더라구요. 자료를 좀 드릴까요?"

답변 C "스트레스를 받으며 10시간 공부하는 것과 한 시간 스트레스를 풀고 스트레스 없이 8시간 공부하는 것, 어느 쪽이 더 효과가 좋을까요? 학생이 좋아하는 활동 수업으로 스트레스를 풀 수 있다면 오히려 공부 효과가 좋지 않을까요?"

답변 D "어린이는 몸이 자라는 시기입니다. 이때는 몸을 많이 써줘야 하지 않을까요? 실제로 많은 연구를 보면 몸을 쓰는 연극 활동 등이 학생의 지능 발달 및 집중력에 도움을 많이 준다고 합니다."

답변 E "인성교육진흥법에 의거하여 공동체 역량 강화를 위해 교과에 연극놀이를 접목하여 교육을 실시하고 있습니다."

유형 2. "소란해서 다른 반 수업에 방해가 됩니다."

답변 A "저는 미리 옆 반 선생님께 양해를 구합니다. 교육연극 연수나 교사 동아리에 함께 가자고 권유했습니다."

답변B "제 수업이 방해가 되었다면 죄송합니다. 아이들이 서로 의견을 나누고 활동을 하다 보면 약간의 소란은 어쩔 수 없는 것 같아요. 너무 큰 소음이 나지 않게 조심할게요."

답변C "저런, 시끄러웠나요? 미안해요. 시설이 이래가지고서야 요즘 아이들을 위한 활동이 되겠어요? 그래서 특별실이 필요한데…. 선생님이 운영위원이시니까 특별실을 만들어 달라고 운영위원회에 건의해 주세요!"

답변D "그렇죠? 우리 학교가 오래돼서 방음이 잘 안 되죠. 행정실에 건의해야겠어요. 방음이 이렇게 안 돼서 어떻게 수업을 하라고…."

유형 3. "이거 교육과정에 있는 내용인가요?"

답변A "교육과정을 재구성하여 융합 수업을 한 것입니다. 평소에 교장, 교감 선생님이 융합 수업을 자주 강조하셨잖아요."

답변B "국어 ** 단원에 있는 교육과정을 응용한 거예요. 샘도 한번 해보세요. 전교연 연수에 참여하면 다양한 수업 재료를 받을 수 있답니다."

답변C "당연하죠. ○○쪽에 있는 내용을 바탕으로 아이들에게 다양하게 생각할 기회를 주는 수업을 시도하는 거예요. 경직된 주입식 교육이 이제 시대에 뒤떨어진다고 평소에 말씀하셨잖아요."

답변D "교장 선생님께서 말씀하셨듯이 교육과정 내용을 아이들에게 제대로 전달하기 위해 다양한 시도를 하는 것은 연구하는 교사의 모습이라고 생각합니다."

답변 E   "'학교문화예술교육진흥법' 아시죠? 제3조를 보면 '문화예술교육은 모든 국민의 문화예술 향유와 창조력 함양을 위한 교육을 지향한다.'라고 되어 있고요. 14조에는 이렇게 나와 있어요. '학교의 장은 문화예술교육에 관한 국가의 시책을 고려하여 학교문화예술교육의 지원을 위한 사업에 적극 협조하여야 한다.'"

유형 4. "성적 떨어지면 책임질 건가요?"

답변 A   "전에 교육청 연수에서 들었어요. 특히 초등은 흥미를 살려 동기유발이나 가치 수업을 위한 역할놀이 등을 다양하게 적용하면 학생들이 수업에 더 적극적으로 참여하여 성적 향상이 가능하다고 하던데요."

답변 B   "성적이 떨어질 리가 있나요? 이렇게 재밌게 수업하고 흥미가 생기면 훨씬 창의력이 올라가는걸요. 스스로 공부하고 싶은 아이를 누가 당할 수 있겠어요."

답변 C   "놀이를 했다고 해서 성적이 떨어진다는 근거는 어디에도 없는 것 같습니다. 하루 종일 공부만 한다고 해서 성적이 오른다는 근거도 마찬가지고요."

답변 D   "우리 학교 연수에서 강사가 했던 말 기억하시죠? 4차 산업혁명 시대를 살아갈 우리 아이들에게 필요한 공부란 무엇인가를 고민해야 한다고요. 우리가 기존의 방식을 고집하는 것은 기계나 인공지능과의 싸움에서 살아남기만을 바라는 것과 같다고 말했죠. 그런 의미에서 예술교육은 인간 본연의 창의성과 인간성을 키울 수 있는 효과적인 교육 방법이라 생각합니다."

답변 E   "갈수록 개인화하는 시대에 사람과 사람이 만나고 부딪히고 함께하는, 공동체성을 체험할 수 있는 연극 활동이 더욱더 의미가 있다고 생각합니다."

답변 F   "우리가 앞으로 가르쳐야 할 것은 지식, 교과서, 성적, 시험으로 평가할 수 없는 것들이라고 하잖아요. 정치인들을 비롯해서 많은 사람이 놓치고 있는 공감 능력은 교과서 펼쳐놓고 외워서 되는 일이 아닌 것 같아요."

상상력을 바탕으로 용기를 내보세요

일반적인 교육 활동이 아닌 교사의 선택이 필요한 교육 활동의 경우, '무엇을 해야 할지, 어떻게 해야 할지를 모르겠다'는 이야기를 듣곤 합니다. 이럴 때 적절한 방안이나 도움이 없으면 만들어져 있는 안전한(?) 틀을 따르게 됩니다. 이런 일이 반복되면 수업이나 교육 활동에 활기를 잃어버릴 수 있습니다. 이런 현상을 돌파하기 위해 무엇이 필요할까요?

    저는 문화예술교육 활동을 하려는 선생님들이 갖춰야 할 기본적인 요소로 "상상력과 용기"를 먼저 꼽습니다. '익숙한 것, 지금까지 해온 방법, 정해진 틀'을 뛰어넘어 '새로운 시도, 자신만의 프로그램'을 만들어 내고자 할 때는 상상력이 큰 힘이 됩니다. 상상력은 무(無)에서 만들어지지 않습니다. 자신의 몸과 머릿속에 축적된 경험과 지식, 정보가 유기적으로 관계할 때 상상력이 발현됩니다.

    요즘은 교사를 위한 연수의 기회와 종류가 많은 편입니다. 온라인 연수에서 벗어나 다른 선생님과 그들의 경험을 직접 만날 수 있는 연수에 참여해 보세요. 연극 활동을 하려는 선생님에게 연극 연수는 필수 조건이라 해도 지나치지 않습니다. 어린이, 청소년과의 연극 경험이 풍부한 연극인이나 교사 단체의 연수를 추천합니다.

상상력이 꿈틀대면 이를 실현하고 싶은 마음이 듭니다. 생각한 것을 모두 해볼 수 있다면 좋겠지만 현실은 그렇지 않습니다. 선생님의 발목을 잡는 요소들이 있기 마련입니다. 개인적인 문제이거나 학교 안의 관계일 수도 있습니다. 경험이 적은 교사가 선배나 교장, 교감이 마땅치 않게 여기거나 반대하는 일을 하기란 쉽지 않죠. 이런 문제들을 돌파하는 데는 용기가 필요합니다. 선생님이 선택한 교육 활동이 학생들에게 도움이 된다는 믿음이 있다면, 실천할 때 어려움을 겪어도 교사의 마음은 편해집니다. 용기를 내어 실천하는 일이 선생님 자신과 학생에게 도움이 되는 것은 분명하겠죠. 눈 딱 감고 한 발을 내디뎌 보세요. 새로운 세계를 만날 수 있습니다.

지금 선생님은 연극이라는 길을 여행하려 합니다. 제가 드린 말씀은 하나의 안내서입니다. 안내서는 여러 종류가 있다는 점을 생각하며 읽어주시기를 바랍니다. 경험은 좋은 공부 방법입니다. 포기하지 않고, 한 걸음 한 걸음 실천을 지속하다 보면 '10년이면 강산도 변한다'라는 속담의 힘을 새삼 확인하게 될 것입니다. 연극 활동은 선생님의 수업에 변화와 즐거움, 보람을 주리라 확신합니다. 10년, 아닙니다. 5년이면 선생님은 교육연극 분야에서 확실한 자신감을 갖게 될 것입니다. 전문가가 되는 길에 서서 뒤를 돌아보며 뿌듯해할 선생님의 모습을 떠올려 보세요. 한번 믿어보세요! "아는 것은 좋아하는 것만 못하고, 좋아하는 것은 즐기는 것만 못하다." 우리 함께 연극을 즐겨요~!

일러두기

- 시·소설·희곡·동화·노래는 홑낫표「 」, 영화는 홑화살괄호〈 〉, 단행본은 겹낫표『 』로 구분했습니다.
- 본문에서 '몸과 마음 열기' 활동으로 '무궁화꽃이 피었습니다' 놀이, '고양이와 쥐' 놀이, 샐러드 놀이, 신문지 놀이, 움벨레 놀이 등이 여러 차례 등장합니다. 같은 놀이라도 수업마다 방법에 차이가 있거나 초등 수업과 중고등 수업에서의 활용은 다를 수 있어 여러 가지 버전을 그대로 소개했습니다.

1부
수업 시간, 드라마 기법으로 놀다

01 몸으로 동화 읽기

심진규_진천상신초 교사

수업 적용 가능 대상 : 초 4 이상
활동 대상 : 초 4 학생 23명
수업 시간 : 총 3차시(차시당 40분 수업)
준비물 : 색연필(인원수만큼), A4용지, 접착식 메모지,
영정사진(도화지에 검은 띠만 그림)

책을 읽고 싶게 만드는 수업이라면 좋겠어요

'온작품 읽기'라는 말이 학교 현장에 들어오고, 이에 대한 의견도 다양합니다. 어떤 사람들은 작품을 온전히 이해하기 위해서는 곰국을 끓여 내듯 꼼꼼하게 오랜 시간 분석해야 한다고 하고, 어떤 사람들은 책을 함께 읽는 것에 의미를 두어야 한다고 하지요. 어떤 것이 맞는지 모르겠습니다. 하지만 책을 읽는 것이 아이들에게 또 다른 학습지를 풀어야 하는 숙제로 남지는 않았으면 좋겠습니다. 그러기 위해서는 텍스트를

분석하는 일보다 내용 안으로 빠져드는 것이 더 좋겠다는 생각이 들었습니다.

연극이라면 동화를 텍스트가 아니라 몸으로 읽을 수 있지 않을까요? 동화를 다 읽고 하는 활동이 아니라 읽고 싶게 만드는 활동, 아이들이 스스로 만들어가는 수업을 하고 싶었습니다. 그러던 중 제 동화로 과정드라마(Process Drama)[1]를 만들어보면 어떻겠냐고 후배가 제안했습니다. 초안을 후배가 짜고 반 아이들과 수업을 했지요. 그걸 같이 의논하고 수정하며 조금은 탄탄한 과정안을 만들었습니다. 열 번 이상 수업과 교사 대상 연수를 하면서 다듬어진 「401호 욕할매」 과정드라마를 소개합니다.

함께 연극한 작품

「401호 욕할매」 (심진규 지음, 동화집 『아빠는 캠핑 중』, 연지출판사, 2017)
동현이네 식구들이 이사 오던 날, 이삿짐 나르는 것이 시끄럽다며 아래층 할머니가 항의하러 옵니다. 그 후로도 할머니는 조금만 시끄러워도 쫓아 올라와 욕을 합니다. 그래서 할머니 별명은 욕할매가 되었습니다. 시끄럽다며 올라와 동현이 귀를 잡아 비틀기도 하지요. 동현이는 복수를 위해 집에서 쿵쿵 뛰고 밖으로 나갑니다. 그런데 분명히 올라와 욕

---

[1] 참여자들이 연극적인 상황 속에서 텍스트를 체험하며 배우, 관객 혹은 작가가 되어 새로운 것을 만들어내며 텍스트를 새롭게 해석하는 연극적인 활동입니다. 정해진 결말이 없이 참여자에 의해 만들어지는 창의적인 연극 활동이라고 할 수 있습니다.

을 해야 하는 욕할매가 보이지 않습니다. 일주일이 지난 어느 날, 동현이는 놀이터에서 우연히 욕할매를 만납니다. 욕할매는 동현이에게 오래전, 자기 언니가 겪었던 슬픈 이야기를 들려줍니다.

전체적인 활동 흐름

차시	활동	내용	시간	학습 형태
1	몸과 마음 열기	두 사람 얼음 땡	15분	전체 활동
		거인, 마녀, 작은 사람	25분	
2	과정드라마로 책 읽기	아파트 반상회	5~7분	전체 활동
		동현이의 등장	5~7분	
		401호 할머니에 관한 소문 만들기	10분	모둠 활동
		연극놀이로 알아보는 동현이네 일상	5분	전체 활동
		401호 할머니를 향한 동현이의 복수	15분	모둠 활동
		401호 할머니와 마주친 동현이	3~5분	전체 활동
3	과정드라마로 책 읽기	401호 할머니가 들려주는 역사	5분	전체 활동
		할머니의 언니가 잡혀가던 날	10분	모둠 활동
		일기와 편지 쓰기	15분	
		401호 할머니 언니의 마지막 길	10분	전체 활동

수업 과정

몸과 마음 열기

● 첫 번째 활동 : 두 사람 얼음 땡

한 사람이 술래가 되고 다른 사람들은 술래를 피해 돌아다니는 놀이입니다. 술래가 잡으려고 할 때 '얼음'이라고 외치고 멈추면 잡히지 않습니다. 단, '얼음'을 할 때는 반드시 두 사람 이상이 모여서 해야 합니다.

전통적인 얼음 땡 놀이에서는 다른 사람을 둘러볼 기회가 없죠. 술래를 피해 달아나고 '얼음'을 외치기 바쁘고요. 그런데 이 놀이는 두 사람 이상이 모여서 '얼음'을 외쳐야 하기 때문에 누군가 술래에게 잡힐 듯하면 같이 가서 도와주는 모습도 보인답니다. 놀이에도 배려가 있어서 보기 좋았어요.

● 두 번째 활동 : 거인, 마녀, 작은 사람

가위바위보 놀이를 변형한 것입니다. 가위바위보처럼 서로 이기고 지는 관계에 있는 캐릭터를 제시한 뒤 정지된 동작으로 그 캐릭터를 표현해 승부를 정해요. 평소에 손으로 하던 가위바위보에 익숙한 아이들이 표현력을 발휘하고, 서로 잡고 잡히며 땀 흘릴 수 있는 놀이입니다. 과정드라마 활동에 가족 중 한 사람을 잡아가는 장면이 나와서 관련된 놀이로 몸을 풀었더니 효과가 좋았어요. 방법은 다음과 같습니다.

1. 짧은 이야기를 들려줍니다.

   "옛날에 작은 사람들이 모여 사는 마을이 있었습니다. 어느 날 마녀가 나타나서 작은 사람 한 명을 잡아갔어요. 마녀는 작은 사람으로 수프를 끓여 먹으려고 요리를 시작했습니다. 마녀가 입맛을 다시고 있는데 어디선가 쿵쿵 하면서 거인이 나타났습니다. 거인은 마녀의 뒤통수를 '딱!' 하고 때리더니 작은 사람을 데리고 성으로 돌아왔어요.

작은 사람은 거인에게 고맙다고 인사했어요. 하지만 거인은 작은 사람의 말에 콧방귀를 뀌면서 자고 나서 후식으로 작은 사람을 먹겠다고 했습니다. 작은 사람은 거인이 잠든 사이 거인의 발밑에 있던 긴 창(거인의 이쑤시개)으로 거인의 발바닥을 콕콕 찔렀습니다. 거인은 잠에서 깨 벌떡 일어나다가 그만 침대 머리맡에 있던 선반에 머리를 부딪쳐서 죽고 말았어요. 작은 사람은 이 틈을 타서 도망쳤습니다."

2. 마녀, 거인, 작은 사람 사이에 이기고 지는 관계가 있어요. 이야기를 들려준 후 아이들에게 직접 물어보며("마녀는 누구를 이겼지요?" "거인은 누구를 이겼나요?" "작은 사람은 누구를 이겼어요?") 세 인물 사이의 이기고 지는 관계를 익히게 합니다.

3. 두 팀으로 나누어서 섭니다. 전체가 마녀, 거인, 작은 사람을 어떻게 몸으로 표현할지 약속을 정해요.

4. 각 팀은 어떤 인물을 표현할지 정해요. 이때 모둠원 전체가 같은 인물이 됩니다.

5. 두 팀이 가운데에 마주 보고 모여 섭니다.

6. 진행자가 '하나 둘 셋!' 하고 외치면 정지 상태로 자기 팀이 정한 인물을 표현합니다.

7. 이긴 팀에서 진 팀의 사람을 잡으러 갑니다.

과정드라마로 책 읽기

먼저 아이들 혹은 참여자와 약속을 합니다. 손뼉을 한 번 치면 상황 속으로 들어가고, 각자 그 안에서 역할을 하면 된다고요. 손뼉 한 번으로 상황 속으로 들어갔다 나왔다 하기 위해서는 꾸준히 활동하는 것이 중요해요. 영화 〈말모이〉와 관련이 있는 과정드라마 수업을 할 때는 교실 밖을 나갔다 들어오면 다른 인물이 되곤 했습니다. 이럴 경우 반에서 몇몇 아이들은 "에이, 선생님이잖아요"라고 하며 그 안에 제대로 녹아들지 못하기도 해요. 하지만 대부분 아이들이 그 역할 안으로 잘 들어옵니다.

● 첫 번째 활동 : 아파트 반상회

학생들을 이야기 속으로 들어오게 하려면 다음과 같이 교사가 이끄는 말이 필요합니다.

> **교사가 이끄는 말**
>
> "우리 모두 손뼉을 한 번 치면 어른이 될 겁니다. 그리고 ○○아파트 609동[2] 반상회를 합니다. 여러분은 반상회에 모인 사람들이 되는 거죠."

손뼉을 치고 제가 반장이 되어 너스레를 떨었습니다. 마침 화장실에 갔던 아이가 조금 늦게 교실로 들어왔습니다. "아이고! 201호, 오늘도 늦었어?" 다른 아이들이 깔깔대며 웃었습니다. 아이들에게 오늘 활동에 대한 단서를 제공하기 위해 쪽지를 손에 쥐고 이야기를 꺼냈습니다. "내가 오늘 반상회를 하자고 한 건 다름이 아니라, 요즘 우리 아파트에

---

[2] 실제로 학교 옆에 있는 아파트 이름을 활용했습니다. 동은 그 아파트에 없는 동으로 설정했습니다.

이런 쪽지가 막 돌아다닌다잖아요. 504호 아주머니, 이것 좀 읽어줘요."

교실 앞쪽에 앉은 아이에게 쪽지를 내밀며 읽어달라고 했습니다. 아이가 쪽지를 펴보더니 당황한 듯 웃기만 하고 읽지 못합니다. 그러자, 뒤에 앉은 남자아이가 자신이 읽겠다며 쪽지를 가져갔습니다. 쪽지에 적힌 내용은 이렇습니다.

****
에이 쌍, 와 이리 시끄럽노.
****

누가, 왜 이런 쪽지를 집 앞에 놨을지 반상회에 모인 주민들이 추측해보기로 했어요. 아이들에게 이 쪽지에 대해 아는 사람이 없는지 물었습니다. 아이들은 쪽지 내용을 듣고 층간소음에 관한 이야기라고 생각하고 너도 나도 자기네 집 아래층 사는 사람이라고 했습니다. 어른들을 대상으로 활동을 할 때는 먼저 이야기 꺼내는 사람이 거의 없는데 확실히 아이들은 활발했습니다.

◯ 두 번째 활동 : 동현이의 등장

아파트 주민이 된 아이들이 쪽지 내용에 대해 이런저런 의견을 냅니다. 어느 정도 의견들이 나오고 나서 반장 역할을 하던 제가 이 쪽지를 누가 썼는지 아는 아이가 있어 데리고 왔다고 하며 밖으로 나갔습니다. 문 뒤에 살짝 숨었다가 교실에 팔부터 내밀고 들어왔습니다. 혹시 교사가 진행하며 동현이 역할을 하기 어렵다면 학급에서 한 아이에게 미리 부탁해 등장하도록 할 수 있습니다. 이때 아래에 있는 대사를 외우게 할 필요는 없습니다. 아래층 할머니가 쪽지를 쓴 것 같다는 이야기만 전달해줄 수 있으면 됩니다.

> **예시) 동현이 대사**
>
> 안녕하세요. 저는 ○○초등학교 5학년 김동현입니다. 사실 그 쪽지 저희 아랫집 할머니가 쓴 거예요. 그 할머니는 조금만 시끄러워도 저희 집에 와서 막 뭐라고 하고 욕도 하고 그래요. 저는 반장 아저씨가 와서 말해달라고 해서 온 거예요. 저 갈래요. 안녕히 계세요.

인사를 하고 제가 교실 밖으로 나갔습니다. 그리고 잠시 후 뒷문으로 들어오며 큰 소리로 동현이를 찾았습니다. "동현아, 아니 얘는 기다리라니까 금세 어딜 간 거야? 혹시 여기 쪼그만 애 하나 안 왔다 갔어요?" 아이들이 왔었다고 이야기합니다. 아이들에게 동현이가 무슨 말을 했는지 물어보았습니다. 아이들이 여기저기서 동현이에게 들은 내용을 이야기하느라 교실이 시끌벅적해졌어요. 손뼉을 한 번 치고 이 상황에서 빠져나왔습니다.

> **실전 TIP**
>
> 동현이 역할을 반 아이가 했다면 선생님이 아파트 반장 역할을 계속하며 동현이에게 물어봐도 좋습니다.

● 세 번째 활동 : 401호 할머니에 관한 소문 만들기

두 번째 활동과 세 번째 활동을 자연스럽게 잇기 위해서는 교사가 이끄

는 말이 필요합니다.

> **교사가 이끄는 말**
>
> "쪽지를 쓴 사람은 동현이네 아랫집인 401호에 사시는 할머니였어요. 이 할머니는 어떤 분인지 모둠별로 이야기를 나눌 겁니다."

아이들이 손뼉을 한 번 치면 다시 아파트 주민이 됩니다. 네 명 정도가 한 모둠이 되어 할머니에 대해 자신이 아는 것을 이야기합니다. 이때 머릿속으로 자신의 직업, 나이, 성별 등을 스스로 설정합니다. 401호 할머니에 대해 아는 것을 누구라도 먼저 이야기합니다. 다른 사람이 이야기하는 말에 끼어들 수도 있어요. 모둠에서 만들어진 소문은 다른 모둠에게 들려줍니다. 할머니에 대해 여러 가지 추측을 하게 하려는 활동입니다.

> **예시) 할머니에 대한 소문**
>
> 1) 첫 번째 소문
>
> "그 할머니 지난번에 우리 문방구에 와서 손자 준다고 뭘 사며 외상으로 달라고 하는 거예요. 그래서 내가 안 된다고 했더니 막 욕하고 그러더라고요."
>
> "자식이 있는데 전혀 찾아오지 않는다고 해요. 엄마를 버린 거지."
>
> 2) 두 번째 소문
>
> "할머니 집에 환자가 있다고 해요. 아들이 아픈데 시끄럽게 하면 더 아파

지니까 그래서 시끄럽다고 그렇게 위층에 올라온대요."

"그래서 아픈 아들 주려고 만날 먹을거리를 사 가는구나."

성인(교사)들과 프로그램을 했을 때는 할머니의 남자친구가 등장하거나 남편이 바람을 피워서 혼자가 되었다는 식의 이야기가 많았습니다. 그에 비해 아이들은 주로 할머니의 모정을 드러내는 이야기를 만들어냈습니다. 소문이 만들어지는 장소도 주로 문방구였고요. 아이들의 눈높이로 어른들의 세계를 보는 것은 어려운 모양입니다. 직업과 나이 정도를 적은 카드를 주고 그 인물이 되어보는 것도 좋을 것 같습니다.

● 네 번째 활동 : 연극놀이로 알아보는 동현이네 일상

동현이네 가족이 얼마나 숨죽이며 살았을지 놀이를 하며 느껴보는 활동입니다. 전국교사연극모임 연수에서 했던 놀이를 변형한 것으로 방법은 다음과 같습니다.

1. 할머니 역할 한 명이 의자에 앉아서 안대로 눈을 가립니다.
2. 할머니 의자 밑에는 과자가 담긴 바구니가 있습니다.
3. 참여자들은 몰래 가서 과자 한 개를 꺼내서 먹고 와야 합니다.
4. 할머니는 사람 소리가 들리면 손가락질을 하며 "야!" 혹은 "너!"라고 소리칩니다.
5. 할머니에게 지적당한 사람은 다시 자리로 돌아와야 합니다.

동현이네 가족이 할머니의 잔소리에 시달리며 사는 상황을 느껴보

려고 했는데 아이들이 놀이에 너무 집중한 나머지 즐거워하는(?) 모습만 보였습니다. 적절한 시간을 주고 안 움직이고 말을 못 하게 하는 활동을 해보는 것도 좋을 듯합니다. 다른 사람과 이야기할 때 조용한 상태에서 글을 써서 대화하도록 하면 동현이네 마음을 조금은 더 이해할 수 있을 것입니다.

● 다섯 번째 활동 : 401호 할머니를 향한 동현이의 복수

숨죽이며 살아야 하는 동현이는 더는 못 참겠다며 할머니에게 복수하려고 합니다. 모둠별로 동현이와 친구들이 되어 어떻게 하면 할머니에게 복수할 수 있을지 의논하고 몸으로 만들어서 보여주기로 했습니다. 이때 할머니는 등장하지 않고 교실 문을 할머니네 집 문으로 설정해 그 앞에서 행위를 하거나 다른 장소에서 하도록 했습니다. 아이들이 만든 복수 방법은 다양했습니다.

> **예시) 동현이와 친구들의 복수 방법**
> - 벨 누르고 도망가기 : (두 모둠이 이 방법을 씀) 한 모둠은 벨을 연속으로 누르고 도망갔고, 다른 한 모둠은 위층에서 뛰고 할머니 집 벨도 누르고 도망감.
> - 공사하는 척하기 : 보수공사 하러 온 사람들인 것처럼 드릴로 벽을 부숨(실현 가능성은 없어 보이지만 아이들이 드릴을 들고 소리까지 내며 열심히 함).
> - 택배 배달 : 친구들과 동현이는 돌아가면서 빈 상자를 들고 401호 벨을 누른 뒤 "택배입니다"라고 외친 다음 상자를 놓고 감.
> - 할머니네 아래층 도움 받기 : 아래층 할아버지에게 부탁해서 할머니

집에 항의하러 감. 너무 시끄러우니 조용히 하라고.
- 귀신 흉내 내기 : 할머니를 놀라게 하려고 벨을 누르고 인터폰 카메라 앞에 한 아이가 머리를 풀고 서 있음.

아이들에게 복수를 하자고 했더니 한 아이가 "복수하면 안 되는 건데요"라고 얘기했습니다. 이야기 흐름상 복수가 필요한데 이럴 때는 어떻게 해야 할지 난감했습니다. 복수는 하지 않는 것이 좋지만 동화 속에서 동현이는 했다고 이야기하고 '만약에' 동현이라면 어떻게 했을지 상상해보는 것이라고 설명했습니다. 생각해보니 아이 말이 옳더군요. 층간소음 문제가 심각한 요즘 이웃 간에 일어나는 문제를 다른 방향으로 해결해야 하는데 복수를 하자고 했으니 아이가 당황했던 겁니다. 문학과 교육의 갈등이라고 해야 할까요?

● **여섯 번째 활동 : 401호 할머니와 마주친 동현이**

다섯 번째 활동과 여섯 번째 활동을 자연스럽게 잇기 위해서는 다음과 같이 교사가 이끄는 말이 필요합니다.

> **교사가 이끄는 말**
>
> "동현이와 친구들의 짓궂은 장난에도 401호 할머니는 아무런 반응이 없습니다. 며칠이 지나도 할머니가 보이지 않자 동현이는 할머니에게 무슨 일이 있는 건 아닌지 걱정이 되기 시작합니다. 그러던 어느 날, 집에 가는 길에 놀이터 의자에 혼자 앉아있는 할머니를 보게 됩니다."

401호 할머니와 동현이가 마주치는 상황을 설정하고, 스토리텔링을 활용해 할머니가 동현이에게 이야기 들려주는 장면을 연출해 보았습니다. 한 아이에게 앞으로 나와 달라고 했습니다. 의자를 주고 앉힌 다음 비녀를 꽂은 할머니 가발을 씌워주었습니다. 교실 뒤쪽에 있는 아이에게는 가방을 메고 뒷문으로 나갔다가 들어와 달라고 했습니다. 이 정도만 이야기해도 아이들은 자신이 어떤 역할인지 알아채는 것 같아요. 내레이션에 따라 행동해달라고 하지 않아도 자신이 해야 할 행동에 대해 알고 그대로 움직였습니다. 수업을 하면서 짜릿함을 느낄 때가 바로 이런 순간입니다.

  상황을 설명하는 부분은 두 사람이 행동으로 하고, 할머니 대사는 제가 한 번 하면 할머니 역할을 하는 아이가 따라 하도록 했습니다. 할머니 역할을 하는 아이 입에서 나오는 말이 더 효과적일 것 같아서요.

예시) 동현이와 401호 할머니의 대화

동현이　　(집에 오는 길에 할머니를 발견한다. 할머니를 피해 집으로 가려고 한다.)

401호 할머니　(동현이를 발견하고 손짓하며) 야야, 이리 온나.

동현이　　(할머니 옆으로 간다.)

401호 할머니　**앉아라.**

동현이　　(할머니 옆에 앉는다.)

401호 할머니　(주머니에서 사탕을 하나 꺼내 동현이에게 준다.)

동현이　　(받지 않고 있다.)

401호 할머니　할매가 주면 받는기라.

동현이　　(사탕을 받는다.)

01. 몸으로 동화 읽기

401호 할머니 내한테 언니가 한 명 있었는기라.

● 일곱 번째 활동 : 401호 할머니가 들려주는 역사

영화 〈귀향〉에서 소녀들이 일본군에게 끌려가는 장면을 사진으로 보여 주었습니다. 사진에 등장하는 사람이 되어 한 사람씩 나와서 사진과 같은 모습을 꾸며보게 했습니다. 교사가 멈춘 아이의 어깨를 건들면 그 인물이 되어 한마디하기로 했습니다.

일본군 장교　빨리 가자.

끌려가는 소녀　아버지! 어머니!

군인1　시끄러. 빨리 와.

군인2　(작은 소리로) 너무 불쌍하다.

아이들에게 무슨 상황인지 물었습니다. 일본 군인들이 우리나라 사람들을 잡아갔다는 사실은 알고 있었습니다.

교사가 이끄는 말

"여러분 또래 혹은 여러분보다 한두 살 많은 소녀들을 일본군들이 끌고 갔어요. 수용소 같은 곳에 가두고 나쁜 짓을 많이 했어요."

일제강점기에 일본이 우리나라 여자들을 끌고 갔다는 이야기를 해주고 싶은데 아직 어린아이들이라서 자세한 내용을 이야기할 수는 없었습니다. 아이들과 역사를 공부하면서도 이 부분에서 늘 고민입니다.

역사적 사실을 있는 그대로 전달해야 할지, 아이들이 받아들일 수 있는 범위를 한정해서 알려주어야 할지 말이죠. 그리고 '수요집회'에 대해 알려주었습니다. 매주 수요일 일본대사관 앞에서 할머님들과 많은 사람이 일본의 사과를 요구하는 집회를 계속하고 있다고요. 아이들은 처음 듣는 이야기라는 표정이었습니다.

동현이 역할과 할머니 역할을 맡은 아이들을 다시 앞으로 나오게 했습니다. 위에서 했던 활동처럼 제가 먼저 이야기하고 역할을 맡은 아이가 이야기를 따라 했습니다.

401호 할머니   테레비에서 언니를 봤지. 세월이 흘러도 언니인 걸 알겠더라. 당장 아들에게 전화해서 방송국에 연락했다. 언니가 이제 저세상으로 갔다.

동현이   (말없이 앉아 있다.)

○ 여덟 번째 활동 : 할머니의 언니가 잡혀가던 날

일제강점기 상황 속으로 직접 들어가 보는 활동입니다. 학생들은 그 시대를 살아가는 사람들이 되고, 교사와 몇몇 아이들이 일본군 역할을 하게 됩니다. 역할 속으로 들어가서 체험해 보는 것이 이야기로 설명하는 것보다 훨씬 효과가 좋을 것 같았거든요. 모든 활동은 말을 하지 않으며, 동작도 평상시 동작보다 느리게 합니다. 이것을 '마임'이라고 하는데, 대부분 손으로 벽 짚는 것만 떠올리기 때문에 아이들에게 이 단어를 사용하지 않았습니다. 방법은 다음과 같습니다.

1. 네 명씩 한 모둠을 이루고, 이 네 명은 가족이 됩니다. 일제강점기, 평온한 마을에서 일상을 살아갑니다. 가족의 일원이 되어 할 만한 일을 반복적으로 합니다. 일본군 역할을 할 사람들은 교실 밖으로 나가 총과 칼로 무장합니다.
2. 가족들이 일상을 살아가고 있을 때 교사가 교실 문을 열고 "일본 놈들이 와요. 딸이 있는 집은 얼른 숨겨요"라고 외칩니다. 그 소리에 가족들은 딸을 숨깁니다. 모둠에서 누가 끌려가는 사람 역할인지 알 수 있게 하기 위함입니다.
3. 일본군이 등장해서 총과 칼로 위협하며 딸을 데리고 갑니다. 끌려 간 딸들은 한쪽에 모이게 합니다.

일본군이 딸들을 데려가는 장면을 재현할 때, 가족들의 저항이 센 경우가 많아요. 처음 이 과정드라마를 할 때 일본군 역할을 교사 혼자 했더니 저항이 너무 거세어서 물리적으로 한 사람을 끌고 갈 수 없는 상황이 되기도 했습니다. 따라서 학생들 중 몇 사람에게 일본군 역할을 맡겼습니다. 그럼에도 저항이 심해 다른 가족에게까지 와서 일본군을 밀어내려고 하기도 했습니다. 총을 겨누거나 칼을 뽑아도 비슷합니다. 특히 남자아이들은 이 활동이 그냥 재미있는 놀이라고 생각하는 경향이 있습니다.

이 활동을 하기 전에 학생들에게 미리 '일본군이 총과 칼을 들이대며 어린 소녀들을 데려갔다'고 설명해주는 것이 나을 겁니다. 그리고 자신의 가족을 보호하기 위한 활동으로 제한을 둔다든지, 물리적 공간은 교실이지만 다른 집과 거리가 멀리 떨어져 있다고 설정하면 조금 더 몰입하는 데 도움이 될 거예요.

○ 아홉 번째 활동 : 일기와 편지 쓰기

일본군에 잡혀 가서 고초를 겪는 아이들과 남은 가족들의 심정을 느껴보는 활동입니다. 2년이 지난 시점에서 일본군에게 잡혀 간 딸(누나 혹은 동생)이 그리운 가족들은 일기를 씁니다. 그리고 일본군 부대에 있는 소녀도 고향을 생각하며 부치지도 못할 편지를 씁니다.

아이들에게는 할머니가 끌려가서 당했던 일 중 성노예 부분은 이야기할 수 없었습니다. 죽지 않을 만큼 주어지는 밥, 일본 군인들의 폭력에 대한 이야기를 해주었습니다. 아이들의 이해를 돕기 위해 영화 〈귀향〉 예고편도 보여주었습니다. 일기 쓰기 방법은 다음과 같습니다.

1. 편지와 일기는 모둠별로 쓰는데, 한 사람이 한 줄을 쓰면 다음 사람이 그다음 줄을 씁니다. 서로 상의하지 않고 번갈아가며 자신의 입장에서 일기와 편지를 씁니다.
2. 쓰기 활동이 끝나면 가족의 일기는 가족 중 한 사람이 일어나서 읽습니다.
3. 언니가 쓴 편지는 교사가 읽어주었습니다. 편지를 다 읽고 나면 아래의 내레이션을 했습니다. 내레이션을 하는 동안 일본군에게 잡혀간 소녀들은 가족의 품으로 천천히 돌아가 내레이션에 따라 행동했습니다.

> **교사가 이끄는 말**
>
> "편지를 쓰다가 까무룩 잠이 듭니다. 꿈속에서 언니는 그토록 그리던 가족들 품으로 돌아갑니다. 가족을 다시 만나 웃고, 맛있는 밥도 먹습니다. 얼마 만에 느껴보는 가족의 정인지 모릅니다. 너무 편안하고 좋습니다. 그러나 이런 기쁨도 잠시. 잠에서 깨어보니 다시 일본군 부대입니다."

내레이션이 끝나면 잡혀갔던 소녀들은 가족을 떠나 다시 일본군 부대로 돌아옵니다. 다시 교사의 내레이션이 계속됩니다.

> **교사가 이끄는 말**
>
> "갑자기 어디선가 폭탄 터지는 소리가 들려옵니다. 문을 열고 달립니다. 뒤도 돌아보지 않고 달립니다. 넘어지면 다시 달리고, 넘어지면 다시 일어섭니다. 그러다가 그만 정신을 잃고 맙니다. 정신이 들었을 때는 한국이었어요. 어떻게 오게 되었는지 기억도 나지 않았지요. 고향에 찾아갔지만 아는 사람도 없었어요. 언니는 혼자였어요. 어렵게, 어렵게 삶을 이어갔지요. 401호 할머니는 텔레비전에서 언니를 본 후 같이 살게 되었고, 며칠 전 언니가 하늘나라로 떠났습니다. 할머니는 동현이에게 마음껏 뛰어 놀라고 했어요. 자신은 귀가 어두워 잘 안 들린다면서요."

● 열 번째 활동 : 401호 할머니 언니의 마지막 길

할머니에게 이야기를 들은 동현이는 어떤 생각을 했을지 학생들과 나누어 보고 싶었습니다. 아마 복수를 했던 날, 평소에 할머니를 원망했던 일이 미안했을 겁니다. 할머니 언니의 마지막 가시는 길에 동현이가 자

기 마음을 담아 사과하는 활동을 해보기로 했습니다. 주된 활동은 할머니 언니가 지내던 401호 방 꾸미기, 언니 방 둘러보기, 언니 장례식으로 꾸몄습니다. 할머니의 방에 있을 법한 물건을 접착식 메모지에 적어서 붙이는 방식으로요. 평소에도 몸이 아팠기 때문에 대부분 약봉지, 물 등을 적었고, 가족사진, 일기장 등을 붙였습니다.

1. 꿈에서 동현이는 할머니 집에 가게 되고, 할머니의 언니가 방 안에 있습니다. 동현이는 사과의 말 혹은 하고 싶은 말을 하려고 합니다. 이때 아이 한 명이 할머니의 언니가 되어 웅크리고 앉아 있고, 한 명씩 방에 들어가 할머니를 안아주거나 바라보고 나옵니다.
2. 돌아가신 할머니에게 하고 싶은 말을 접착식 메모지에 적은 뒤 할머니 집 방문을 기준으로 하여 두 줄로 터널을 만들어 섭니다.
3. 음악이 나오고 할머니 영정사진(도화지에 검은 띠만 그림)을 든 교사가 지나가면 각자 자신이 적은 편지를 읽습니다. 교사가 영정사진을 들고 천천히 걸어가면 할머니 언니 역할을 한 아이가 그 뒤를 가만히 따라 나옵니다.

> **실전 TIP**
>
> 이 과정드라마는 동화를 읽지 않은 것을 가정하고 만들었습니다. 따라서 연극 활동 후에 원작 동화를 읽어도 좋겠습니다. 그리고 일본에게 혹은 일본군 성노예 할머니들께 하고 싶은 말을 적어서 칠판에 붙이는 활동으로 수업의 의미를 되새겨볼 수도 있습니다.

수업을 마치며

그림책 혹은 동화책을 읽어주는 것은 어렵지 않지만 그 안에 몰입하게 하는 것은 참 어렵습니다. 이 활동에 활용한 텍스트는 역사적 사실을 다루고 있지만 문학 작품의 특성상 허구이죠. 아이들은 이야기가 얼마나 재미있고 자신에게 어떤 감동을 주었는지를 중요하게 느끼기보다는 사실이냐 아니냐에 더 관심이 있었습니다. 활동이 끝난 후에도 비슷한 질문을 했어요. 그래서 수업을 시작하기 전에 "이 활동은 여러분이 만들어 가는 것입니다"라고 이야기했습니다.

역사적 사실과 지식을 전달하는 것도 중요하지만, 아이들이 역사와 관련된 이야기를 연극을 통해 체험함으로써 어떤 감정을 느끼고, 사실과 허구를 구분하거나 알아보려는 호기심이 생겼다면 절반은 성공이라고 생각합니다. 학생들은 연극 수업에 대한 소감을 다음과 같이 말해 주었습니다.

"재미있었다. 하지만 슬프다. 나도 동현이처럼 오해하지 않게 남에게 어떤 사정이 있어 보이면 꼭 말을 걸 것이다. 그리고 욕할매의 언니가 불쌍하다. 옛날에 일본군에게 잡혀 살았으면 엄청 답답하고 나라를 잃어서 속상했을 것 같다. 우리 집도 층간소음 때문에 아랫집이 시끄러운지 모르겠다. 앞으로는 집에서 뛰지 않게 노력할 것이다. 욕할매 파이팅!"

"일본군들이 잡아간 여자들이 불쌍했다. 조그만 소리에도 무서워하다니 일본군들은 나쁘다. 다른 나라 여자들을 데려가서 폭행을 하다니 이제는 그런 일들이 없었으면 한다."

"나는 처음에 욕할매가 나쁜 줄 알았다. 엄청 쪼잔하고 얄밉고 못된… 하지만 아니었다. 가족을 사랑하는 마음에 그런 거다. 할머니가 이유를 설명하고 말을 하면 사람들이 알아줬을 텐데… 그래도 가족을 사랑하는 그 사랑만은 정말 대단하다."

과정드라마를 활용하여 아이들과 책을 읽는 수업은 꽤나 어렵습니다. 그리고 이 활동을 통해 모든 아이가 책을 읽고 싶어 하는 건 아닐 것입니다. 다만, 아이들이 책 안으로 풍덩 뛰어들어 책과 조금은 가까워지는 기회가 되길 바랍니다.

02
노비 해방을 꿈꾸다

김선정_천안오성초 교사

수업 적용 가능 대상 : 초 4~고 1
수업 추천 대상 : 초 4~5
수업 시간 : 총 3차시(차시당 40분, 총 120분)
준비물 : 방울종, 안대, 신분놀이 쪽지, 노비의 일기, 손전등, 결의문, 붓펜, 화선지

즐겁게 역사를 배우는 것에서 나아가 '체험'하게 해주고 싶었어요

이 수업은 방학 중 4~5학년 학생과 함께한 역사캠프를 주제로, 이듬해에는 4학년 학생들과 '예비영재 인문 영역' 프로그램의 일환으로 실천했던 것입니다. 인문 영역에서는 주로 인간과 사회에 대한 사고와 통찰을 요구하는 주제로 글쓰기와 토론 활동을 합니다. 학생들이 자기 말을 하고 자기 글을 쓰게 하기 위해서는 주제에 대한 깊이 있는 이해를 필

요로 하는데, 저에게 드라마를 활용한 수업은 그것을 달성하게 하는 방법 중 하나입니다.

우리나라 역사를 공부하면 나라별 집권 말기에 공통적으로 '을'들의 반란이 일어난다는 걸 알 수 있습니다. 신라 말 원종과 애노의 난, 고려시대의 망이망소이의 난, 만적의 난, 조선시대 동학 농민군과 구한말 형평운동 등이 그 예죠. 그중 만적은 '을' 중의 '을'인 노비의 신분으로 태어나 '왕후장상의 씨가 따로 없다'는, 당시로서는 파격적인 주장을 합니다. 결국엔 실패로 돌아갔지만 만적의 주장에 많은 노비들이 동조하여 '난'을 일으키게 됩니다.

연극적 드라마 속에서 노비로 살아보며 노비들이 겪었을 어려움과 반란을 꿈꾸기까지의 과정, 용기 등을 경험해 봅니다. 이를 통해 현대의 학생들이 상상하기 어려운, 신분질서가 공고했던 당시에 만적이라는 인물과 그의 동료들이 꾸었던 위대한 꿈의 가치를 발견해보도록 하기 위해 이 수업을 계획했습니다.

전체적인 활동 흐름

차시	활동	내용	시간	학습 형태
1	몸과 마음 열기	보물을 지켜라	15분	전체 활동
		신분 놀이	10분	
2~3	즉흥극 하기	역사학회 회원 되기	10분	전체 활동
		노비의 하루 만들기	10분	모둠 활동
		노비들의 불만	5분	전체 활동

차시	활동	내용	시간	학습 형태
2~3	즉흥극 하기	노비들의 탈출(연극놀이)	10분	전체 활동
		'반란을 일으킬 것인가, 말 것인가'(토론하기)	10분	
		꿈 장면 만들기	10분	모둠 활동
		반란을 결의하는 노비들	10분	전체 활동
		결의문 숨기기(연극놀이)	10분	
		감옥에서 편지 쓰기	20분	개별 활동

수업 과정

몸과 마음 열기

○ 첫 번째 활동 : 보물을 지켜라

'노비들의 탈출'과 관련된 놀이 활동으로 수업을 시작했습니다. 이 놀이는 저학년부터 성인에 이르기까지 재미있게 할 수 있습니다. 학생들의 흥미를 불러일으키면서 '몰래 무엇을 도모한다'는 긴장감을 느끼게 하는 것이 중요합니다.

1. 반원 형태로 앉고 가운데에 앉은 술래 한 명은 방울이 달린 물건(보물)을 앞에 두고 지킵니다.
2. 나머지 학생들은 술래에게 들키지 않고 보물을 가져옵니다.
3. 술래는 안대를 쓰고 소리가 나는 방향을 손가락으로 가리킵니다.
4. 술래의 지목을 받은 학생은 자리로 돌아갑니다.
5. 정해진 시간(5분) 동안 보물을 가져오면 학생들의 승리, 가져오지 못하면 술래가 승리합니다.

● 두 번째 활동 : 신분놀이

수업에 대한 흥미와 동기를 불어넣고자 신분에 따라 달라지는 대우를 체험할 수 있는 단순한 놀이를 진행했습니다.

1. 왕 한 명, 귀족 한두 명, 중류층 두 명, 양인 네다섯 명, 천민 두세 명 정도로 제비를 만듭니다.
2. 신분에 따라 서로를 만나면 할 행동을 정합니다.
3. 제비를 뽑아 신분을 정합니다.
4. 교실을 돌아다니며 만난 사람과 약속한 방법으로 인사를 나눕니다.
5. 소감을 나눕니다.

먼저 다음 질문을 통해 학생들이 각 신분을 만났을 때의 인사 방법을 정하도록 유도했습니다.

교사가 이끄는 말

"고려의 신분제는 왕, 귀족, 중류층, 양인, 천민으로 구분되어 있어요. 우리는 지금부터 신분제 놀이를 할 건데, 제비뽑기로 신분을 정하기로 해요. 만약에 내가 양인을 뽑았는데, 왕을 뽑은 사람을 만나면 어떻게 할까요? 귀족을 만나면 어떻게 대할까요?"

예시) 학생들이 정한 규칙

- 모든 신분은 왕을 만나면 절을 한다.

- 양인이 귀족을 만나면 50~120도로 인사하고, 중류층을 만나면 30도로 인사한다.
- 천민은 양인에게 30도 인사, 중류층에게 50~120도 인사, 귀족과 왕에겐 절을 한다.
- 인사를 받는 사람은 '에헴~'을 한다. (머리를 쓰다듬자는 의견이 나왔으나 학생들이 그건 기분 나쁘니 하지 말자고 했다.)

수업을 시작할 때 학생이 여덟 명이어서 왕 한 명, 중류층 한 명, 양민 네 명, 천민 두 명을 정하고, 선생님도 참가하겠다고 하니까, 한 학생이 "선생님이 천민이 되면 미안해서 어떻게 절을 받겠어요?"라고 했습니다. 역할 안에서는 신분으로서 대하겠다고, 뒤끝 작렬 안 하겠다고 약속했습니다. 5학년도 4학년에게 삐치기 없기, 역할 끝나면 형들하고 선생님한테 까불지 않기로 약속했고요.

놀이를 마친 뒤 왕이었던 학생에게 어땠냐고 물으니, 모두가 자기에게 절을 해서 기분이 좋았다고 합니다. 양인이었던 학생들은 양인 친구가 많아서 좋았고, 서로 반가워서 악수를 많이 나눴다고 했고요. 천민인 학생은 다른 학생들의 눈을 피해 다녔다며, 뽑기로 왜 하필 천민이 됐냐고 억울해했습니다.

즉흥극 하기

○ 첫 번째 활동 : 역사학회 회원 되기

과거로의 시간 여행을 하기 전에 일기 형식으로 된 텍스트를 통해 인물의 삶을 추측해 보는 활동입니다. 방법은 다음과 같습니다.

1. 연극에 들어가기 전, 학생들은 국내의 저명한 역사학회 회원, 교사는 역사학회 회장이 된다는 것을 안내합니다.
2. '하나, 둘, 셋' 하면 연극 속으로 들어가고, '셋, 둘, 하나' 하면 연극 밖으로 나오는 것을 약속합니다.
3. 연극 속에서 교사는 '노비의 일기'를 보여주며 학생들이 역사학회 회원으로서 일기가 쓰인 시대 배경, 쓴 사람의 신분 등을 이야기 나누게 합니다.

제가 먼저 역사학회 회장이자 사회자 역할을 맡아 극을 이끌었습니다.

교사가 이끄는 말

"이 자리에 오신 역사학 연구자 여러분, 환영합니다. 하버드대학교 교수님이 누구시지요? (한 학생이 손을 들자) KBS에서 오신 분도 계신 것으로 알고 있는데요? 거기 앉아 계신 분은 누구시죠?"

학생들이 손을 들고 각자 아나운서, KBS 사장 등이라고 자기 신분을 밝혔습니다. 즉흥의 경험이 없는 학생들인데도 불구하고, 저의 제안에 학생들은 바로 수용해서 반응했습니다. 아나운서라고 한 학생에게 일기를 읽어달라고 했습니다.

예시) 일기 내용

나의 이름은 '석필후'이지만 노비가 된 후로는 이름이 제대로 불린 적이 없다. 나는 항상 닭이 울기 전에 일어나서 물을 떠와야 한다. 내가 살고 있는 집의 주인님이 씻을 물과 식수를 떠와야 하기 때문이다.

오늘도 어린 도련님의 서당길을 모셔야 한다. 여섯 살이면서 나를 항상 때리고 막 대한다. 주인님이 보실 때마다 그러지 말라 혼을 내시지만 주인님이 없으실 땐 나를 어김없이 막 대한다. 나는 도련님의 서당 수업이 다 끝날 때까지 기다렸다 다시 같이 집으로 돌아오는 걸 반복한다.

오늘은 도련님이 칭찬을 많이 받으시는 것 같다. 돌아오는 길에 서대감댁 도령이 우리 도련님에게 덤벼들었다. 오늘 도련님이 칭찬받은 것에 시샘이 났던 모양이다. 나는 도련님이 다치면 집에 돌아가 혼이 나고 매타작을 당하기 때문에 도련님을 온몸으로 막아 지켜드렸다. 힘을 쓰면 예닐곱 살짜리 이 도령들은 한주먹 감이지만 나는 노비이기 때문에 감히 손을 댔다간 죽을지도 모른다.

먼지와 흙을 온몸에 다 쓰고 집에 돌아왔다. 그리고 빨랫감을 모은 후 시냇가에 가서 빨았다. 산더미처럼 많은 빨랫감을 맨손으로 찬물에 넣고 빡빡 빠니, 손이 아프고 얼얼했다. 얼얼한 손을 뒤로 하고 빨래가 끝나자마자 널어 말렸다.

집으로 돌아와 방을 청소하고 저녁을 준비해 주인 나리께 가져다 드리는 일까지 하고 드디어 나는 밥을 먹고 휴식을 취한다. 형편없는 밥이긴 하지만 먹지 않으면 내일 일을 할 수 없고 살 수도 없다.

제가 다시 역사학회 학회장이 되어 "이 일기는 언제, 누가 쓴 것일까요?"라고 물었습니다. 몇몇 학생이 조선시대나 고려시대에 썼을 거라고 말했습니다. 어떤 학생은 '여섯 살 난 도련님이 맞는 것을 내 몸으로 다 막아주었다'라는 내용을 토대로 요즘에 일어난 일일 수도 있다고 추측했습니다. 그러자 누가 "요즘 부자 학생에게는 교장 선생님도 함부로 못 해요."라는 말로 최근에 벌어진 일일 수 있다는 의견에 동조했습니다. 그렇지만 늘 그렇듯 한 명씩은 꼭 있는 착한(?) 학생이 "하지만 일기에 서당이 등장하는 점이나, 노비가 마을 한가운데로 우물물을 길으러 가는 것 등을 보면 요즘 시대가 아니라 오래전 신분제 사회였을 것"이라고 의견을 내었습니다. 그쯤에서 정리한 후 역할 밖으로 나와서 이 일기를 신분제 시대의 노비가 쓴 일기라고 가정하고, 오늘 이 일기를 쓴 노비가 되어 연극을 한다고 정리했습니다.

● 두 번째 활동 : 노비의 하루 만들기

학생들에게 즉흥적으로 노비가 되어보는 경험을 하게 한 후, 일정한 시간을 주고 노비들이 가장 힘들었을 때를 상상하여 장면을 만들어 발표하기로 했습니다. 방법은 다음과 같습니다.

1. 자유롭게 걷다가 교사의 신호("아침" "점심" "저녁")에 맞추어 노비가 되어 정지합니다.
2. 교사의 신호를 받은 학생은 말을 하거나 움직일 수 있습니다.
3. 아침, 점심, 저녁 모둠으로 나누고 어떤 상황을 만들지 상의합니다.
4. 대사는 따로 정하지 않고 자기의 역할에 맞게 즉흥적으로 합니다.
5. 모둠별로 발표합니다.

예시) 모둠별로 만든 '노비의 하루'

- 아침 : 자고 있는 노비에게 도령이 "지금 해가 중천인데 아직도 자고 있냐"며 물을 길어 오라고 한다. 물을 길어 오자, 나무를 하라고 한다. 도령이 "서당 갈 테니 기다리라"라고 한다. 도령의 친구가 도령을 때리자, 노비는 몸으로 막는다.
- 점심 : 도령 친구에게 도령이 맞자, 노비가 온몸으로 도령을 지킨다. 그러자 도령이 필요 없다면서 발로 노비를 차고 꺼지라고 한다.
- 저녁 : 노비가 일기를 쓰자 상전이 "노비 주제에 무슨 일기를 쓰냐"라며 구박한다. 노비는 김치와 밥을 먹고, 상전은 고기를 먹는다. 노비가 자는데 상전이 구석에서 자라고 발길질을 한다.

○ 세 번째 활동 : 노비들의 불만

학생들에게 노비 역할을 부여하고 교사도 노비 중 한 명이 된다고 설명합니다. 역할 속으로 들어가면 큰 나무 아래에서 모인 노비들이 되기로 합니다. 제가 먼저 "다들 노비 생활이 어떠?"라고 대사를 하면서 극 속으로 들어갔습니다. 학생들은 '힘들어 죽겠다' '하도 일을 해서 허리가 아프다' '나이 어린 도령을 돌봐주느라 힘들다' 등 각자 고충을 토로합니다. 계속해서 "나는 처음부터 노비였는데, 자네들은 어쩌다 노비가 된 겨?"라고 물었더니, 학생들은 대부분 자기가 원래는 부자였는데 집안이 망했다거나 부모님이 죄를 지어 노비가 되었다고 했습니다. "다들 처음부터 노비가 아니었는데, 이런 생활을 하게 돼서 힘들겠구먼. 평생 이렇게 노비로 살 거여?"라고 묻자 학생들은 그러긴 싫다며, "주인을 없애버리자" "도망치자" 등의 말을 꺼냈습니다. 곧이어 제가 "쉿, 쉿, 조용히 해. 지금은 지나다니는 사람이 많으니, 밤에 주인 몰래 이곳에 모여서 거사를 도모하는 회의를 하자. 만일 들키면 목숨이 위험할지 모르니 조심해서 나와라."라고 말을 마친 뒤 역할 밖으로 나왔습니다. 학생들에게 노비들은 밤이 되길 기다렸다가 다시 모이게 된다고 설명했습니다.

◯ 네 번째 활동 : 노비들의 탈출

억압과 핍박으로부터 벗어나고자 목숨을 건 탈출을 시도했을 노비들의 심정을 놀이를 통해 느껴보기로 했습니다. 방법은 다음과 같습니다.

1. 블라인드를 치고, 실내를 어둡게 만듭니다.
2. 가위바위보를 통해 술래를 한 명 정합니다. 교사가 술래를 하는 것이 좋습니다.
3. 각자 출발선에서 술래에게 들키지 않고 도착 지점까지 갑니다.
4. 술래는 출발선과 도착 지점 사이의 공간에 앉아서 안대를 쓰고 손전등 불빛으로 움직임이 느껴지는 곳을 비춥니다.
5. 불빛을 받은 사람은 탈락입니다.

실내를 어둡게 하는 것만으로 학생들은 흥분 상태입니다. 그래서 출발을 하자마자 신이 나서 골인 지점까지 뛰어갑니다. 술래를 교사가 하며, "조그만 소리라도 들리면 무자비하게 잡겠다"고 하면 학생들은 긴장감을 느끼며 놀이에 임합니다. 탈락했을 때 "으악" 하고 쓰러지는 등의 약속을 정하는 것도 긴장감을 주는 요소가 될 수 있습니다.

놀이가 끝난 뒤 대다수 학생들은 놀이를 하며 자기도 모르게 긴장됐다고 말했습니다. 탈락한 학생이 세 명 있었는데, "주인 몰래 나오다가 붙잡힌 노비들도 있었지만, 많은 노비들이 들키지 않고 무사히 회의를 하게 되었다."며 탈락한 학생들도 회의에 참석한 노비의 역할을 하기로 했습니다.

● 다섯 번째 활동 : '반란을 일으킬 것인가 말 것인가' 토론하기

노비들 가운데는 반란을 통해 자유를 찾으려는 무리가 있는가 하면, 체제에 순응해 살아가려는 무리도 있었습니다. 반란을 일으키는 것에 찬성하는 쪽의 의견과 반대하는 쪽의 의견을 들어보며, 당시 노비들의 내적 고민을 들어보는 활동입니다.

1. 반란을 일으키자는 쪽과 일으키지 말자는 쪽으로 나누어 서로 마주 보고 앉습니다.
2. 주인 몰래 약속 장소에 모인 노비들은 '반란을 일으킬 것인가'에 대해 토론합니다.
3. 토론하다가 자신의 의견이 바뀌면 자리를 바꿔도 됩니다.

예시) 학생들이 토론한 내용

1) 찬성하는 입장

- 반란이 성공하면 우린 부자가 될 수 있다.
- 곡괭이, 낫을 많이 가지고 있고, 무기는 몰래 훔치면 된다.
- 죽더라도 우리를 괴롭힌 사람들을 응징해야 한다.

- 반란을 하지 않으면 우린 평생 괴롭게 살아야 한다.
- 주인만 죽이는 것이 아니라 노비제도를 아예 없애자.
- 청나라에 부탁하자.
- 주인을 죽이고 다른 나라로 도망가자.

2) 반대하는 입장

- 우리에게 무기가 없다.
- 내 주인은 바보라서 나를 힘들게 하지 않는다. 나는 살 만하다.
- 괜히 주인을 죽이려고 했다가 내가 죽는 수가 있다.
- 목숨은 소중한 것이다.
- 열 명밖에 안 되는데 어떻게 노비제도를 없애나.
- 외국에서 우리를 이유 없이 왜 도와주느냐.

◯ 여섯 번째 활동 : 꿈 장면 만들기

토론을 마친 그날 밤, 집에 돌아온 노비들은 꿈을 꾼다는 설정을 주었습니다. 학생들에게 일정한 시간을 주고 노비들이 꾸었을 만한 꿈을 상상하여 장면을 만들어 보기로 했습니다.

1. 모둠별로 노비들이 꾸었을 법한 꿈을 만듭니다.
2. 대사나 소리가 반복된다, 느리게 움직인다는 조건이 있습니다.
3. 모둠별로 발표할 때는 몽환적인 배경음악을 들려줍니다.

> **예시) 학생들이 만든 꿈 장면**

- 한쪽에서는 잠을 자고 있고, 다른 한쪽에선 싸우고 있다. 싸움에서 노비가 지고, 자고 있던 사람이 깬다. 다시 누우면 다른 한쪽(꿈속)에서 또 싸우다가 진다. 싸우는 꿈이 계속 반복된다.
- 계속 칼싸움하는 "팅팅팅" 소리가 무한 반복된다.
- 여러 사람이 칼싸움을 하던 중 노비가 이겼다고 만세를 외친다. 노비 뒤에 있던 사람이 쏜 활을 맞고 노비는 쓰러진다. (누가 노비고, 주인인지 확인할 수 없어서 "정지" 하고 자신의 신분을 나타내는 대사나 속마음 듣기를 했더니 역할이 분명해졌습니다.)
- 노비는 비상을 넣어 주인들을 죽인다. 주인의 죽음을 확인하던 중 아직 죽지 않은 대감을 발견하고는 낫으로 다시 죽이고 도망간다. 노비들은 도망가고, 죽은 주인들은 귀신이 되어 계속 노비를 쫓아다닌다. 노비는 괴로워한다.

○ 일곱 번째 활동 : 반란을 결의하는 노비들

무서운 꿈을 꾼 것처럼 두렵기도 했지만, 노비들은 자신의 주인을 죽이고 노비 해방을 외치는 반란을 일으키기로 결의합니다. 학생들과 다음의 의식을 약속했습니다.

1. 반란을 도모하며 가장 걱정한 사람이 누구였을지 이야기를 나눕니다.
2. 잠들어 있는 가족, 친구 등의 역할을 한 명 정하고 의자에 앉게 합니다.

3. 학생들은 자신의 소중한 사람에게 마지막 한마디를 하고 뒤돌아섭니다.
4. 교사는 반란 무리의 우두머리가 되어 결의문을 읽습니다.
5. 학생들은 결의문의 마지막 문장을 두 번 반복합니다.

예시) 결의문

국가에는 경계의 난 이래로 귀족 고관들이 천한 노비들 가운데서 많이 나왔다. 장수들과 재상들의 씨가 따로 있는 것이 아니다. 때가 오면 아무나 할 수 있는 것이다. 우리라고 해서 어찌 힘든 일에 시달리고 채찍질 아래에서 고생만 하고 지내야겠는가? 궁중 노비들은 안에서 숙청할 자들을 숙청하고, 우리들은 성 안에서 봉기하여 먼저 최충헌을 죽인 후 이어 각각 그 주인들을 죽이고 천적을 불살라 버려 삼한에 천인을 없애자. 그러면 공후장상을 우리 모두 할 수 있을 것이다. 일의 비밀을 보장 못하면 성사하지 못하니 누설치 않도록 조심하라.

학생들은 극 중 가족에게 자못 비장한 말투로 "걱정 마, 잘 다녀올게. 난 이길 거야" "안녕, 건강하게 잘 있어. 조금 무섭긴 하지만 꼭 해야만 하는 일이야" "나는 돌아오지 못할 수도 있어" 등의 말을 남겼습니다.

● 여덟 번째 활동 : 결의문 숨기기(연극놀이)

전체 드라마의 흐름상 있어도, 없어도 좋은 활동이나 분위기를 환기하고 남은 과정을 잘 마무리하기 위해서 간단한 놀이를 했습니다.

1. 술래(권력층) 한 명을 정해 뒤돌아서 있게 합니다.
2. 술래와 일정한 거리에 떨어진 나머지 학생들은 손을 등 뒤로 한 채 술래 몰래 결의문을 숨깁니다.
3. 술래는 앞으로 나올 수는 없고 옆으로만 이동 가능하며, 관찰만으로 결의문을 가지고 있는 사람을 찾습니다.
4. 결의문을 가지고 있는 사람은 태연한 척, 가지고 있지 않은 사람들은 손 뒤에 무언가를 가지고 있는 척 연기하는 것이 놀이의 재미입니다.

> **실전 TIP**
> 결의문을 구겨서 숨겼는데 소리가 나지 않으니 숨기는 학생들의 긴장감이 덜했습니다. 종을 매달아서 소리가 나게 하면, 더 조심히 전달할 것입니다.

● 아홉 번째 활동 : 감옥에서 편지 쓰기

반란을 일으키기로 한 당일 아침, 누군가의 밀고로 시작도 해 보지 못한 채, 붙잡히게 되었습니다. 감옥에 갇혀 죽음을 앞둔 노비들이 마지막 인사를 나누었던 그 사람에게 '내가 꿈꾸었던 세상'을 편지로 남깁니다. 학생들에게 화선지와 붓펜을 나누어 주고 편지를 쓰게 합니다. 이때 쓸쓸한 아쟁 연주곡을 배경음악으로 들려주어도 좋아요.

처음 이 수업을 할 때는 막연히 죽음을 앞둔 심정을 편지로 남기라고 했습니다. 그때의 편지 내용은 대부분 밀고한 사람에 대한 배신감, 원망에 대한 것이었고, '죽이고 싶다' '복수한다'라는 단어가 자주 등장했습니다. 저는 학생들이 반란을 일으키게 된 계기, 죽음을 각오한 채 위험한 일을 계획한 이유, 불합리한 노비제도에 대한 불만 등을 편지에 쓰길 기대했는데요. 그래서 두 번째 수업을 할 때는 "내가 꿈꾸었던 세상"이라는 구체적인 과제를 제시했습니다.

수업을 마치며

학생들에게 수업 중 기억에 남는 것을 물었더니 '신분놀이가 기억난다' '탈출할 때 마음이 두근거렸다' '꿈 만들기에서 반복되는 것이 재밌었다' 등 각자 느낀 바를 이야기해 주었습니다. 중간에 있었던 탈출놀이나 결의문 숨기기 놀이를 한 번만 더 하자고 조르기도 했습니다. 놀이만 남은 것이 아닐까 하는 우려심도 있었습니다. 그렇지만 노비들끼리 서로 푸념하는 활동에서 학생들이 먼저 "이대로 가만히 있을 수 없다" "노비 문서를 불태우자" "반란을 일으키자"고 먼저 얘기를 꺼냈고, 쉬는 시간에는 "반란 일으킬 거예요?"라며 자기는 이렇게 싸울 거라고 몹시 몰입한 모습을 보이는 학생도 있었습니다. 다수의 학생들이 반란을 일으키자는 분위기 속에서 "죽으면 다 무슨 소용이냐"고 외치던 학생의 모습도 인상적이었습니다. 결의문을 읽으며 열의에 차 있을 때, "누군가의 밀고로 반란은 실패로 돌아갔다"는 교사의 말에 급격하게 분위기가 냉랭해지던 순간은 이 수업의 가장 극적인 장면이었습니다.

굳이 드라마 수업을 활용하지 않아도 학생들은 '반란을 일으킬 것인가, 말 것인가' 토론할 수 있고 노비들의 입장에서 글쓰기를 할 수도 있을 겁니다. 그럼에도 드라마를 활용하는 까닭은 '감옥에서 편지 쓰기 할 때 진짜 노비가 된 것 같았다'는 학생의 말처럼 '타인이 되어보는' 그 짧은 순간의 가치 때문입니다.

시로 연극하기 1
「못 위의 잠」

서호필_한빛고 국어교사

수업 적용 가능 대상 : 중 3~고 3
수업 추천 대상 : 고 2
수업 시간 : 총 2차시(차시당 50분, 총 100분).
　　　　　작품 낭독을 제외하면 압축하여
　　　　　1차시로 진행 가능
준비물 : 연극 활동에 도움을 주는 질문

드라마 기법을 활용해 문학 수업을 해보아요

　작품을 총체적으로 이해하는 것과 작품의 주제를 내면화하는 것 그리고 작품 속 인물의 삶을 만나는 것은 서로 엮여 있습니다. 연극 활동은 이 세 가지를 모두 경험하게 해주는 효과적인 수단이죠.

　작품 전체를 하나의 드라마(Drama)로 만들어 보면 좋겠지만, 고등학교 50분 수업에 맞게 계획하고 수업한 작품이 「못 위의 잠」입니다. 수업 방법과 내용은 모두 직접, 학생들과 여러 번 수업을 하면서 만들어낸 것입니다. 수업은 총 2차시로 진행했으며, 작품 속 '등장인물들의 삶'을 만나보게 하는 데 초점을 두었습니다. 그 만남을 통해 자연스럽게 작품에 관한 총체적 이해와 감상이 이루어지길 기대하면서 말입니다.

이와 같은 수업을 계획할 때 교사는 먼저 학생들을 작품 속으로 들어가게 이끌어줄 질문을 많이 만들어야 합니다. 그런 다음 모둠별로 질문을 선택해 상상하고(토의하여) 정지 장면[1] 혹은 짧은 즉흥극[2]으로 발표하는 수업을 진행했습니다. 모둠은 네다섯 명이 적당합니다. 이때 교사는 적극적으로 부분과 부분을 이어주는 해설자, 필요하면 배우로 참여합니다. 날실과 씨실을 연결하여 감상의 베를 짜주는 베틀 역할인 셈이죠.

함께 연극한 작품

「못 위의 잠」 (나희덕, 시집 『그 말이 잎을 물들였다』, 창비, 1994)
제비집 둥지가 있는데, 아비 제비는 둥지 밖 못 위에서 꾸벅거리며 자고 있습니다. 모두가 잠을 자기엔 좁은 둥지. 그 둥지는 실업자가 된 아버지, 가족의 생계를 위해 고된 일을 해야 하는 어머니 그리고 그들을 기다리며 살아가는 자식들의 삶을 보여줍니다. 당연하게만 생각해서 상상하지 않는 가족의 삶에 대해 깊게 들여다보는 수업을 이 시를 통해

---

[1] 사건, 상황의 핵심을 한 장의 사진처럼 정지한 '장면'으로 보여주는 연극 기법입니다.
[2] 정의가 다양하지만 여기서는 '인물, 사건의 전개' 과정만 토의하여 약속하고, 극본 없이 극으로 보여주는 연극 기법을 말합니다.

서 해보고 싶었습니다.

전체적인 활동 흐름

차시	활동	내용	시간	학습 형태
1	시 낭독하기	모둠, 짝, 개인 낭독	10분	모둠 활동
	질문으로 상상하기	작품 속 배경 상상하기	10분	
		인물의 공간 상상하기	10분	
		과거, 현재, 미래의 모습 상상하기	10분	
		등장인물 상상하기	10분	
2	모둠별 토의하기	모둠별로 질문 고르고 토의하기	5분	
	연극하기	과정드라마로 들어가기 위한 안내	5분	
		사내가 실업자가 된 과정	5분	
		실업자가 된 사내의 일상	5분	
		아내의 직장 생활	5분	
		아내의 반복적인 꿈	5분	
		세 자식들의 소망	5분	
		가족의 저녁 식사	5분	
	소감 나누기	활동에 대한 소감 나누기	10분	

> **실전 TIP**
>
> 시 낭독과 잘 모르는 내용에 대해 이해하는 시간을 1차시로 설정하면, 이 작품은 총 2차시로 진행할 수 있습니다. 혹은 시 낭독과 묶어 1차시로 압축하여 진행할 수도 있고요.

수업 과정

시 낭독하기

학급 학생의 수, 학생의 특성 등을 고려해 다양한 방법으로 낭독할 수 있습니다. 다만 처음에는 작품 이해에 초점을 맞추기보다 작품과 가까워질 수 있도록 여러 번 낭독하는 것이 좋습니다.

묵독보다는 소리 내어 함께 읽는 것이 좋아요. 두 명이 짝을 지어 한 행씩 낭독하거나 모둠 단위로 모여 한 행씩 낭독할 수 있습니다. 교사가 한 행, 전체 학생이 한 행을 주고받는 낭독을 할 수 있고요. 낭독 중 이 작품에서 특히 마음에 와닿는 행, 연 등을 찾아 그 부분을 함께 낭독하는 방법도 있습니다. 교육연극에서 낭독할 때 '평범한 낭독-조건 낭독[3]-자신이 낭독하고 싶은 목소리로'의 단계를 밟기도 합니다. 움직임이 가능하다면, '공원 산책을 하면서, 바닷가에 앉아서, 목욕탕에서 서로 때를 밀어주며, 업어주며' 등의 상황을 동작으로 표현하면서 낭독하는 방법도 있답니다.

> **실전 TIP**
> 시의 경우는 한 명씩 행 또는 연의 단위로 나누어 읽으면 좋아요. 한 명이 독점하여 낭독하지 않도록 해주세요. 그리고 교사도 함께 낭독에 참가하여, 어느 학생이 너무 길게 낭독한 경우 '다음은 누가'의 형식으로 낭독의 순서를 조정해주면 좋아요.

---

[3] 어린아이 목소리로, 노인의 목소리로, 연인에게 사랑 고백하는 목소리로, 100미터 달리기를 하는 선수의 목소리로, 랩으로, 판소리로, 노래로 등 주어진 조건에 맞게 낭독하는 방법.

질문으로 상상하기

수업을 준비하면서, 특히 과정드라마의 형식을 변형한 고등학교 50분 수업 방식을 고민하면서 좋은 질문이 연극 기법보다 더 중요하다는 것을 깨달았습니다. 교과목의 성격과 학생들의 수준에 따라 다르겠지만, 학생들은 '이미 알고 있다고 생각하는 질문' '다음에 차분하게 정리하면 해결할 수 있다고 생각하는 질문' '인터넷이나 참고서를 보면 해결할 수 있다고 생각하는 질문'에 대해서는 대답하지 않습니다. 아니 공부하지 않습니다. 잘 모르는 것, 바로 이 자리에서 생각해야 하는 것, 여럿이 함께 생각할 수 있는 것, '어, 이게 뭐지?'라고 궁금증을 자아내는 질문을 제시해야 합니다. 작품의 답습이 아닌, 작품의 행간에 '숨어 있는' 질문을 마주할 때 학생들의 심장이 뛰기 시작합니다.

교사는 이러한 점을 염두에 두고 질문을 만들어야 하며, 상황에 따라 순서를 바꾸거나 변형해도 좋습니다. 모둠 수, 수업 시간, 학생 수에 따라 교사의 조정은 반드시 필요합니다. 다음은 연극 활동에 도움을 주는 질문들과 이를 통해 활동한 내용입니다.

● 첫 번째 활동 : 작품 속 배경 상상하기

'사내'가 집으로 가족과 함께 돌아올 때의 풍경을 상상해 보는 활동입니다. 그리고 주변의 사물이나 사람(이웃)이 '인물'에게 말을 건넸다면 어떤 말을 했을지도 함께 떠올려 보기로 했습니다. 학생들을 이야기 속으로 들어오게 하기 위해서 다음과 같이 교사가 이끄는 말이 필요합니다.

> **교사가 이끄는 말**
>
> "제비집 둥지 옆에 못이 하나 박혀 있습니다. 새끼와 어미는 둥지에 있고, 아비 제비는 그 못 위에서 꾸벅거리며 잠을 자고 있습니다. 그리고 그 아비 제비처럼 한 사내가 있습니다. 일에 지쳐 돌아오는 아내를, 종암동 버스정류장에서 아이들과 함께 기다리는 사내. 그 사내의 실업(失業)은 깨지지 않는 호두알처럼 오래 이어지고 있습니다. 집으로 가는 길, 골목마저 좁아 아내와 아이들을 먼저 보내고 그 뒤를 따라가는 한 사내, 남편, 아버지. 그 사내도 못 위의 잠을 청하는 저 아비 제비가 아닐까요?"

1. 버스정류장에서 집까지 오는 도중에 있는 사물, 집에 있는 사물 그리고 이 가족에 대해 알고 있는 사람이라고 가정합니다.
2. 평소에 이 가족(혹은 사내)에게 하고 싶었던 말, 오고 갔던 말 등을 생각합니다.
3. 교실 가운데에 통로를 만들고, 통로에 가깝게 두 줄로 서서 그 사물이나 인물로 앉거나 섭니다.
4. 한 명씩 사내(혹은 가족)가 되어 통로를 걸어올 때 이 말을 반복하여 들려줍니다.

○ 두 번째 활동 : 인물의 공간 상상하기

작품 속 가족의 집(방)에 어떤 것들이 있을까를 상상해 보는 활동입니다. 학생들에게 그 사물이 가족에게 어떤 의미가 있는지, 그 사물에 담긴 가족의 이야기를 그 사물이 되어 말해 보도록 했습니다. 방법은 다음과 같습니다.

1. 접착식 메모지에 주인공 가족 방에 있을 만한 물건의 이름을 적습니다.
2. 교실 앞에 테이프로 방을 만들고(혹은 칠판에 공간을 그리고), 그 안에 메모지에 쓴 내용(가족사진, 책상, 성경책 등)을 적당하게 배치합니다.
3. 조용한 음악을 틀고 방에 들어가, 방을 보면서 그 인물의 생활과 마음을 상상합니다.

위 방법을 여러 차례 진행했는데 학생들의 감수성을 끌어내기에는 부족하다고 생각했습니다. 그래서 다음 방법도 적용해 봤습니다.

1. 학생들이 스스로 사물이 됩니다. 가족사진, 요강, 이불, 아이의 교과서, 부서진 장난감, 일기장 등.
2. 학생을 두 모둠으로 나누고 한 모둠은 그 사물이 되어 앉거나 섭니다.
3. 나머지 모둠은 사내(가족)가 되어 사물 사이를 돌아다닙니다. 그러다가 사물의 소리를 듣고 싶으면 손가락으로 톡, 어깨를 건드립니다.
4. 사내가 어깨를 건드린 사물은 이야기를 사내(가족)에게 들려줍니다. 필요하면 짧은 대화를 할 수도 있습니다. 나중에 역할을 바꾸어 활동해 봅니다.

◯ 세 번째 활동 : 과거, 현재, 미래의 모습 상상하기

작품 속 가족의 삶을 현재와 어떤 날의 과거, 앞으로의 미래 세 단계로 나누어 그 단계에 맞는 '가족사진'을 세 장 찍어 보는 활동입니다. 가족사진 찍기는 가족과 관련하여 어떤 사건이 있었을 때 찍었다고 가정한 뒤, 가족이 되어 '정지 장면'으로 보여주고 당시의 이야기를 말해보는 방식으로 진행했습니다.

1. 만약 여섯 모둠으로 활동한다면 과거(2), 현재(2), 미래(2)의 가족사진을 상상하여 '정지 장면'으로 찍을 수 있습니다(괄호 안 숫자는 모둠 수).
2. 다섯 모둠인 경우에는 과거, 현재, 미래를 선택하게 한 뒤에 그 인원에 따라 과거(1), 현재(2), 미래(2) 등으로 조정해도 됩니다.
3. 모둠 발표가 끝나고 그 상태에서 교사가 어깨를 톡, 쳐서 인물의 이야기를 들려주어도 좋습니다.

◯ 네 번째 활동 : 등장인물 상상하기

다음은 작품 속 인물들을 상상하면서 생성한 질문입니다. 가족 외에 이웃의 이야기를 질문으로 만들어도 좋습니다. "사내의 이웃으로 살면서 가장 불편했던 때는? 혹은 즐거웠던 때는?"과 같은 질문이 이에 해당합니다.

> **예시) 등장인물에 관한 질문**
>
> • 사내가 실업자가 된 과정(사건, 이유)을 상상하고, 실업자가 된 당시의

이야기를 즉흥극으로 발표해 봅시다.
- 사내가 실업자가 되어 살아가는 하루 중에서 중요하게 생각해서 반복했을 일(행동)은 무엇일까요? 시를 바탕으로 상상한 뒤에 즉흥극으로 발표해 봅시다.
- 아내가 직장 생활을 하면서 겪었거나, 혹은 가족을 부양하면서 만났을 사건(슬픔이나 기쁨의 정서 고려)을 상상한 뒤에 즉흥극으로 발표해 봅시다.
- 피곤에 지친 아내가 일을 마치고 집에 와서(또는 일하는 곳이나 버스 안에서) 반복적으로 꿈을 꾸었다고 상상하고, 그 꿈을 즉흥극으로 발표해 봅시다.
- 낮 또는 밤에 사내가 반복적으로 꾸었을 꿈을 상상하고, 그 꿈을 즉흥극으로 발표해 봅시다.
- 아이들이 꾸었을 꿈을 상상하고, 그 꿈을 즉흥극으로 발표해 봅시다.
- 세 아이들에 대해 상상해 봅시다. 그리고 아이들이 생활하면서 느꼈을 결핍(부족함)과 소망(욕망)을 상상하고, 즉흥극으로 발표해 보세요. 아이들이 그렸거나 썼을 일기, 그림, 물건을 소품으로 이용해도 됩니다. 장소를 놀이터, 학교, 집 등으로 구체화하면 더욱 좋습니다.
- 가족이 모두 집에 온 오늘 저녁은 가족 행사가 있는 날이라고 가정해 보아요. 그날 행사가 있는 저녁, 가족들의 대화(행동, 사건)를 상상하고, 그 일상의 한 부분을 즉흥극으로 만들어 발표해 봅시다. 선물, 다툼, 화해 등의 중심 사건을 하나 정해서 표현하면 더 좋습니다.

모둠별로 질문 고르고 토의하기

앞서 만든 질문 중 여섯 가지를 뽑아 학생들에게 제시했습니다. 다섯 모둠이라면 다섯 가지를 정하는 겁니다. 그런 다음, 모둠별로 교사가 뽑은 질문 중에서 하나를 선택하게 합니다. 여러 질문 중 어떤 것을 제시할지, 또 학생들이 어떤 방식으로 선택할지 정하는 것은 교사의 몫이에요. 단, 50분 수업을 고려할 때 질문 선택에 너무 많은 시간을 빼앗기지 않도록 주의합니다. 참고로 저희 반은 선착순으로 했습니다. 1차시 마지막에 모둠별 질문까지 선정해서 준비하면 시간을 좀 더 효과적으로 사용할 수 있답니다.

> **예시) 교사가 뽑은 여섯 가지 질문**
> - 사내가 실업자가 된 과정(이유, 사건)
> - 사내가 집이나 특정한 장소에서 보이는 반복적인 행동
> - 아내(엄마)가 직장(가정) 생활을 하면서 만났을 사건(어려움, 만족감)
> - 아내의 반복적인 꿈 / 사내의 반복적인 꿈(선택)
> - 아이들이 학교, 집, 친구 관계에서 느끼는 결핍과 소망
> - 가족들의 저녁 행사(식사 등)에서 드러난 서로의 생각

질문을 고르고 나면 모둠별로 모여 질문에 대해 토의합니다. 그리고 상황을 설정하고 즉흥극의 역할을 정합니다. 활동 시간은 1차로 5분을 주고 활동을 지켜봅니다. 시간을 넉넉하게 준다고 토의가 활발해지지는 않더라고요. 필요하면 3분 정도 더 시간을 줍니다. 모둠 토의는 10분을 넘기지 않도록 합니다. 토의도 중요하지만 목표는 인물이 되어 살아

보는 것이기 때문입니다.

교사는 교실을 순회하며 모둠별로 한 가지 질문만 받아 도움말을 줍니다. 활동 상황을 지켜보고, 필요하면 짧게 메모합니다. 학생들의 활동을 관찰하여 발표의 흐름을 조정하는 것이 이 수업에서 교사가 맡은 중요한 역할입니다.

시 「못 위의 잠」으로 연극하기

교육연극을 활용한 수업의 연극은 즉흥에 초점을 맞추어야 합니다. 대사를 쓰고, 그 대사를 외워 발표하는 순간, 생생한 내면의 이야기 즉 자신의 직간접 경험, 자신이 가지고 있는 내적 자원을 놓칠 수 있습니다. 이때 교사는 각각의 모둠 발표를 연결하는 역할을 합니다. 또 학생들이 발표하는 과정에서 놓친 빛나는 보석 같은 표현과 내용을 다시 한번 알려주어서 자신들이 매우 중요한 발표를 했음을 놓치지 않도록 해야 합니다.

◉ 첫 번째 활동 : 과정드라마로 들어가기 위한 안내

모둠별로 발표를 할 때, 학생 전체가 외칠 주문을 정합니다. "무궁화꽃이 피었습니다." "보여주세요!" 등을 외치면 학생들이 발표한다는 약속입니다. 교실의 불을 껐다가 켜는 것을 약속으로 정할 수도 있어요. 은은하게 울리는 종을 준비하여 종을 치면 시작해도 좋습니다.

모둠별로 발표할 때 중간에 교사가 해설자로 멈추게 하거나, 즉흥적 질문을 할 수 있음도 약속해야 합니다. 보여줄 내용을 모두 발표했음에도 즉흥의 특성상 자꾸 늘어지는 경우가 있습니다. 그럴 때는 교사가

'얼음'을 외쳐 멈출 수 있음도 미리 약속합니다. 그러고 나서 과정드라마로 들어가기 위한 안내를 시작합니다.

> **교사가 이끄는 말**
>
> "지금부터 「못 위의 잠」 연극 발표를 시작합니다. 세상에서 단 한 번만 볼 수 있는 발표입니다. 정성스럽게 준비한 각 모둠(흥미와 소속감을 위해서 극단 이름을 정해도 좋습니다)의 발표를 지금부터 보도록 하겠습니다.
>
> 지금 여기는 서울시 성북구 종암동입니다. 여러분은 이 동네에 살고 있는 사람들이고요. 저기 위쪽에 허름한 집들이 보이는군요. 골목도 매우 좁습니다. 여러 명이 지나가기엔 좁아서 한 줄로 올라가야 할 정도입니다. 그 좁은 골목 계단을 올라가면 가난의 때를 벗지 못한 집들이 많이 보입니다. 지금은 낮 12시. 주민들 대부분이 직장에 가 있을 시간, 칠이 벗겨진 파란색 대문 안에 한 사내가 있습니다. (옆 사람에게) "혹시 저 남자에 대해서 잘 아시나요?" (대답에 따라 즉흥) 그럼, 저 사내가 낮에 왜 집에 있는지, 그 이야기 속으로 들어가 볼까요?"

● 두 번째 활동 : 사내가 실업자가 된 사연

모둠별로 사내가 실업자가 된 사연을 발표했습니다. 학생들은 정해진 대본 없이 즉흥으로 산업재해를 입은 여공(또는 외국인 노동자)을 도우려다 해고를 당하는 장면, 언론사에서 올바르지 않은 기사 작성을 거부하다가 해고당하는 장면, 불의한 상황에 반대하다가 해고당하는 장면 등을 만들었습니다.

이때 교사는 사내 역할을 맡은 학생에게 "혹 자신이 직장을 잃고 지금 실업자로 살아가고 있는데, 소감 한마디 말씀해 주실 수 있을까요?" "지금 오랜 시간 실업자로 살고 계신데, 혹 옛날로 돌아가 그런 상황이 되어도 해고를 무릅쓰고 다시 남을 돕겠습니까?" 등 발표의 핵심을 짚어주는 질문을 하여 작품 이해와 작품의 초점을 파악하는 데 도움을 줄 수 있습니다.

○ 세 번째 활동 : 실업자가 된 사내의 일상

모둠별로 사내의 일상을 표현해 보았습니다. 두 번째 활동과 세 번째 활동을 자연스럽게 잇기 위해 교사가 이끄는 말이 필요합니다.

교사가 이끄는 말

"이렇게 실업자가 된 사내는 집에서 하루 종일 있게 되었습니다. 밥도 짓고 설거지도 하고, 빨래도 하고……. 그러면서도 반복적으로 무엇을 계속 하고 있네요? 뭘까요?"

학생들은 즉흥으로 '신문을 보고 구직 전화를 돌렸지만 퇴짜를 맞는 모습, 구인광고를 뒤적이는 모습, 텔레비전을 보는 모습, 술을 마시는 모습 등을 발표했습니다. 이때 교사는 사내 역할을 맡은 학생의 어깨를 톡 건드려서 "지금 가장 하고 싶은 말이 있다면 무엇이지요?"라고 질문할 수 있습니다.

○ 네 번째 활동 : 아내의 직장 생활

모둠별로 아내(엄마)의 직장 생활을 표현해 보았습니다. 세 번째 활동과 네 번째 활동을 자연스럽게 잇기 위해 교사가 이끄는 말을 넣었습니다.

> **교사가 이끄는 말**
>
> 이 사내의 부인, '아내'는 직장에 다니고 있습니다. 아침 일찍 출근했다가 퇴근하는 힘든 삶입니다. 이 여인이 어떤 일을 하고 있는지, 또 직장 생활을 하면서 어떤 일들을 겪고 있는지 그 속으로 들어가 보겠습니다.

학생들은 보험 설계사, 비정규직 노동자, 화장실 청소 노동자(미화원) 등이 되어 일하는 모습, "아줌마, 이렇게 해서 되겠어?"라는 상급자의 질책을 견디거나 해고의 위협을 받으며 어떻게든 살아보려는 모습 등을 발표했습니다.

● 다섯 번째 활동 : 아내의 반복적인 꿈

모둠별로 아내가 반복적으로 꾸는 꿈을 표현해 보았습니다. 네 번째 활동과 다섯 번째 활동을 자연스럽게 잇기 위해 교사가 이끄는 말이 필요합니다.

> **교사가 이끄는 말**
>
> "아내는 이렇게 살아가고 있습니다. 이렇게 힘들게 일을 마치고 돌아오는 버스 안에서 잠깐, 그리고 집에서 잠을 잘 때도 아내는 반복적으로 꿈을 꿉니다. 어떤 꿈을 꾸었을까요? 아내의 꿈속으로 함께 들어가 보도록 하겠습니다."

학생들은 모둠별로 남편이 자살하는 꿈, 이혼하는 꿈, 직장을 얻은 남편을 보내는 아침 풍경 등을 발표했습니다. 이때 교사는 아내 역할을 맡은 학생의 어깨를 톡 건드려서 "혹시 이 꿈을 꾸고 남편을 보면서 어떤 생각을 하셨습니까?"라고 질문할 수 있습니다.

● 여섯 번째 활동 : 세 자식들의 소망

부부의 세 아이들이 학교와 집에서 생활하며 느꼈을 결핍과 소망을 들어보았습니다. 다섯 번째 활동과 여섯 번째 활동을 자연스럽게 잇기 위해 교사가 이끄는 말이 필요합니다.

> **교사가 이끄는 말**
>
> "아버지는 실업자로, 어머니는 바쁜 직장 생활로 힘든 이 가족. 이 가족에게는 세 자식이 있습니다. 이들은 무엇을 소망하고 있는지, 혹은 어떤 부족함을 느끼고 있는지 들어보도록 하겠습니다."

학생들은 모둠별로 휴대전화를 사고 싶은 아이, 학원에서 피아노를 배우고 싶은 아이, 짜장면을 먹고 싶은 아이, 좋은 크레파스를 사고 싶은 아이, 새 옷을 입고 싶은 아이의 소망을 표현했습니다. 가족과 함께 옛날처럼 어린이대공원에 가서 놀고 싶다고 소망하는 모습, 크레파스 때문에 친구와 싸우는 모습을 발표한 모둠도 있었습니다. 이때 교사는 '아이' 역할을 맡은 학생의 어깨를 톡 건드려서 "엄마와 아빠에 대한 소망을 하나만 말해 줄래?"라고 질문할 수 있습니다.

● 일곱 번째 활동 : 가족의 저녁 식사

하루 일과를 마친 아내가 다른 날보다 일찍 들어와 가족과 저녁을 먹는 모습을 연출해 보았습니다. 여섯 번째 활동과 일곱 번째 활동을 자연스럽게 잇기 위해 다음과 같이 교사가 이끄는 말이 필요합니다.

> **교사가 이끄는 말**
>
> "오늘은 다른 때보다 아내가 좀 일찍 들어왔습니다. 아마도 가족 행사가 있는 모양입니다. 누구의 생일일까요? 아무튼 모처럼 가족들이 함께 이야기를 나누는 시간을 갖겠군요. 가족들의 저녁 풍경 속으로 들어가 볼까요?"

학생들은 모둠별로 엄마를 위해 아이가 달걀말이를 만드는 장면, 아이가 오늘 시험에서 100점을 받았다고 이야기하는 장면, 엄마는 그대로 있고 아이들과 남편이 식사를 준비해서 먹는 장면, 아이가 나중에 돈을 벌어서 엄마와 아빠에게 맛있는 것을 사주겠다고 말하는 장면, 아이가 엄마의 어깨를 주물러 주는 장면, 엄마가 아빠의 어깨를 주물러 주는 장면, 엄마를 위한 깜짝 생일파티 장면 등을 발표했습니다.

> **교사가 이끄는 말**
>
> "이렇게 가족들이 즐거운 저녁을 보냈습니다. 지금은 밤 11시. 고단한 하루를 보낸 이 사내의 집에도 불이 꺼졌습니다. (교실의 불을 끈다. 그리고 음악을 튼다.) 모두들 달콤한 꿈의 나라로 들어갔습니다. (모두 눈을 감게 한다.) 실업의 호주머니에서 호두알은 깨지지 않고, 위태롭게 못 위에서 사내는

제비처럼 건디고 있는 현실. 삶은 참 힘들지만, 그래도 이렇게 서로를 아껴주는 가족이 있어 우리는 살고 있습니다. 모두들 이 가족의 엄마나 아빠, 혹은 자식이 되어 꿈속에서 한마디씩 다른 가족 구성원에게 이야기해 봅시다."

이때 교사는 역할을 맡은 학생들에게 한 명씩 어깨를 톡 건드려 한마디하도록 유도합니다. 교사는 그 대사를 받아 전달합니다. 예를 들어, 아이가 "엄마, 내일은 나 장난감 살 수 있지?"라고 하면 교사가 "내일은 나 장난감 살 수 있지?"라고 모두에게 공유합니다. 활동이 끝나면 불을 켜고, 하나 둘 셋 손뼉을 치면서 작품 속에서 나옵니다.

소감 나누기

연극 수업의 마지막인 소감 나누기는 수업 시간의 한계 때문에 하기 어려울 때가 많지만, 그렇다고 다음 시간으로 넘어가면 몸이 아니라 머리에서 나오기 때문에 그 의미가 퇴색됩니다. 연극으로 수업을 하면서 가장 고충을 겪는 부분이지요. 하지만 소감 나누기는 교사에게는 활동에 참여한 학생의 몰입과 이해, 변화를 파악하게 해주고, 학생들에게는 자신의 생각과 느낌을 다른 사람과 나누어 보게 해주는 의미 있는 활동입니다. 선생님들께서는 이 소감 나누기를 수업의 중요한 부분으로 자리매김하여 놓치지 않으셨으면 합니다. 소감 나누기의 방법은 다음과 같이 여러 가지가 있습니다.

1. 박수와 함께 짧은 소감 나누기 : 손뼉 세 번과 함께 이 수업에서

느낀 점, 불편한 점, 새롭게 알게 된 점 등을 짧은 단어(혹은 세 어절 정도의 문장)로 발표하며 마칠 수 있습니다. 손뼉 세 번-발표-손뼉 세 번-발표….

2. 활동 속 인물을 택한 뒤, 그 인물의 목소리로 한 문장의 소감을 대사로 만들어 말할 수 있습니다. (사내 : 나는 힘을 내어 직장을 찾을 겁니다. 가족을 생각해서라도)

3. 모둠 단위로 한 문장씩 소감을 쓰게 하고, 발표하기 편한 방법으로 순서를 정해서 낭독하는 형식으로 발표를 진행할 수도 있어요.

4. 언어적인 표현 방법이 어렵다면, 활동 소감을 '정지 동작'(자신의 생각이나 느낌을 과장된 멈춤 동작으로 표현)과 박수를 이용해 발표해도 좋습니다. (박수-정지동작-박수-정지동작…)

학생들은 "(작품 속 상황이) 슬펐다" "아버지가 떠올랐다" "아이에게 선물을 주고 싶었다" 등의 소감으로 작품 내용에 공감을 표현했습니다. 한편 "(수업 방식이) 새로웠다" "계속 이렇게 수업했으면 좋겠다" "(표현하기가) 힘들었다" 등 수업에 대해 평가하기도 했습니다.

수업을 마치며

한 작품에 대한 다양한 질문을 연결하여 수업을 진행했습니다. 모둠별로 완결되지 않는 발표라 앞에서 발표한 모둠의 이야기가 뒤에 발표하는 모둠의 이야기와 연결되면서 작품 전체를 이해하고 상상하는 효과가 나타났습니다. 무엇보다 특정 모둠만 발표하지 않고 소외되는 학생들이 없는 토의와 연극이 진행되었습니다.

교사가 어떤 질문을 주는 것이 학생들의 상상력을 제약할 수도 있습니다. 그러나 질문에 대한 답변과 선택은 전적으로 학생들의 몫입니다. 주어진 질문 덕분에 짧은 시간 동안 방향을 모른 채 헤매지 않고 집중해서 '삶(작품)의 한 단면'을 표현할 수 있어서 좋았습니다. 시를 읽을 때는 잘 보이지 않았던 사내, 아내, 아이들 그리고 그들의 일상을 마치 한 편의 영화처럼 보며 다음 모둠의 발표 속에서 인물들이 어떻게 살아갈까를 궁금해했다는 평가도 있었습니다. 무엇보다 가족은 힘든 시간을 견디게 하는 힘임을 알게 되었다는 감상평이 공감을 얻었습니다.

모든 시를 꼭 이렇게 이야기로 풀 수 있는 것은 아니겠지요. 다만 「못 위의 잠」처럼 상상력을 발휘해 서사를 만들 수 있는 시는 연극 활동으로 충분히 활용할 만합니다.

04
시로 연극하기 2
「우리 동네 구자명 씨」

영실_김해분성여고 교사

수업 적용 가능 대상 : 중 3~고 3
수업 추천 대상 : 중 3~고 3
수업 시간 : 총 3차시 중 연극 수업에 50분 소요
준비물 : A4 용지, 사인펜(인원수만큼),
차분한 느낌의 배경음악

30년 전 '구자명 씨'는 2019년에는 행복해졌을까요?

문학 과목으로 학생들을 만나게 되면서 한 학기에 한 번 정도는 드라마 수업을 해보자고 마음먹었습니다. 적당한 작품을 고르던 중 보건 선생님으로부터 '성평등 교육'을 수업과 연계해줄 교과를 찾는다는 연락을 받았습니다. 평소 성평등에 관심이 많아 이 주제를 수업과 연계하여 여고생들과 연극 활동을 해 보고 싶었습니다.

「우리 동네 구자명 씨」는 여성주의 시로 분류되어 있습니다. 가정의 평화를 유지하기 위해 희생하는 여성의 삶이 잘 드러나 있는 작품이라 이 장르에서는 꽤 유명한 텍스트이죠. 이 시를 읽기 전에 학생들과 '가사노동의 가치'를 탐색하는 시간을 먼저 가졌습니다. 학생들은 이 시가 30여 년 전 작품이라는 것을 듣고 놀라워했습니다. 여학생들이 느끼기에 (정도는 다르겠지만) 여전히 가정에서 '여성'의 지위는 낮은 모양이었습니다.

연극 활동을 통해 시 속에 나오는 '구자명 씨'가 되어 그의 삶을 살아보고 그의 꿈을 표현해 봄으로써 30여 년 전의 '구자명 씨'가 2019년에는 행복해졌는지를 묻고 싶었습니다. 또한 결혼을 선택하든 비혼을 선택하든 여성이 자기 자신을 잃지 않고 행복할 수 있는 방법에 대해 학생들과 함께 고민하고 싶었습니다. 이 작품으로 하는 수업은 총 3차시로 구성하였고, 그중 드라마 기법을 활용한 연극 활동 수업은 2차시에 50분 수업으로 진행했습니다.

함께 연극한 작품

「우리 동네 구자명 씨」 (고정희 지음, 『지리산의 봄』, 문학과지성사, 1987)
맞벌이 여성이자 일곱 달 된 아기 엄마인 구자명 씨의 삶을 보여주는 시입니다. 간밤에 아기에게 젖 물리느라, 시어머니의 약시중 드느라, 만취한 남편 뒤치다꺼리하느라 피곤한 구자명 씨는 출근 버스 안에서 늘 꾸벅꾸벅 좁니다. 이 시는 가정의 평화와 가족의 안식을 위해 여성이 희생해야만 하는 현실을 비판적인 시선으로 바라봅니다. 시 속에 나오는 구자명 씨의 삶을 구체적으로 상상해 보고, 이미 잊혔으나 언젠가는 존재했을 구자명 씨의 꿈에 대해 더 탐구해 볼 수 있는 텍스트라고 생각합니다.

전체적인 활동 흐름

차시	활동	내용	시간	학습 형태
1	시 맥락 읽기	가사 노동의 가치 탐색하기	15분	모둠 활동
		핵심 질문을 통해 시 내용 이해하기	35분	
2	드라마 기법으로 연극하기	고단한 '구자명 씨'의 하루 살아보기	15분	모둠 활동
		'구자명 씨'의 꿈 장면 만들기	15분	
		'구자명 씨'의 일기 써 보기	20분	
3	삶과 연관 짓기	통계자료를 통해 보는 '2019년 구자명 씨'의 삶	15분	전체 활동
		나의 결혼관 이야기하기	10분	
		세상을 바꾸기 위한 작은 생각	25분	모둠 활동

수업 과정

시 맥락 읽기

● 첫 번째 활동 : 가사 노동의 가치 탐색하기

가사 노동을 통해 얻은 가치, 가사 노동을 선택함으로써 포기한 가치(기회비용) 등을 모둠별로 토의하게 한 후, 전체가 공유하는 활동입니다. 학생들은 보통 자기 가정의 모습을 기준으로 이야기하기 마련인데, 2019

년을 사는 열여덟 살 여학생들에게서 나온 이야기는 필자의 세대가 느끼는 것과 크게 다르지 않았습니다. 가사 노동을 통해 얻은 가치는 가족의 편리한 삶, 의식주의 원만한 해결, 가정의 평화 등 대체로 나를 제외한 가족들의 안식과 관련한 것이었고, 가사 노동을 선택함으로써 포기한 가치는 쉴 권리, 꾸밀 권리, 여가생활을 할 시간 등 거의 나 자신을 위한 것들이었습니다.

◉ 두 번째 활동 : 핵심 질문을 통해 시 내용 이해하기

시 맥락을 이해할 수 있는 질문들로 활동지를 만들어 모둠별로 토의하며 답을 찾아보는 활동입니다. 이 질문들에는 화자가 처한 상황, 시 구절의 의미, 표현상의 특징, 주제 등을 묻는 내용이 포함될 수 있습니다.

모둠별로 토의한 후 전체 공유 시간을 통해 시 내용을 함께 정리했습니다. 시 맥락을 이해할 수 있는 질문은 화자의 상황과 처지를 파악하는 것부터 시작해서 표현상의 특징 찾기, 시 구절의 함축적 의미, 시인의 의도와 주제 등을 묻는 질문으로 구성합니다. 예를 들면 다음과 같습니다.

예시) 시의 맥락을 파악하기 위한 질문

- 질문1 : '차창 밖으론 사계절이 흐르고 / 진달래 피고 밤꽃 흐드러져도' 졸고 있다는 말은 무슨 뜻일까요?
- 학생들의 다양한 답 : '계절 변화와 상관없이 늘 피곤한 삶을 살고 있음을 보여준다.' '꽃이 피고 지는 등 자연의 변화를 여유롭게 누리지 못하는 곽팍한 삶을 의미한다.' '이런 고단한 삶이 사계절이 흐르는 동

안 지속되고 있음을 의미한다.'
- 질문2 : 화자는 '구자명 씨'를 꽃에 비유합니다. 그렇게 비유한 이유에 대해 생각해 봅시다.
- 학생들의 다양한 답 : '팬지꽃과 안개꽃은 작은 꽃이므로 '구자명 씨'의 존재가 아름다우면서도 여리고 작음을 의미하는 것 같다.' '꽃 이름 뒤에 '아픔'과 '멍에'가 나온 것을 보니, 존중받아야 할 존재가 실제로는 구속의 상태에서 아픔을 느끼고 있는 것 같다.' '안개꽃은 보통 다른 꽃을 돋보이게 하는 보조적인 역할을 하는데, '구자명 씨'를 비롯한 여성들이 가족 내에서 그런 역할을 하는 것으로 해석된다.'

드라마 기법으로 연극하기

교사는 1차시 수업의 마지막에 학생들에게 다음과 같이 연극 수업에 대해 미리 안내합니다.

"다음 시간에는 작품에 대해 이해한 내용을 바탕으로 '상상'과 '표현'을 통한 드라마 수업을 합니다. 수업 전에 미리 책걸상을 뒤쪽으로 밀거나 복도로 빼서 교실의 빈 공간을 확보하고 바닥을 청소해 두도록 합니다. 정해진 답이 없는 활동이므로 편안한 복장과 열린 마음으로 참여해 보아요!"

○ 첫 번째 활동 : 고단한 '구자명 씨'의 하루 살아보기

네 명에서 다섯 명을 한 팀으로 하여 모둠을 구성한 후, '고단한 구자명 씨의 하루'를 상상하여 정지 장면으로 만들어 보는 활동입니다. 여섯 개의 모둠으로 나눈다고 할 때 '이른 아침/오전/점심/오후/저녁/늦은 밤'

으로 나눌 수 있습니다. 이른 아침이나 저녁, 늦은 밤의 경우, 대부분의 학생들이 시에 나오는 내용을 바탕으로 장면을 만듭니다. 하지만 구자명 씨의 직장 생활의 경우, 시 속에 어떠한 정보도 나오지 않기에 학생들이 모둠별로 상상하여 만들어 보도록 안내했습니다.

1. 모둠별로 시간대를 정해준 후, 그 시간에 구자명 씨가 어디에서 무엇을 하고 있을지 논의하여 장면을 만들어 봅니다. 가급적 이야기는 짧게 나누고, 누군가가 나쁘지 않은 의견을 내면 수용한 후 바로 몸으로 표현해 봅니다. 팀원들은 사람이 될 수도 있고 배경이나 사물이 될 수도 있습니다.
2. 정지 장면으로 만들되, 그 장면의 상황을 가장 잘 드러내는 대사를 하나 정도 칠 수 있도록 준비합니다.
3. 시간 순서대로 발표합니다.

예시) 학생들이 만든 정지 장면

1) 이른 아침
- 구자명 씨가 가족의 식사를 준비하는 가운데, 시어머니가 자신의 아들만 걱정하며 아침 식사에 대해 잔소리를 늘어놓는 장면
- 모두가 자는 가운데 머리를 감은 후 남편을 조용히 깨우는 장면
- 모두가 자는 가운데 조용히 문을 열고 출근하는 장면

2) 점심
- 시간이 충분하지 않은 상황에서 일을 하며 급히 밥을 먹는 장면

- 점심을 먹으면서도 꾸벅꾸벅 조는 장면

3) 오후
- 직장에서 상사로부터 혼나는 장면
- 육아 때문에 연차 내는 일이 잦다는 이유로 자신이 맡던 프로젝트가 다른 남자 동료에게 넘겨지는 장면
- 아프다던 아이가 계속 떠올라 일에 집중하지 못하는 장면

4) 저녁
- 퇴근할 때 버스에서 졸다가 종점까지 가는 장면
- 텔레비전 보는 남편과 잔소리하는 시어머니 앞에서 가족들의 저녁 식사를 준비하는 장면

5) 늦은 밤
- 술 취해서 문 두드리며 들어오는 남편을 챙기고 잠에서 깬 아이를 달래는 장면
- 술 취한 상태에서 동료들을 집으로 데리고 와 술상을 차리라는 남편 때문에 지친 장면

◯ 두 번째 활동 : '구자명 씨'의 꿈 장면 만들기

고단한 하루를 보낸 '구자명 씨'가 어떤 꿈을 꿀지 상상하여 몸으로 표현하는 활동입니다. 첫 번째 활동과 두 번째 활동을 자연스럽게 잇기 위해 교사가 이끄는 말이 필요한데요. 다음과 같이 할 수 있습니다.

교사가 이끄는 말

"이렇게 고단한 하루를 보낸 구자명 씨는 겨우 잠이 듭니다. 그날 밤 구자명 씨는 어떤 꿈을 꾸었을까요? 지금부터 모둠별로 구자명 씨의 꿈을 만들어 보도록 하겠습니다. 꿈에서는 보통 어떤 일들이 벌어지나요? 간절히 이루고 싶은 장면이 꿈에 나올 수도 있고, 현재의 괴로움이 극대화되어 꿈에 나올 수도 있겠지요. 구체적인 상황이 벌어질 수도 있고, 추상적이고 말도 안 되는 일이 벌어질 수도 있습니다. 여러분이 생각하는 구자명 씨의 꿈에 대해 지금부터 이야기 나누어 보세요. 이번에는 정지 장면이 아닌, 움직임이 있는 장면으로 만듭니다."

1. 그날 밤 구자명 씨가 꾸었을 꿈에 대해 모둠별로 논의하고 장면으로 만들어봅니다. 가급적 이야기는 짧게 나누고, 누군가가 나쁘지 않은 의견을 내면 수용한 후 바로 몸으로 표현해 봅니다.
2. 발표는 가능하면 움직임이 있는 장면으로 하되, 시간은 30초 이내가 되도록 합니다.
3. 모둠별로 돌아가면서 발표합니다. 발표할 때는 정지 동작으로 시작해 정지 동작으로 마칠 수 있도록 합니다.

첫 반에서는 현실과 반대되는 꿈 즉 구자명 씨가 바라는 내용이 많이 나왔는데, 점점 갈수록 악몽이 더 많이 나와서 흥미로웠습니다. 특히 인상적인 장면들은 다음과 같습니다.

> **예시) 학생들이 만든 꿈 장면**
>
> - 자신을 위해 마음껏 투자하는 장면(쇼핑, 네일, 헤어숍 등)
> - 회사에서 그 능력을 인정받는 장면
> - 워킹맘 구자명 씨를 위해 가족들이 많이 배려해주는 장면
> - 한껏 꾸미고 외출하는 꿈, 친구들과 늦게까지 맥주를 마시며 노는 장면
> - 현실에서 하지 못했던 마음속 말을 용기 내어 내뱉는 장면(직장 상사에게, 남편에게, 시어머니에게…)
> - 온 가족이 각자 원하는 것을 요구하며 구자명 씨를 쫓아오는 장면, 넘어진 구자명 씨 위로 하나씩 엎어지며 구자명 씨에게 말하는 장면(예를 들면 직장 상사가 "육아휴직 쓸 생각도 하지 마.")
> - 식구들이 모두 잠든 새벽에 조용히 캐리어를 끌고 집을 나가는 장면
> - 자살을 선택한 구자명 씨를 두고, 주위 사람들이 오히려 비난하는 장면("자기만 힘든 것도 아닌데 왜 그 정도까지 하냐…")

● 세 번째 활동 : '구자명 씨'의 일기 써 보기

여섯 명에서 일곱 명을 한 팀으로 하여 모둠을 구성한 후, '구자명 씨의 일기'를 써보는 활동입니다. 이 활동을 통해 학생들은 구자명 씨가 느끼는 감정에 좀 더 깊이 몰입할 수 있습니다. 준비물로는 A4용지, 펜, 배경음악 정도면 충분합니다. 두 번째 활동과 세 번째 활동을 자연스럽게 잇기 위해 교사가 이끄는 말이 필요합니다. 다음과 같이 할 수 있습니다.

교사가 이끄는 말

"꿈에서 깬 구자명 씨는 다시 잠들기가 힘들어집니다. 여러 가지 생각으로 머리가 복잡해진 구자명 씨는 서랍에서 수첩과 펜을 꺼내 떠오르는 생각을 적어갑니다. 구자명 씨는 어떤 내용의 글을 적었을까요? 지금부터 구자명 씨가 적었을 법한 메모를 적어보세요. 네다섯 줄 정도면 됩니다."

1. 학생들이 일기를 쓰는 동안 교사는 차분한 느낌의 음악을 틀어줍니다.
2. 학생들은 각자 쓴 종이를 접어 제출한 후, 다른 사람이 적은 것을 하나씩 가집니다.
3. 자신이 가진 종이에서 가장 마음에 드는 한 구절에 밑줄을 긋습니다.
4. 모둠 전체가 한 편의 시를 낭송한다고 생각하고, 각 구절의 순서를 정합니다. 시의 첫 구절과 마지막 구절을 먼저 합의한 후, 나머지는 적절히 순서를 배치합니다.
5. 모둠별로 시를 낭송합니다.

학생들이 즉흥적으로 만들어낸 표현이라 문학적으로 훌륭하지 않을 수도 있습니다. 하지만 소박하고 거칠더라도 그 순간의 진심이 드러나는 표현들이 나와서 활동을 마무리하기에 좋았습니다. 학생들은 각자 뽑은 구절이 한 편의 시처럼 연결되는 것에 신기하다는 반응을 보였고, 특히 마지막 구절을 읽고 나면 모두의 입에서 절로 감탄이 쏟아져 나오는 경험을 할 수 있었습니다.

삶과 연관 짓기

🔵 **첫 번째 활동 : 통계자료를 통해 '2019년 구자명 씨'의 삶 엿보기**

15~54세 기혼여성 취업자 중 경력 단절 경험이 있는 여성의 비율, 주요 경력 단절 사유 등을 분석한 통계청 자료를 제시하고, 80년대의 '구자명 씨'와 지금의 '구자명 씨'의 삶을 비교해 보는 활동입니다. 유리 천장과 여성 차별은 30~40년의 세월이 흘렀어도 별로 달라진 것이 없음을 자료로 확인할 수 있었습니다.

🔵 **두 번째 활동 : 나의 결혼관 이야기하기**

연극 수업을 마치고 그다음 시간에 학생들과 함께 '결혼'에 대한 각자의 생각을 자유롭게 이야기 나누었습니다. '반드시 결혼할 테야'에서 '절대 결혼하지 않을 테야'에 이르는 넓은 스펙트럼을 확인하고, 그 이유에 대해 대화를 나누며 다양한 형태의 삶이 존재할 수 있다는 것을 알게 되었습니다.

🔵 **세 번째 활동 : 세상을 바꾸기 위한 작은 생각**

결혼을 선택하든 비혼을 선택하든 그것을 결정할 자유는 오롯이 개인에게 있음을 함께 확인하고, 결혼한 '구자명 씨'도 충분히 행복한 삶을 누릴 수 있도록 하려면 가정과 사회가 어떻게 변해야 하는지에 대해 모둠별로 이야기 나누었습니다. 이후 모둠 토의 내용을 전체적으로 공유했습니다.

수업을 마치며

'결혼한 구자명 씨'도 행복한 삶을 누릴 수 있도록 하려면, 가정과 사회가 어떻게 변해야 하는지에 대해 학생들은 '과연 세상이 변할 수 있을까' 하는 의혹을 숨기지 않으면서도 다양한 의견을 말해주었습니다. 가정에서의 변화로는, 학급에서 역할 정하듯 가정에서 가사를 확실히 분담하기, 결혼하기 전에 그 내용을 미리 문서화하기, 나부터 '엄마'가 가사를 다 맡아야 한다는 생각 버리기 등을 이야기해 주었습니다. 사회에서의 변화로는, 육아휴직을 남성과 여성이 동등하게 사용하도록 법제화하기, 회사 내에(혹은 지역 단위로) 어린이 돌봄시설 갖추기, 경력 단절 여성이 다시 회사에 복귀할 수 있도록 교육 기회 제공하기 등의 의견이 나왔습니다. 이런 논의까지 갈 수 있었던 것은, 학생들이 드라마 활동을 통해 '구자명 씨'의 삶과 꿈과 언어를 체험해 보았기 때문이라고 생각합니다. 그 인물이 '되어보는' 것, 그 상황에서 한 번 '살아보는' 것. 문학을 만나는 우리가 경험할 수 있는 최고의 축복 아닐까요?

05

희곡으로 연극하기
「파수꾼」

서호필_한빛고 국어교사

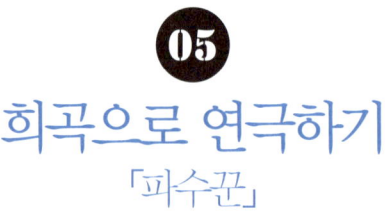

수업 적용 가능 대상 : 초등 고학년~고등
수업 추천 대상 : 중고등
수업 시간 : 총 2차시(차시당 50분 수업, 총 100분)
　　　　　　마을회의를 추가하면 3차시로 진행 가능
준비물 : 효과음(사이렌 소리 등), 가면(파수꾼 소품),
　　　　파수꾼 '다'의 편지, 촌장의 담화 내용

사건 속 인물로 살아봐야 아는 것도 있답니다

희곡은 '연극적'인 방법으로 수업하기에 좋을까요? 공연을 전제로 만들어진 작품이 희곡이니 역할을 나누어 혹은 모둠별로 낭독하거나 대사를 외워 공연한다면 그 대답은 "예"겠지요. 그러나 희곡을 문학의 한 텍스트로 설정하고 그 작품의 이해와 감상에 초점을 맞춘다면 시나 소설보다 어렵습니다. 그 인물이 되어 대사를 하지 않고 분석하는 희곡 수업은 소설, 시 수업보다 더 흥미가 없을 수 있습니다.

희곡 밖에서 낭독하고 바라보는 관찰자가 아니라 희곡 속으로 들어가 사건 속 인물이 되어 '살아보게' 하고자 이 수업을 계획했습니다. 수업의 목표는 두 가지입니다. 첫째는 과정드라마 기법을 통해 학생들이 작품 속 인물이 되어 살아보고, '되어서 알게 되는 그 무엇'을 체험하는 것입니다. 둘째는 극적 상황에서 '자신'이 역할 속 인물로서 어떤 판단을 하는지 살펴보는 것입니다.

앞서 시 「못 위의 잠」을 활용한 수업은 모둠 단위의 활동이었고, 교사는 해설자와 연결자 역할이었지만, 이 수업에서는 교사가 좀 더 적극적으로 활동을 이끌고 학생들의 참여를 독려합니다.

함께 연극한 작품

「파수꾼」 (이강백 지음, 희곡집 『이강백 희곡전집1』, 평민사, 2015)
한 마을에 철책을 지키는 파수꾼 '가', '나', '다'가 있습니다. 아직 어린 파수꾼인 '다'는 처음으로 철책에 왔고, 멋진 파수꾼이 되고 싶어 합니다. 어느 날 밤, 철책 너머에 이리가 존재하지 않는다는 것을 알게 된 '다'는 촌장에게 진실을 알리는 편지를 씁니다. '다'의 편지를 받은 촌장은 망루로 찾아와 이리 떼가 존재하지 않는다는 사실을 인정하고, 갖은 이유를 들어 마을 사람들에게 진실을 알리려는 '다'를 만류합니다. 결국 '다'는 촌장에게 회유당해 그의 의도에 따라 거짓말을 하고, 결국 망루에서 벗어나지 못하는 존재가 됩니다. 이 작품은 '양치기 소년과 늑대'라는 우화적 요소를 사용하여, 1970년대의 시대적 상황(거짓 안보 정책,

억압적 권력)을 고발합니다.

전체적인 활동 흐름

차시	활동	내용	시간	학습 형태
1	희곡 낭독하기	모둠별로 전문 낭독	50분	모둠 활동
2	몸과 마음 열기	'무궁화꽃이 피었습니다' 놀이	5분	모둠 활동
	질문으로 상상하기	마을 상상하기	3분	개인, 학급 전체
		마을 주민 되기	3분	
	연극하기	역할 및 약속 정하기	5분	
		이리 떼의 습격을 받았던 마을 설명	3분	
		인물로 살아보기	5분	
		소문 확산하기	5분	
		파수꾼 '다'의 편지	3분	
		마을 회의(광장 토론)	10분	
		촌장의 담화	3분	
		담화에 대한 주민들의 자유 발언	10분	
	소감 나누기		5분	

수업 과정

희곡 낭독하기

문학 작품은 낭독이 필수입니다. 어떤 경우 묵독도 필요하겠지만, 자신의 목소리로 인물과 사건에 대해 낭독하는 그 자체가 참여형 수업, 몸을 깨우는 배움이지요. 다만 긴 작품을 낭독할 때는 모둠 단위로 낭독하면, 학생들의 관심과 참여도를 높일 수 있습니다.

「파수꾼」 전문을 낭독할 때는 모둠 단위로 낭독하면 효과적입니다. 전체가 대사별로 낭독하다 보면 자신이 낭독할 순서를 기다리다 지쳐 집중력이 떨어질 수 있어요. 모둠 단위로 역할을 정해서 낭독할 수도 있고, 역할을 나누지 않고 순서대로 낭독할 수도 있습니다. 다만 '이리 떼가 나타났다' 등의 공통 대사는 모둠원 모두가 함께 낭독하면 더 재밌겠지요. 지시문을 읽을 때는 모둠에서 한 명을 선택해서 읽게 하면 낭독의 흐름이 자연스럽습니다. 교사는 낭독하는 모둠을 살피면서, 중간에 끼어들어 한두 번 낭독을 함께해도 좋아요. 다음 활동을 위해 간단한 약속, 예를 들어 교사가 "이리 떼가 나타났다!" 하고 소리치면 모두 낭독을 멈춘다든지 하는 규칙을 만들면 흥미로운 낭독 시간이 되지 않을까요?

몸과 마음 열기 '무궁화꽃이 피었습니다' 놀이

기본적으로 우리가 흔히 알고 있는 고전놀이 '무궁화꽃이 피었습니다'와 비슷합니다. 다만 이 게임은 술래가 아닌 사람들이 책상 위로 올라가서 합니다. 또한, 술래가 '꽃' 대신 '곰' '뱀' '이리'를 넣어 외칠 때마다 나머지 사람들은 곰, 뱀, 이리의 동작을 취해야 해요. 이 놀이는 학생들이 책상 위에서 다양한 동작을 하도록 유도하여 자연스럽게 몸과 마음을 푸는 방법입니다. 학급과 학생 수준에 맞게 다양하게 변형할 수 있습니다.

1. 게임 시작 전에 곰의 동작은 양팔을 앞으로 뻗은 채 서 있는 것,

뱀의 동작은 한쪽 팔을 직각으로 구부린 채 서 있는 것, 이리의 동작은 책상 위에 엎드리는 것으로 정합니다.

2. 교사가 술래가 되어 칠판을 보고 서 있다가 "무궁화꽃이 피었습니다" 하고 돌아보면 학생들은 앉은 자리에서 높이의 변화가 있어야 합니다. 즉 처음에 돌아보았을 때 앉아있었다면 두 번째 보았을 때는 앉아있지 않고 서 있거나 책상 위로 올라가려는 동작을 취하면 됩니다. 교실에서 수업할 때, 저는 보통 "무궁화꽃이 피었습니다"를 다섯 번 외쳤을 때 모두 올라가 있어야 한다는 약속을 하고 시작합니다. 이때 움직이면서 의자나 책상을 끄는 소리가 날 경우 처음부터 다시 한다는 약속까지 하면 조용하게 놀이를 진행할 수 있지요. 술래가 뒤를 돌아본 뒤에 움직이거나 자세가 흐트러지면 탈락합니다.

3. 학생들이 책상 위로 올라가면, 술래는 '무궁화 곰이 피었습니다.' '무궁화 뱀이 피었습니다' '무궁화 이리가 피었습니다'를 번갈아 외치며 뒤돌아봅니다.

4. 학생들은 술래가 '곰'이라고 하면 곰의 자세로 얼음, '뱀'이라고 하면 뱀의 자세로 얼음, '이리'라고 하면 책상에 엎드립니다.

질문으로 상상하기

작품 속 마을과 그 마을 사람들을 상상해 보는 활동입니다. 앉아서 머릿속으로만 상상하는 것보다 일어나 걷게 하면 더 좋습니다. 책상과 책상 사이를 걸을 때(무용실과 같은 넓은 공간이 있으면 금상첨화겠지요.) 교사는 다음과 같이 말해 학생들이 역할 입기에 몰입하도록 유도합니다.

교사가 이끄는 말

"이제 여러분은 이 마을의 주민이 됩니다. 제가 숫자를 1부터 20까지 천천히 말하겠습니다. 그러면 그 사이에 마을에 사는 몇 살의 주민, 남자 혹은 여자, 직업, 가족 등을 생각하면서 어떤 주민이 되었다고 가정하고 자리에 멈추길 바랍니다. 그리고 그 주민이 자주 사용했을 말을 짧게 한 가지 준비해주기 바랍니다(예: 오늘 일 끝났으니 술이나 한잔하세!). 이제 한 가지씩 역할이 정해지면 다시 제 신호에 따라 그 주민의 발걸음과 몸짓으로 걸어주시기 바랍니다."

'어떤 특정한 행동'(특정한 말)을 결정했을 때는 '얼음'을 통해 그 행동을 서로에게 보여주는 '되어보기' 과정을 거치는 것이 적절합니다.

● 첫 번째 활동 : 마을 상상하기

마을에는 어떤 건물, 시설이 있는지에 대해 상상해 보는 활동입니다. 교회, 학교, 병원, 소방서, 마트, 술집, 회관(회의 장소), 떡집 등 자유롭게 연상해 봅니다.

● 두 번째 활동 : 마을 주민 되기

각자 작품 속 마을에 사는 주민이 되었다고 가정하고 어떤 인물인지 구체적으로 설정해 보는 활동입니다. 성별, 나이, 직업, 특징적인 행동이나 몸짓, 말버릇, 꿈꾸는 삶의 모습 등을 그려봅니다. 각자 인물 설정을 마친 뒤에는 교실 전체 인원을 둘로 나누어 '마을 주민 알아맞히기 놀이'를 해도 좋습니다.

연극하기

'작품 속 인물이 되어 살아보기'는 작품을 읽었을 때 나와는 상관이 없거나, 나와 거리가 있었던 인물과 상황에 대해서 '저 사람의 말과 행동에는 분명 이유가 있다'라고 공감하게 해주는 활동입니다. 그리고 '학생'으로 '작품'을 만나는 데 머물지 않고, '인물'로 '사건'에 들어가는 순간, 자신도 모르게 "그랬구나. 그래서 이 사람이 이런 말을 했구나"라고 이해하게 됩니다. 희곡 작품을 가르치면서 제일 범하기 쉬운 오류가 '희곡은 낭독하고 끝나면 된다'고 생각하는 것인데요. 희곡이기 때문에 오히려 다양한 방법으로 학생들이 대사에 매이지 않고 작품 속으로 들어갈 수 있는 극적 상황을 만들어야 합니다.

● 첫 번째 활동 : 역할 및 약속 정하기

파수꾼 역할을 맡을 사람을 모둠별로 한 명씩 선발합니다. 파수꾼들에게는 흰색 가면을 주는데요. 가면 대신 책상을 두드릴 막대를 주어도 괜찮습니다. 가면 수여할 때 배경음악으로 「이등병의 편지」를 틀어주어도 좋습니다.

　파수꾼 중 한 명을 뽑아, 파수꾼 '다'의 역할을 하게 된다는 것을 알리고, 나중에 편지를 낭독해 주기로 약속합니다. '운반인' 역할은 교사가 하지 않는다면 학생 중에서 선발합니다. 촌장도 마찬가지 방식으로 정합니다. 이때 교사는 교사 혹은 활동 속 특정한 인물로 참가한다고 설명해 두면 좋겠지요.

　파수꾼들의 대사는 딱 두 가지입니다. "이리 떼가 나타났다." / "이리 떼가 물러갔다." 파수꾼들이 이리 떼가 나타났다고 외칠 때 마을 주민들이 대피할 방법을 정합니다. 처음에는 담요를 덮기로 했는데, 수량이 부족해 책상 밑에 숨는 것으로 결정했습니다. 대피 훈련은 '사이렌(음향) → 파수꾼들의 외침 → 숨기 → 사이렌 소리 중지 → 일상생활 → (반복)' 순서로 연습했습니다.

연극의 흐름

전개	내용	비고
수업 안내	과정드라마로 들어가기 위한 안내(유의사항)	
상황 설정	마을의 모습 상상하기	
	인물 뽑기, 마을의 모습, 마을 주민 역할 입기	
	신호 정하기(파수꾼의 신호, 이리 떼가 등장할 때의 대피, 교사와 배우의 전환)	
	이리 떼의 습격으로 곤경에 처한 적이 있었던 마을 설명(교사)	
살아보기1	인물로 살아보기 (24시간) / "이리 떼가 나타났다!" (반복)	
소문 확산	마을에서 벌어진 상황에 대한 마을 사람들의 이야기	
	'소리를 높여' 기법으로 소문 확산하기	
	피해 보고	
살아보기2	밤, 파수꾼 '다'의 편지(낭독), 운반인의 소리 듣기	음악
광장 토론	밤 상황에 대한 이야기 나누기	
	'소리를 높여' 기법으로 소문 확산하기(혹은 자유 발언)	
촌장 담화	촌장 대변인의 설명 및 처리(파수꾼 '다', 소문을 퍼뜨린 사람 처벌)	음악
자유 발언	진실과 거짓, 촌장의 말 등에 대해 자유 발언	
박수 소감	역할에서 빠져나오면서 소감 말하기	

◉ 두 번째 활동 : 이리 떼의 습격을 받았던 마을 설명하기

극 중 상황으로 자연스럽게 들어가기 위해 교사가 이끄는 말이 필요합

니다. 그 내용은 다음과 같습니다.

> **교사가 이끄는 말**
>
> "넓은 들판 가운데 여기 조그만 마을이 있습니다. 이 들판의 끝에는 망루가 세워져 있습니다. 그런데 이 마을에는 아픈 역사가 있습니다. 과거에 이리 떼의 습격으로 많은 주민들이 피해를 입었습니다.[1] 그래서 마을 주민들은 마을의 끝에 망루를 세웠고, 파수꾼을 선발하여 망루를 지키게 했습니다.
>
> 세월이 흘렀습니다. 이제는 이리 떼를 직접 본 주민도, 이리 떼의 피해를 직접 받은 주민도 없게 되었습니다. 하지만 마을 촌장과 파수꾼들은, 이리 떼가 언제든 나타날 수 있다고 마을 주민들을 교육하고 있습니다. 보지는 못했지만, 마을 주민들은 정말로 이리 떼가 나타날 수 있다고 믿고 있기도 합니다. 그리고 얼마 전에도 파수꾼 '다'를 선발하여 이 망루로 보냈습니다.
>
> 마을에 밤이 찾아왔습니다. 이제 여러분은 마을 주민으로 하루를 살도록 하겠습니다. 모두 자리에서 일어나 천천히 걷겠습니다. 그러면서 시간에 따라 여러분이 했을 행동이나 말을 해주시면 됩니다."

● 세 번째 활동 : 인물로 살아보기

두 번째 활동과 세 번째 활동을 자연스럽게 잇기 위해 교사가 이끄는 말이 필요한데요. 그 내용은 다음과 같습니다.

---

[1] 이 부분은 희곡에는 없지만, 우리의 역사와 관련짓고자 넣었습니다.

교사가 이끄는 말

"시계 초침 소리(음향) 밤 12시입니다. 모두가 잠든 사람들. 깨어 있는 사람도 있군요."

학생들은 배역에 따라 약속된 행동을 합니다. 서 있는 채로 잠을 자기도 하고, 파수꾼은 보초를 서고, 작가는 원고를 쓰고, 난봉꾼은 술집에서 술을 마시고, 장사꾼은 메밀묵과 찹쌀떡을 팔고, 아기는 울음을 터트립니다.

교사가 "새벽 1시입니다"라고 시간을 알려준 직후 사이렌 소리(음향)를 들려주면 파수꾼 역할을 맡은 학생은 책상 위로 올라가서 또는 일어서서 큰 소리로 "이리 떼가 나타났다!"라고 외칩니다. 주민 역할을 맡은 학생들은 일제히 책상 밑으로 숨습니다. 이때 대피하지 않는 사람이 있으면 파수꾼이 꾸짖으며 대피하도록 유도합니다. 교사도 파수꾼이 되어 주민들의 대피를 이끌 수 있습니다. 약속된 행동이 끝나면 사이렌 소리를 끕니다. 때맞춰 파수꾼 역할을 맡은 학생은 큰 소리로 "이리 떼가 물러갔다!"라고 외칩니다. 주민 역할을 맡은 학생들은 다시 일상적인 행동을 계속합니다.

이후 한 번 더 '사이렌 소리 → 파수꾼, "이리 떼가 나타났다!" → 주민들 대피(책상 밑으로 숨기) → 사이렌 소리 중지 → 파수꾼, "이리 떼가 물러갔다" → 주민들, 일상적으로 행동'을 반복합니다.

교사가 이끄는 말

"새벽 네 시입니다. (5초 정도 후) 새벽 다섯 시입니다. 벌써 일어나 일을 하는 사람들이 있습니다."

메밀묵 장수 역할을 맡은 학생에게 큰 소리로 "찹쌀떡~ 메밀묵~"을 외치며 지나가게 합니다. 이후 교사는 행인 역할을 맡은 학생들에게 "어떤 일 하러 나가십니까?"라고 묻습니다. 학생들은 즉흥적으로 "논일 하러 가요" "새벽 기도 드리러 가요"라고 대답합니다. 새벽 다섯 시에서 다음 날 자정까지 두세 시간 간격으로 '사이렌 소리 → 파수꾼, "이리 떼가 나타났다!" → 주민들 대피(책상 밑으로 숨기) → 사이렌 소리 중지 → 파수꾼, "이리 떼가 물러갔다" → 주민들, 일상적으로 행동'을 반복합니다.

> **실전 TIP**
> 사이렌 소리 간격은 학생들의 활동을 고려해 정합니다. 잦은 '이리 떼의 등장'으로 일상의 삶을 살아가기 힘들다고 느끼도록 하는 데 초점을 둡니다.

● 네 번째 활동 : '소리를 높여' 기법으로 소문 확산하기

주민들이 모여 마을에서 벌어진 일에 대해 이야기 나누는 활동입니다. 세 번째 활동과 네 번째 활동을 자연스럽게 잇기 위해 교사가 이끄는 말이 필요합니다. 그 내용은 다음과 같습니다.

교사가 이끄는 말

"아침이 되었습니다. 아침에 이곳저곳에서 마을 사람들이 모였습니다.

계속해서 이리 떼가 등장했다는 파수꾼의 외침 때문에 힘들다는 이야기를 나눕니다."

주민 역할을 맡은 학생들은 모여서 이리 떼의 등장에 대해 즉흥적으로 이야기를 나눕니다. '소리를 높여' 기법으로 소문을 확산해 봅니다. 방법은 이렇습니다. 서로 나눈 이야기에 대해 다른 주민들은 침묵하고, 교사가 가리킨 사람들만 이야기 나눈 내용을 그대로 반복하여 큰 소리로 주민들에게 말합니다. 이때 교사는 마을 사람들의 불만을 정리하여 들려줍니다. 예를 들면 "잠도 제대로 자지 못하고, 하던 일을 멈추고 계속 대피해야 하는 상황 때문에 화가 많이 난다." "이리 떼를 잡으러 가자!" "이리 떼가 정말 있는 것이냐? 짜증 난다." 이런 식으로요.

● 다섯 번째 활동 : 파수꾼 '다'의 편지

이리 떼가 없다는 사실을 촌장에게 알리려 쓴 파수꾼 '다'의 편지가 마을 사람들에게 공개되는 장면입니다. 다음과 같이 교사가 이끄는 말로 네 번째 활동과 다섯 번째 활동을 자연스럽게 이어줍니다.

> **교사가 이끄는 말**
>
> "이런 소문과 걱정 속에 다시 밤이 되었습니다. 주민들은 또 이리 떼가 등장할까 두려워서 잠을 설치기도 했습니다. 그런데 이 마을에 파수꾼 '다'의 편지 내용이 알려졌습니다. 촌장에게 전달하려던 편지를 '운반인'이 사람들에게 알렸던 것입니다."

이어서 편지를 파수꾼 '다' 역할을 맡은 학생이 낭독합니다. 편지 내용은 교사가 교과서의 내용을 토대로 만들 수 있습니다. 다음에 소개되는 편지도 미리 만들어, 편지 봉투에 넣어 '다'에게 준 것입니다. 편지를 낭독할 때 조용하지만 불안한 느낌을 주는 배경음악을 틀어주어도 좋습니다.

예시) 파수꾼 '다'의 편지

촌장님 그리고 마을 여러분!

저는 이리 떼를 지키려고 망루에 가 있는 파수꾼 '다'입니다. 저는 '이리 떼'가 우리 마을을 습격하여 괴롭힌다는 말을 믿고, 파수꾼을 자청하여 이 망루에 왔습니다. 그리고 무섭지만 열심히 망루를 지켰습니다. 정말로 이리 떼가 나타나면 우리 마을이 큰 피해를 입기 때문입니다.

그런데 촌장님 그리고 마을 여러분!

이 망루에 와서 저는 새로운 사실을 알았습니다. 그것은, 이리 떼는 없다는 사실입니다. 그렇습니다. 이리 떼는 없습니다.

모두가 잠든 새벽에 망루에 올랐습니다. 파수꾼이 잠들었을 때 이리 떼가 나타나면 큰일이라는 걱정 때문에. 그 위에서 제가 본 것은 황야였습니다. 저 멀리 하늘가에 보이는 흰 구름뿐. 그렇습니다. 흰 구름만 있었습니다. 그런데 바로 그 순간, 망루 위의 파수꾼은 '이리 떼다!'라고 외쳤습니다. 한 번도 아니고 세 번이나요. 세 번. 이리 떼는 보이지도 않는데, 흰 구름을 보고 파수꾼들이 외쳤던 것입니다.

제가 본 것은 흰 구름뿐이었습니다. 이리 떼는 없었습니다. 흰 구름뿐입니다.

여러분, 이리 떼는 나타나지 않았습니다.

이리 떼가 나타났다고 울리는 양철북 소리는 거짓이었습니다.

이리 떼가 나타났다고 외치는 함성은 거짓이었습니다.

교사가 이끄는 말

"파수꾼 '다'의 편지 내용이 알려지면서 밤에도 사람들은 웅성거렸습니다. 편지에 대해 어떤 웅성거림이 있는지 잠시 들어보겠습니다."

'소리를 높여' 기법으로 소문을 확산해 봅니다. 교사는 자거나 앉아 있는 주민을 톡, 건드립니다. 지목된 주민은 "파수꾼 '다'가 꿈을 꾼 것 아니냐?" "파수꾼 '다'의 이야기가 사실이라면 우리는 속은 거다." "촌장에게 따지자" 등으로 짧게 편지 내용에 대한 생각을 밝힙니다. 교사는 그 내용을 전체 학생들에게 공유합니다.

교사가 이끄는 말

"이때 바로 이 파수꾼의 편지를 촌장에게 전달하려던 운반인의 이야기도 마을에 퍼졌습니다. 어디 들어볼까요?"

이때 운반인 역할을 맡은 학생에게 미리 준비한 쪽지를 주어 낭독하게 합니다. 운반인 역할을 맡은 학생이 없다면 교사가 대신 낭독합니다.

예시) 운반인의 말

들었지요! 아, 저는 운반인입니다. 망루에 필요한 물건을 운반합니다. 이

번에 파수꾼 '다'의 편지를 가지고 온 게 바로 접니다. 중요한 편지라고, 아무에게도 말하지 말고 촌장에게 전달해 달라고 한 편지인데, 아무래도 이상해서 뜯어보았지요. 제가 궁금한 게 있으면 못 참거든요.

예, 맞습니다. 이리 떼는 없습니다. 파수꾼들은 흰 구름을 보고도 "이리 떼가 나타났다"고 외친 겁니다. 우리를 겁먹게 하려고. 맞아요. 이제까지 우리는 속고 살았던 겁니다. 제가 망루까지 물건을 운반할 때 덫은 여러 번 보았습니다. '이리 떼 주의'라는 팻말도 보았습니다. 그런데 지금까지 한 번도 이리 떼는 본 적이 없지요.

"이리 떼가 나타났다." 이 거짓말에는 누군가의 어떤 속셈이 있는 듯합니다. 어떤 속셈이냐고요? 그게……. 여러분은 어떻게 생각하세요?

교사가 이끄는 말

"파수꾼 '다'의 편지와 운반인이 한 말을 듣고, 마을 사람들은 아침에 회의를 열어야겠다고 생각했습니다. 그리고 그 회의에 참가하면 이런 말을 해야겠다고 생각하면서 밤을 보냈습니다. '내일 모이면 이런 이야기를 해야지!' 마을 사람들은 잠꼬대까지 하면서 밤을 보냈습니다."

교사는 자고 있는 주민의 어깨를 톡, 쳐서 편지와 관련된 마을 주민들의 이야기를 공유합니다. 예를 들어, 자고 있는 주민을 톡 치며 "이리 떼가 있다는 게 거짓말이라고 파수꾼 '다' 그리고 운반인이 이야기하고 있습니다. 어떻게 생각하세요?" "이리 떼가 없다면 우리는 속고 있는 게 아닐까요?"라고 묻습니다. 그러면 지목된 학생은 "귀찮은데, 내일 이야기하죠." "파수꾼 '다'가 어려서 잘 몰라서 그래요. 이리 떼는 있어요." "촌장에게 따져야겠습니다." 등 즉흥으로 대답합니다.

● **여섯 번째 활동 : 마을 회의(광장 토론)**

파수꾼 '다'가 주장한 내용의 진위를 가리기 위해 마을 회의가 소집된 장면입니다. 마을 사람들의 의견을 모아 사회자를 선정합니다. 교장, 목사, 경찰서장, 노인 중에서 추천을 통해 선발하고, 교사는 마을 서기가 되어 사회자를 보좌합니다. 교사는 교실 밖으로 사회자를 보내고, 문을 열어주면 들어오게 한 다음 회의에 대해 안내합니다.

> **예시) 서기의 말**
>
> 오늘 회의는 이리 떼가 나타났다는 말이 거짓이라는 파수꾼 '다', 운반인의 말을 논의하고, 촌장의 생각을 들어보는 자리입니다. 촌장님은 다른 마을에 공무로 나가 있어 이 자리에 참석하지 못하고 여기 이 편지만 전달했습니다.

사회자 역할을 맡은 학생이 등장하면 모두 기립한 뒤 착석합니다.

> **실전 TIP**
>
> 교실 밖에서 안으로 들어오는 것, 사회자인 '인물'에게 예의를 갖추게 하는 의례(기립, 인사 등)는 분위기 집중을 위해 꼭 필요합니다. 천을 준비해서 교탁에 덮는 작은 변화는 학생들을 극에 몰입하게 하는 작지만 큰 효과가 있답니다.

교사는 "회의를 시작하기 전에 촌장이 쓴 편지부터 읽어 보겠습니다"라고 안내한 뒤 촌장 역할을 맡은 학생에게 미리 준비한 편지를 낭독하게 합니다. 촌장을 뽑지 않았다면 교사가 대신 읽습니다.

> **예시) 촌장의 편지**
>
> 지금 마을에 불온한 소문이 돌고 있습니다. '이리 떼는 없다. 오직 흰 구름만 있다.' 나, 촌장은 이런 잘못된 소문을 퍼뜨린 사람을 조사해서 엄격하게 처벌하기로 했습니다. 그리고 이런 잘못된 소문을 사실로 믿고 다른 사람에게 퍼뜨리는 사람이 있다면, 그 역시 법대로 처리할 것을 마을 주민들에게 알려드립니다.

마을 주민 역할을 맡은 학생들은 전날 밤 편지의 내용을 두고 이야기를 나눕니다.

> **예시) 회의에서 주민들이 나눈 말**
>
> "망루에 가서 직접 이리 떼가 있는지 없는지 확인하자."
> "이리 떼가 없음에도 우리를 속인 촌장을 불러 사실 여부를 확인하자."
> "일과를 제대로 수행하기 힘들 정도로 '이리 떼의 등장'에 긴장했는데, 만약 이리 떼가 없다면 우리는 속고 산 것이다."
> "파수꾼 '다'를 불러, 직접 이야기를 들어 보자."
> "과거에 이리 떼의 습격 때문에 마을이 피해를 입었던 적이 있다. 우리가 이리 떼가 있다는 사실을 무시하면 또 마을에 어려움이 닥칠 수 있으니 신중하게 생각하자."

"나는 이제 이리 떼가 나타났다고 해도 숨지 않겠다."

○ 일곱 번째 활동 : 촌장의 담화

마을 주민들은 회의 끝에 다수결 투표로 망루에 가서 직접 확인하기로 결정합니다. 여섯 번째 활동과 일곱 번째 활동을 자연스럽게 잇기 위해 교사가 이끄는 말이 필요합니다. 그 내용은 다음과 같습니다.

교사가 이끄는 말

"마을 사람들은 다음 날, 망루에 가서 직접 이리 떼의 유무를 확인하기로 했습니다. 그렇게 마을 회의를 하고 돌아가 일상생활을 하던 그때, 마을 방송을 통해 촌장의 담화가 들려왔습니다."

촌장 역할을 맡은 학생에게 담화 내용이 적힌 쪽지를 주어 낭독하게 합니다. 촌장 역할이 없다면 교사가 대신 읽습니다.

예시) 마을 촌장의 담화

마을 주민 여러분! 지금 마을에는 '이리 떼는 없다. 오직 흰구름만 있다'는 소문이 팽배합니다.

주민 여러분! 이제까지 우리는, "이리 떼가 나타났다"는 소리가 들리면, 이리 떼에 대항하기 위해서 단결했습니다. 모두가 단결하였기 때문에 우리 마을은 늘 안전했습니다. 물론 최근에는 이리 떼가 나타나지 않은 것이 사실입니다. 하지만 다시 이리 떼가 나타난다면, 그때는 후회해도 소용없지 않겠습니까?

주민 여러분! "이리 떼가 나타났다"는 말을 듣고, 이리 떼에게 물렸던 사람이 있습니까? 지금까지 단 한 사람도 이리에게 물리지 않았습니다. 그렇다면 이리 떼가 있든 없든 그건 큰 문제가 아니지 않겠습니까?

우리 마을은 과거에 큰 아픔을 겪었습니다. 그리고 그때 수많은 파수꾼들이 이리 떼와 싸워서 이 마을을 지켰습니다. 그리고 지금도 쓸쓸한 황야의 망루에서 이 마을을 지키고 있습니다. "이리 떼가 없다"고 소문을 퍼뜨리거나 망루를 부수려 하는 행위는, 마을을 지키기 위해 고귀하게 희생한 파수꾼들을 조롱하는 것입니다. 아니 지금 이 시간에도 망루를 지키고 있는 파수꾼들을 욕보이는 행위입니다.

촌장인 저는, 이런 소문을 퍼뜨린 파수꾼 '다'와 운반인을 검거해서 엄격하게 법으로 다스리겠습니다. 이상입니다.

● 여덟 번째 활동 : 담화에 대한 주민들의 자유 발언

교사는 촌장의 담화와 관련해 주민들의 어깨를 톡 치며, 느낌과 생각을 짧게 말하도록 유도합니다. 주민이 말을 하면, 그 말을 교사가 반복하고, 교사가 반복할 때 모든 주민(학생)이 한 번 더 반복하는 기법으로 주민들의 의견을 공유할 수 있습니다. 예를 들어, 제가 주민 역할을 맡은 학생 중 한 명을 톡 치며 "촌장이 이 소문에 대해 엄격하게 법으로 다스린다고 합니다. 어떻게 생각하세요?"라고 물었을 때 지목된 학생이 "그래야지요. 불안을 조장하는 인물을 그냥 두면 안 됩니다."라고 즉흥으로 말하면 다시 제가 "불안을 조장하는 인물은 법으로 다스려야 합니다"라고 큰 소리로 전달합니다. 그러면 주민 역할을 맡은 학생 전체가 "법으로 다스리자"라고 외치는 식입니다.

다시 "혹시 이분의 생각과 다른 분들이 있습니까?"라고 물을 수도 있습니다. 즉흥의 상황이기 때문에 저는 답변을 기다리지 않고, 다른 학생이 참여하도록 질문해 보았습니다. 한 학생을 지목하며 "저분과는 생각이 다르지요? 어떻게 생각하십니까?"라고 물었습니다. 학생은 즉흥적으로 "아무래도 촌장이 우리를 속이는 것 같습니다."라고 대답했습니다. 제가 큰 소리로 "촌장이 우리를 속이고 있어"라고 외쳤고, 뒤이어 학생들도 "촌장이 우릴 속이고 있어"라고 외쳤습니다. 배경음악이 멈추면 사이렌 소리를 들려준 뒤 파수꾼 역할을 맡은 학생이 "이리 떼가 나타났다."라고 외칩니다. 손뼉을 치며 활동에서 빠져나옵니다.

수업을 마치며

손뼉 세 번과 함께 이 수업에서 느낀 점, 불편한 점, 새롭게 알게 된 점 등을 짧은 단어(혹은 세 어절 정도의 문장)로 발표하며 마쳤습니다(손뼉 세 번-발표-손뼉 세 번-발표…). 수업에 참여한 학생들은 "우리나라 현실과 비슷하다는 느낌을 받았다." "마을 주민들이 불쌍하다. (왜?) 속고 살고 있으니." "이렇게 불안한 사회라면 못 살겠다." "진실을 알아야 한다." 등의 소감을 남겼습니다.

「파수꾼」은 파수꾼 '가, 나, 다'의 인물이 등장하는 낭독 중심의 희곡입니다. 한 번만 읽어도 '늑대와 양치기' 이야기와 비슷하고, '우리 민족의 역사'와 관련지어 생각할 수 있습니다. 그렇게 표면적으로 쉽게 이해할 수 있기 때문에 희곡 밖의 관찰자로서 '촌장'이나 '파수꾼 다'에 대해 비판하기는 쉽습니다. 그러나 작품만 읽으면 학생들은, 주민들이 어떤 불편함을 느끼고 있는지, 이 어처구니없는 상황에 주민들이 왜 이렇게 끌려만 다니는가에 대해서 설득력이 있는(내면화된) 답변을 하지 못합니다. 아니 말을 해도 상식적인 이야기에서 그칠 때가 많습니다.

이 수업의 초점은 '되어서 알아보기'입니다. 작게는 마을 주민으로서 이리 떼의 등장에 불편함을 느끼고, 파수꾼 '가, 나, 다'와 운반인, 촌장의 모습을 살피면서 마을 주민으로서 어떻게 대처해야 할까에 대해 생각해 보는 것입니다. 크게는 '이리 떼가 나타났다'는 선동적인 외침이 우리 삶을 얼마나 불편하게 하고, 우리의 현재와 미래를 불안하게 하는지에 대해 작품 속에 들어가 느낄 수 있었다면 그것으로 이 수업은 족합니다.

두 시간 연달아 이어지는 수업을 계획하면 작품 속 광장에서 파수꾼과 촌장, 주민이 되어 실제 토론까지 해볼 수 있습니다. 그러나 월요일에 3차시를 하고, 금요일에 4차시를 진행하기 어려워 아쉽지만, 연극 수업은 50분으로 진행하기로 했습니다. 그럼에도 두 시간을 묶어서 수업한다면, 촌장, 파수꾼 '다', 운반인 등을 교육연극 기법인 핫시팅[2]을 통해 깊게 들여다보고, 마을의 방향을 고민하는 토론까지 이어질 수 있어 더 좋을 것 같습니다. 토론까지 이어지는 멋진 수업은 이제 여러 선생님들의 몫입니다.

---

2   역할을 맡은 '인물'을 의자에 앉히고, 그 인물에게 질문하고 인물이 답하는 연극 기법입니다. 질문을 던지는 학생들이 마을 주민이면 더 극적 효과가 있지요. 교사는 단순한 질문("파수꾼 '다'는 몇 살입니까?" 등)에서 사건 이해의 초점이 되는 질문("왜 촌장이 거짓말을 하자고 제안했을 때 받아들였습니까?" 등)이 일어날 수 있도록 사회자 역할을 합니다.

소설로 연극하기 1
「수난이대」

서호필_한빛고 국어교사

수업 적용 가능 대상 : 중고등
수업 추천 대상 : 중 2~고 2
수업 시간 : 총 3차시(차시당 50분 수업, 총 150분)
　　　　　혹은 4차시[1]
준비물 : 없음

연극으로 한국전쟁을 겪은
아버지와 아들을 만나보아요

새로운 경험을 자신의 이전 경험에 비추어 의미를 만들어내는 것을 성찰이라고 합니다. 그 점에서 성찰은 새로운 방향을 모색하는 상상력과

1　이 수업은 '1차시(낭독)-2차시(상상과 토의)-3차시(만도의 장애와 가족의 삶 들여다보기)'까지가 한 묶음입니다. 수업 시간에 여유가 있고 말하기까지 이어질 수 있다면, 마지막에 '만도와 진수의 대화'를 넣어 총 4차시로 운영할 수 있습니다.

맞닿아 있습니다. 교육연극에서 상상력은 무(無)에서 유(有)가 아니라, 과거의 성찰 속에서 찾는 경우가 많지요.

소설「수난이대」는 '고등어' '외나무다리' 등의 상징적인 사물을 인물과 관련지어 토론하는 것만으로도 재미있습니다. 그러나 토론을 통해 찾아낸 내용이 내면화되지 않을 때 학생들은 다시 참고서에서 작품의 주제를 찾아 '아버지와 아들을 통해 우리 민족의 고통과…'를 외웁니다. 일제강점기나 한국전쟁을 교과서에서 만난 학생들에게, 이 시대의 삶을 살았던 만도와 진수의 이야기를 어떻게 성찰하고 상상하게 할까요? 전사(前事) 즉 작품에 직접 드러나지 않은 인물의 과거 삶에 대한 적극적인 질문을 통해 가능하리라 생각해서 수업을 설계했습니다. 소설「사랑손님과 어머니」에는 드러나지 않은 옥희 아버지와 어머니의 사랑 그리고 죽음의 전사를 이해할 수 있다면, 옥희 어머니의 갈등을 좀 더 쉽게 받아들일 수 있지 않을까요?「소나기」에서 도시를 떠나 시골로 오기 전 소녀의 생활을 상상할 수 있다면, 시골에 와서 소년과 만나고 친구를 맺고 싶어 하는 그 마음을 쉽게 이해하지 않을까요?

작가는 주로 '만도'에 집중해서 말하고 있지만, 소설에 드러나지 않은 만도의 전사 그리고 진수의 전사를 물음으로 연결해 수업을 구성해 보았습니다. 그 연결이 1차시가 아니라 며칠이 지나 2차시로 이어져도 괜찮도록 말입니다. 수업의 흐름에 따라 어떤 한 부분만 이루어져도 좋습니다.

함께 연극한 작품

「수난이대」 (하근찬 지음, 1857)

전쟁에 나갔던 아들 진수가 돌아오는 날. 만도는 언덕을 내려가며 한쪽 팔이 없어 부끄러웠던 과거의 경험을 떠올립니다. 아들을 만나려는 마음으로 그날은 주막도 그냥 지나쳐 역에 도착한 만도는 진수를 위해 고등어를 삽니다. 그리고 징용에 나가 한쪽 팔을 잃었던 과거를 회상합니다. 드디어 만난 만도와 진수. 한쪽 다리가 없는 진수를 본 만도는 너무 놀라 제대로 말도 못 하고 앞장서 갑니다. 그 뒤를 아들 진수가 목발을 짚고 따라갑니다. 주막에 도착해 큰 사발의 술을 단숨에 비운 뒤에야 마음을 진정하고 아들에게 국수를 사줍니다. 그리고 자신처럼 장애인이 된 진수의 처지에 대해 안타까워합니다. 집으로 가는 길에 외나무다리를 만나자 만도는 진수를 업고, 진수는 아버지 손에 들려 있던 고등어를 받아 함께 다리를 건너갑니다.

전체적인 활동 흐름

차시	활동	내용	시간	학습 형태
1	소설 낭독하기	모둠별로 낭독	50분	모둠 활동
2	질문으로 상상하기	질문하고 답변(개인, 모둠)	50분	
3	몸과 마음 열기	업어주기 가위바위보	5분	
	질문에 대한 토의	선택한 상황의 인물에 대해 토의하기	5분	

차시	활동	내용	시간	학습 형태
3	정지 장면으로 보여주기	만도가 가장 기뻤던 때, 슬펐던 때	15분	모둠 활동
		진수가 가장 기뻤던 때, 슬펐던 때	15분	
		소감 나누기	10분	개인, 모둠
4	몸과 마음 열기	상대방을 설득하는 말하기	5분	짝과 함께
	질문으로 상상하기	모둠별 토의와 발표	20분	모둠
	연극하기	만도가 진수 설득하기	5분	짝과 함께
		진수가 만도 설득하기	5분	
		소감 나누기	15분	개인, 모둠

수업 과정

소설 낭독하기

소설의 경우 한 줄은 짧고, 한 명이 서너 줄을 읽으면 좋습니다. 인물의 대사가 있는 작품의 경우(소설) 미리 인물을 정하거나 여학생과 남학생, 혹은 분단이나 모둠별로 역할을 정해서 개인별로 낭독하다가 그 부분이 나오면 집단 낭독이 이루어지도록 변화를 줄 수도 있습니다. 교사도 함께 낭독에 참가하며, 어느 학생이 너무 길게 낭독한 경우 '다음은 누가'의 형식으로 낭독 순서를 조정해줍니다.

질문으로 상상하기

'만도는 왜 장애인이 된 아들에게 그렇게 쌀쌀맞게 행동했을까?' '장애인이 되어 돌아온 진수의 슬픔과 고통을 생각해서라도 더 다정하게 대해야 하는 게 아닐까?' '진수는 왜 자신을 쌀쌀맞게 대하는 아버지에게

화를 내지 않고 죄를 지은 사람처럼 행동했을까?' 어쩌면 쉽게 답할 수 있는 질문입니다. 그러나 이해하지만 인정할 수 없다는 말처럼 '그렇게 행동하는 것은 아니지 않을까' 하는 불편한 감정이 남지요. '왜 그랬을까?'를 제대로 이해하고 받아들이려면 두 인물의 과거 삶에 대해 상상하고 성찰할 수 있어야 합니다. '만도와 진수는 과거에 어떻게 살았고, 서로를 어떻게 생각했을까?' '과거의 그 삶이 현재의 만도와 진수에게 어떤 영향을 끼치고 있는 것일까?' 등의 질문을 해 보는 과정이 필요합니다.

○ 첫 번째 활동 : 인물을 이해하기 위한 질문

다음은 인물에 대한 이해를 위해 던질 수 있는 전사 관련 질문과 활동입니다. 수업 차시나 학생 수준을 고려해서 질문이나 활동을 선택하여 수업에 맞게 구성하면 좋겠습니다. 교과서 속 작은 질문부터 새롭게 나온 질문 순으로 정리했습니다.

> **예시) 인물을 이해하기 위한 질문**
>
> - 만도는 오줌을 앉아서 누었다. 왜 그랬을까?
> - 만도는 물에 빠져서 창피했던 경험이 있다. 한쪽 팔이 없어 불편하거나 창피했던 경험이 더 있다면 무엇일까? (장애인이 되어 생활하면서 만도가 겪었을 불편함은 무엇이었을까?)
> - 만도에 징용 갈 때는 등장했던 진수의 어머니가 진수가 돌아올 때는 마중을 나오지 않은 이유는 무엇일까?
> - 한쪽 팔을 잃고 돌아온 만도가 가족의 생계를 위해 했을 일은 무엇

일까?
- 가족의 생계를 위해 일할 때 장애인으로서, 가장으로서 만도가 겪었을 어려움은?
- 만도가 한쪽 팔을 잃고 돌아온 이후, 만도에게 가장 기뻤던 때와 슬펐던 때는?
- 만도가 한쪽 팔을 잃고 돌아온 이후, 진수에게 가장 기뻤던 때와 슬펐던 때는?
- 만도가 한쪽 팔을 잃고 돌아온 이후, 마을 사람들이 만도와 그 가족을 대하는 태도는 어땠을까?
- 만도가 장애인이 되어 집에 온 후에 진수와 만도가 서로에게 소망하는 것이 있었다면 무엇일까?
- 진수가 장애인이 되어 집으로 오는 기차 안에서 떠올린 아버지와의 추억은?
- 진수가 한쪽 다리를 잃고 장애인이 되어 집으로 돌아오면서, 기차 안에서 걱정한 일이 있었다면 무엇일까?
- 한쪽 다리를 잃고 돌아온 진수와 만도는 어떤 대화를 나누었을까?

● 두 번째 활동 : 만도의 장애 이해하기

만도가 불편한 몸으로 생활하는 모습을 보여주는 작품 속 구절을 제시하고, 만도의 삶을 이해할 수 있는 질문을 던지고 답해 보는 활동입니다.

(가) 만도는 물기슭에 내려가서 쭈그리고 앉아 한 손으로 고의춤을 풀어

내렸다. 오줌을 찌익- 깔기는 것이다.

(나) 진수는 오다가 나무 밑에 서서 오줌을 누고 있었다. 지팡이는 땅바닥에 던져 놓고, 한쪽 손으로 볼일을 보고, 한 손으로는 나무둥치를 안고 있는 꼬락서니가 을씨년스럽기 이를 데 없다.

'만도는 왜 앉아서 오줌을 누었을까? 서서 오줌을 눌 경우 어떤 일이 생길까?'를 첫 번째 질문으로 학생들과 이야기 나누어 보았습니다. 이 질문은 사전적 의미로만 해석되는 만도의 장애(앉아서 오줌을 누는 이유)에 대해 깊이 생각해 보게 하려는 의도가 있습니다. 다양한 대답이 나올 수 있고, 때로는 엉뚱한 대답이 나올 수도 있겠지요. 답변에 다시 질문을 더하면서 한쪽 팔이 없기 때문에 불편하게 앉아서 오줌을 누어야 했던 만도를 이해할 수 있도록 유도해야 합니다.

제가 "당시에 입었을 옷에 대해서도 생각해 봅시다. 혁대가 일반적인 지금과 달리 허리끈을 사용하지 않았을까요? 그렇다면 허리끈을 풀고 서서 오줌을 누면 어떤 일이 일어날 수 있을까요?"라고 물었더니 한 학생이 "바지가 홀랑 내려갈 수 있어요."라고 대답했습니다. 그래서 다시 "그런 상황을 만들지 않으려면 어떻게 해야 할까요?"라고 물었습니다. 다른 학생이 "앉아서 오줌을 누어요."라고 대답했습니다. 제가 "그런데 이렇게 오줌을 누면 사람들이 놀리지 않았을까요?"라고 다시 물었습니다.

두 번째 질문으로 '오줌 누기 말고도 만도가 자신의 장애를 불편하게 여겼던 일에는 무엇이 있을까?'를 택해 이야기 나누었습니다. 학생들은 "밭을 갈 때 한 손으로는 호미질은 가능해도 삽질은 하기 어려웠을 것이다." "물건을 옮기기가 어려웠을 것이다." "밥상을 들기가 어려웠을 것이다." "당시의 화장실 즉 변소에서는 더 불편했을 것이다." "두 가지 물건을 들기가 어려웠을 것 같다." "마을 공동의 일을 할 때도 냉대를 받지 않았을까?" "동네 아이들의 놀림거리가 되지 않았을까?" 등의 의견을 내었습니다.

몸과 마음 열기 '업어주기 가위바위보'

연극을 하기 전 간단한 놀이로 몸과 마음을 열어줍니다. 학생들은 교실을 돌아다니다가 둘이 만나면 가위바위보를 합니다. 가위바위보에서 이긴 사람은 진수가 되고, 진 사람은 만도가 됩니다. 만도는 '업어라' 하고, 진수는 '좋아요'나 '싫어요' 중 하나를 선택합니다. '좋아요'를 하면 업고 다니고, '싫어요'를 하면 헤어져 다른 사람과 가위바위보를 합니다. 이때 학생의 키, 남녀공학, 몸무게 등을 고려하여 '업는다' 대신 '손을 잡는다' '어깨에 손을 올린다' 등 다양하게 변형하여 진행할 수 있습니다.

질문에 대해 토의하고 정지 장면으로 보여주기

앞에서 추측한 만도의 삶을 토대로, 만도가 팔을 잃고 돌아온 직후 만도와 진수의 입장에서 각각 가장 기뻤던 때와 가장 슬펐던 때는 언제인지 토의하고 모둠별로 발표해 보는 활동입니다. 질문은 모둠이 선택하기보다 교사가 모둠별로 나누는 것이 효율적입니다. 한 모둠이 한 가지 질문에 대해 토의하고 발표하는 방법, 한 모둠이 인물의 두 가지 질문에 대해 토의하고 발표하는 방법 중 교사가 시간을 고려해 선택합니다.

첫 번째 질문은 '만도가 한쪽 팔을 잃고 돌아온 이후, 가장 기뻤던 때와 가장 슬펐던 때는 언제일까?'입니다. 두 번째 질문은 '만도가 한쪽 팔을 잃고 돌아온 이후, 진수가 가장 기뻤던 때와 가장 슬펐던 때는 언제일까?'입니다. 방법은 다음과 같습니다.

1. 두 가지 질문과 관련해 토의한 내용을 정지 장면으로 만들어 '무궁화꽃이 피었습니다'와 함께 보여줍니다.
2. 교사는 다른 모둠 학생들에게 "만도는(진수는) 왜 기뻤을까요? 왜 슬펐을까요?"라고 질문합니다. 장면을 자세하게 관찰하여 발표하도록 지도합니다.
3. 이해하기 어려운 부분이 있을 때 그 인물(정지한 장면 속)의 어깨를 톡 치면, 그 인물이 짧은 대사를 하게 할 수도 있습니다.
4. 이 장면에 어떤 인물이 추가되면 더 풍성해질 수 있는지를 묻고, 희망 학생이 정지 장면에 덧대어 표현할 수 있습니다.

> **실전 TIP**
>
> 모둠 수가 적을 때는 한 모둠이 두 가지 질문을 토의하면 좋습니다. '가장 기뻤던 때'와 '가장 슬펐던 때'의 다른 질문 속에서 인물에 대해 폭넓게 생각할 수 있기 때문입니다.

예시) 학생들이 발표한 내용

1) 만도가 가장 기뻤던 때

- 자신이 혼자 하기 힘든 일을 아들 진수가 기꺼이 도와주었을 때(짐 나

르기)
- 자신이 죽지 않고 살아 돌아와 아들과 아내와 만났을 때
- 아들 진수가 다친 곳 없이 건강하게 자라는 모습을 볼 때

2) 만도가 가장 슬펐던 때
- 자신의 장애 때문에 형편이 어려워지자 아내가 집을 나갔을 때
- 자신의 장애 때문에 진수가 동네에서 놀림을 받고 아이들과 싸울 때

3) 진수가 가장 기뻤던 때
- 아버지가 고등어를 사 가지고 와서 맛있게 먹었을 때
- 아버지가 동네 팔씨름 대회에서 우승했을 때
- 다른 아버지들은 돌아오지 않는데 아버지는 살아서 돌아왔을 때

4) 진수가 가장 슬펐던 때
- 학교 운동회 때 아버지가 줄다리기를 한 손으로만 해서 친구들이 놀릴 때
- 친구들이 아버지를 장애인이라고 놀리며 자신을 따돌릴 때

몸과 마음 열기 '상대방을 설득하는 말하기'

'춘향-몽룡' '심청-심학규' '로미오-줄리엣' '홍길동-어머니' 등을 제시하고 한 가지를 선택하도록 합니다. 대화 주제를 정하면 설득할 내용을 주고 등을 맞댄 채 대화하도록 유도합니다. 등을 맞대는 건 서로 얼굴을 보면서 이야기하면 어색한데, 보지 않고 이야기하면 대화가 좀 더

쉬워지기 때문입니다. 또한, 그냥 이야기하는 것보다는 잘 안 들려서 오히려 서로의 말에 더 집중하게 하는 효과가 있습니다.

> **예시) 대화 상대와 주제**
> - '춘향-몽룡' : '한양에 간다'-'한양에 가지 말아라'
> - '심청-심학규' : '공양미 삼백 석에 팔려 갑니다'-'가지 말아라'
> - '로미오-줄리엣' : '부모의 생각을 바꿀 수 없어요'-'나와 결혼해요'
> - '홍길동-어머니(홍판서)' : '집을 떠나겠습니다'-'떠나지 말아라'

질문으로 상상하기

첫 번째 질문은 '진수가 전쟁에서 부상을 입고 장애인이 되어 기차를 타고 집으로 오고 있다. 기차 안에서 자신의 장애, 아버지의 장애와 관련하여 떠올린 과거의 일이 있다면?'입니다. 학생들은 모둠별로 '친구들이 놀렸던 일' '아버지가 마을 사람들에게 소외되어 술을 마시며 한탄하던 모습' '어머니의 가출' '아버지가 술에 취해 자신의 손을 잡고 너는 장애인이 되지 말라고 울면서 말하던 일' '군에 가던 날 건장한 자신의 모습을 마을 사람들에게 자랑하던 아버지의 모습' 등을 발표했습니다. 아마도 아버지와의 기쁜 재회보다는 자신의 장애를 본 아버지의 슬픔을 먼저 떠올리는 진수를 생각했을 것 같은데요. 학생들과 진수가 미래의 자기 삶을 어떻게 생각할지 이야기해 보기로 했습니다.

만도와 진수의 설득하기

둘씩 짝을 지어서 만도와 진수가 되어 이야기를 나누어 보는 활동입니다. 진수는 자신의 장애에 대해 비관적인 생각을 지니고 있습니다. 만도 역할을 맡은 사람은 한쪽 다리를 잃어 살기 싫다는 진수의 비관적인 생각을 위로하고 마음을 돌리도록 설득합니다. 진수 역할을 맡은 사람은 자신의 비관적인 생각을 고집합니다. 다만, 어느 순간 둘 중 한 사람의 마음에 변화가 있다면 그 변화를 받아들이고 대화를 멈추어도 좋습니다. 방법은 다음과 같습니다.

1. 둘씩 짝을 짓습니다.
2. 새끼손가락을 재서 짧은 사람이 진수, 긴 사람이 만도가 됩니다.
3. 진수와 만도는 서로 등을 맞댑니다.
4. 진수부터 자신의 장애에 대해 푸념하는 것으로 대화를 시작합니다. 대화 시간은 3~5분 정도가 적당합니다.
5. 어느 한쪽의 입장에 다른 인물이 수긍할 때까지 계속 말합니다.
6. 진수의 생각에 변화가 생기거나, 만도가 더 이상 설득할 필요가 없다고 생각되면 대화를 멈추어도 좋습니다.

대화가 끝나면 역할을 바꾸어 다시 설득하고 거부하는 대화를 해 봅니다. 활동 후 학생들에게 "어떤 말을 듣고 진수의 마음이 바뀌었나요?" "어떤 말을 듣고 만도는 더 이상 진수를 설득하기가 어렵다고 생각했나요?"라고 물었더니 진수 역할을 맡았던 한 학생이 "한쪽 팔이 없는 아버지도 살고 있다, 너 하나만을 보고 힘들지만 견디고 있다는 말에 다시 노력해 보겠다고 생각이 바뀌었다."라고 말했습니다.

> **실전 TIP**
> 시간이 허락한다면 반대 상황에서 대화를 해도 좋습니다. 장애를 가지면 살기가 어렵다고 만도가 화를 내고, 한쪽 다리가 없어도 잘 살 수 있다고 진수가 만도를 설득하는 대화로요.

소감 나누기

소감을 나누는 활동은 중요합니다. 다만 방법의 다양성을 고민해야 합니다. 이 수업에서는 교육연극 기법 중의 하나인 '빈 의자 기법'을 이용하여 소감을 나누었습니다. 활동을 통해서 만도와 진수에게 꼭 하고 싶은 말을 짧은 문장으로 생각하게 합니다. 형식은 '만도~', '진수~'입니다. 아버지로서 진수에게 이야기하거나 진수로서 아버지에게 이야기하거나, 마을 사람으로서 만도와 진수에게 이야기해도 됩니다.

교실 가운데 빈 의자를 놓고, 그 빈 의자를 보며 한 명씩 이야기합니다. 한 명씩 이야기할 때마다 학생 전체가 그 말을 반복합니다. 모든 발표가 끝난 후, 그 말 중 한 가지를 선택합니다. 예를 들어, 누군가가 "삶은 견디는 것이다" "가족은 고통을 서로 나눈다"라고 말하면 손뼉을 세 번 친 뒤 모두 함께 그 말을 합니다.

수업을 마치며

이 수업을 교육연극으로 계획하게 된 사연이 있습니다. 작품을 읽고

'외나무다리' '고등어' 등을 가지고 모둠 토의를 하고 발표하는 시간, 한 학생이 말했습니다. "저는 만도가 앉아서 오줌 누는 모습을 보면서 짠하다고 생각했어요. 앉아서 오줌을 누지 않으면 바지를 제대로 추스를 수 없고, 잘못하여 바지에 묻으면 창피한 일을 당할까 고심했을 만도를 보면서요."

수없이 작품을 읽으면서, '앉아서 오줌을 누었다'에다 그쳤지, 인물의 괴로움을 상상하지 않았던 교사에 대한 일침이었습니다. 인물이 왜 이렇게 행동하는가를 살피기 위해서는 그 인물이 되어 살아보아야 합니다. 그리고 그 인물이 소설 속에 드러난 것 외에 다른 어떤 일들이 있었는지 살펴보아야 합니다. 이 생각이 전사를 중심으로 한 「수난이대」 연극 수업을 가능하게 했습니다.

작품에서 고등어가 만도와 진수를 협력하게 하는 매개체라고만 생각했는데, 즉흥극 발표에서 한 모둠이 "다른 집에서는 비린내를 풍기는 음식을 먹을 수 없는 형편인데, 저는 아버지가 고등어를 사와서 행복했어요."(진수가 가장 기뻤던 때)라고 발표했을 때, 비록 억측이라고 해도 진수가 돌아온 날, 만도가 왜 고등어를 샀는지가 더 명확해졌습니다. 그리고 그 고등어는 아들에 대한 아버지의 따스한 사랑이었음을 깨달았습니다. 그 사랑의 고등어가 한 손에 들려 있는 한, 비록 장애를 지닌 진수에 대한 안타까움으로 툴툴대는 만도였지만, 진수의 고통을 자신의 고통으로 받아들이고 그것을 견뎌낼 수 있도록 묵묵히 응원하리라는 걸 추측할 수 있었지요. 외나무다리를 건널 때 만도가 진수를 업고 갔던 것처럼요.

고통스러운, 그러나 그것을 견디려고 노력하는 아버지의 모습을 본 진수는 기차 안에서 얼마나 죄스러웠을까요? 아버지의 힘겨운 삶에 자신의 장애까지 얹은 것처럼 느껴져 아버지를 만나는 일이 얼마나 두려웠을까요? 그러나 "징용에 갔다가 다른 아버지들은 돌아오지 않았는데, 그래도 우리 아버지는 돌아와서 얼마나 행복했다고요."(진수가 가장 기뻤을 때)라는 어느 모둠의 발표를 통해 진수 역시, 이미 그 안에 견디는 힘이 있음을 생생하게 만날 수 있었습니다. 수업을 모두 마치고 따로 참고서의 주제를 판서하지 않아도 학생들은 상상할 수 있었을 겁니다. 어려운 삶(시대)을 함께 견디며 그래도 뚜벅뚜벅 외나무다리를 건너가는 우리의 모습을요.

소설로 연극하기 2
「아홉 켤레의 구두로 남은 사내」

영실_김해분성여고 교사

수업 적용 가능 대상 : 고등
수업 추천 대상 : 고등
수업 시간 : 총 5차시 중 연극 수업에 50분 소요
준비물 : B4 용지(모둠 수만큼), 사인펜(모둠별 한 세트)

'살아보기'와 '되어보기'로 문학 작품에 빠져 보아요

문학 작품을 배우는 가장 큰 목적은 인물의 입장이 되어보고 작품 속 상황을 상상해봄으로써 이 세상과 사람들을 이해하는 감성을 기르는 것이라고 생각합니다. 작품의 내용과 형식을 공부하는 차원을 넘어, 직접 인물이 '되어보고' 작품 속의 상황을 '살아보는' 경험을 한다면 학생들이 문학과 삶에 더 깊이 몰입할 수 있지 않을까 하는 고민에서 드라마 기법을 활용한 수업을 기획하게 되었습니다.

「아홉 켤레의 구두로 남은 사내」는 중편소설로, 고등학교 1학년 국어 교과서에 실려 있는 작품입니다. 교과서에는 보통 '앞부분 줄거리'와 함께 위기-절정-결말에 해당하는 부분이 실립니다. 소설 속 '권 씨'가 아내의 수술비를 마련하기 위해 '나'를 찾아가 돈을 빌리려다 거절당하고, 그날 밤 '나'의 집에 강도가 되어 들어가는 내용입니다. 소설 속에 '권 씨'의 과거 삶이 잘 드러나지 않은 데다, '권 씨'가 행방불명되고 끝나는 '열린 결말' 구조를 가지고 있어, '권 씨'의 과거와 현재, 미래를 상상해 보는 활동을 하기에 적절한 작품이라고 생각했습니다. 이 작품으로 하는 수업은 총 5차시로 구성하였고, 그중 드라마 기법을 활용한 연극 활동 수업은 3차시에 50분 수업으로 진행했습니다.

함께 연극한 작품

「아홉 켤레의 구두로 남은 사내」 (윤흥길, 1977)
1970년대 산업화·도시화의 흐름 속에서 소외된 사람들의 삶을 소시민인 '나'의 시선을 통해 보여주는 작품입니다. 작품 속의 '권 씨'는 내 집 마련의 꿈을 안고 철거민의 입주권을 사지만 당국의 불합리한 조치에 좌절을 겪습니다. 부조리한 상황에 항의하는 시위에 휘말려 결국 전과자가 된 '권 씨'의 삶을 통해, 평범한 시민을 하층민으로 전락하게 만든 당시 시대를 바라보게 하는 작품입니다.

전체적인 활동 흐름

차시	활동	내용	시간	학습 형태
1	소설 읽기	소설 읽으며 날개 질문 답 찾기 더 궁금한 질문 만들기	50분	개별 활동
2	소설 내용 파악하기	모둠별 책 대화로 내용 파악하기	50분	모둠 활동
3	드라마 기법으로 연극하기	'권 씨'의 과거의 삶 살아보기	15분	모둠 활동
		'권 씨'의 행방불명(핫시팅)	15분	
		○○ 시장 후보의 공약 만들기 ('뒷이야기 상상하기'로 대체 가능)	20분	
4	소설의 구성 요소 알기	인물의 성격, 소설의 갈등, 시점 파악하기	50분	모둠 활동
5	삶과 연관 짓기	서술자 '나'의 삶의 태도를 중심으로, 소외된 사람들을 대하는 자세에 대해 생각해 보기	50분	모둠 활동

수업 과정

소설 읽기

먼저 교과서에 실린 앞부분 줄거리를 함께 읽습니다. 이때 소설 내용의 이해를 돕기 위해 교사는 생략된 줄거리를 자세하게 이야기해 줄 수 있습니다. 이어서 교과서에 실린 '위기-절정-결말' 부분을 각자 읽습니다. 이때 학생들에게 교과서 날개 부분에 있는 내용 이해 질문에 답하면서 읽을 수 있도록 안내합니다. 날개 질문이란, 교과서 본문 옆에 기재되어 있는 내용 이해 질문을 말합니다. 필자의 학교에서 사용한 교과서는 비상출판사에서 나온 책인데, "'권 씨'가 자신이 대학을 나왔다는 사실을 강조하는 이유는 무엇일까?" "'나'가 '강도'에게 대문의 위치를 알려준 이유는 무엇일까?" "남겨진 아홉 켤레의 구두가 상징하는 의미는 무엇일까?" 등 소설 내용을 이해하는 데 길잡이가 될 만한 질문들을 담고 있습니다. 날개 질문 외에 소설을 읽으면서 궁금한 점이 생기면 메모할 수 있도록 합니다. 질문을 만들 때 '왜' '어떻게' 등의 말을 넣으면 깊고 풍부한 질문거리를 만들 수 있다고 안내합니다.

모둠별 책대화로 내용 파악하기

모둠별로 논의하여 '날개 질문'에 대한 답을 정리하고, 모둠원들이 메모한 '더 궁금한 질문'에 대한 답을 모둠 안에서 공유합니다.

드라마 기법으로 연극하기

교사는 2차시 수업의 마지막에 학생들에게 다음과 같이 연극 수업에 대해 미리 안내합니다. 작품에 대해 이해한 내용을 바탕으로 상상과 표현을 통한 드라마 수업을 하며, 정해진 답이 없는 활동이므로 편안한 복장과 열린 마음으로 참여하면 된다고요. 그리고 수업 전에 책걸상을 뒤쪽으로 밀거나 복도로 빼서 교실에 빈 공간을 확보하고 바닥을 청소해 둘 수 있도록 안내합니다.

마지막으로 연극 수업에 활용할 핫시팅이 매끄럽게 이루어지도록 '인터뷰이'로 참가할 학생을 두 명 섭외하여 역할을 일러줍니다. 그 인물의 입장에서 대답할 수 있도록 미리 소설 내용을 숙지해 오라고 부탁합니다.

● 첫 번째 활동 : '권 씨'의 과거 삶 살아보기

소설 속에 나오지 않는 주인공의 과거 삶을 상상하여 몸으로 표현해 보는 활동입니다. '가장 행복했던 어느 날' '가장 비참했던 어느 날' 등 구체적인 상황을 제시하면 학생들이 쉽게 상상하고 몰입할 수 있어요. 방법은 다음과 같습니다.

1. 다섯 명에서 여섯 명을 한 팀으로 하여 모둠을 구성한 후, '권 씨가 이곳으로 이사 오기 전 과거의 어느 날'을 상상하여 정지 장면으로 만들어봅니다.
2. 총 다섯 개의 모둠으로 나눈다고 할 때, 두 모둠은 '가장 행복했던 어느 날'을 만들고 세 모둠은 '가장 비참했던(힘들었던) 어느 날'을 만듭니다.
3. 논의는 짧게 하고, 누군가가 나쁘지 않은 의견을 내면 수용한 후 바로 몸으로 만들어 봅니다.
4. 학생들은 사람뿐 아니라 동물, 사물, 배경 등이 될 수도 있습니다.
5. '행복했던 어느 날'과 '비참했던 어느 날'을 번갈아가며 발표합니다.
6. 정지한 상태에서 교사가 한 사람씩 살짝 건드려 그 상황에서 인물이 했을 법한 말이나 생각을 들어보면 좋습니다.

> **예시1) 가장 행복했던 어느 날**
>
> ● '권 씨'가 대학을 졸업하는 장면(소설 속에서 '권 씨'는 자존감에 상처를 입는 순간마다 "이래봬도 나 대학 나온 사람이오."라는 말을 습관적으로 했다.)

- '권 씨'가 멋진 구두를 사서 신는 장면(소설 속에서 '권 씨'는 가난해진 상황 속에서도 구두만큼은 여러 켤레를 두고 늘 반짝반짝 닦아둡니다. 여기서 '구두'는 '권 씨'의 자존심을 상징합니다.)
- '권 씨'가 결혼하는 장면
- '권 씨'가 양복을 차려 입고 출근하며, 다른 가족들은 그를 배웅하는 장면(소설 속에서 '권 씨'는 한때 평범한 직장인이었습니다.)
- '권 씨'의 아내가 아이를 출산하는 장면
- '권 씨'의 가족이 외식하는 장면

예시2) 가장 비참했던 어느 날

- 아이들이 장난감을 사달라고 조르는데 사주지 못하는 장면
- 철거민들과 함께 시위하다가 주동자로 몰려 감옥에 갇힌 장면('앞부분 줄거리'에 나오는 내용으로, 평범한 시민이었던 '권 씨'의 삶이 바닥으로 떨어지는 계기가 됩니다.)
- 월세를 내지 못해 살던 집에서 쫓겨나는 장면
- 안 그래도 가난한데 아내가 셋째를 임신하여 둘이 한숨짓는 장면

○ 두 번째 활동 : '권 씨'의 행방불명(핫시팅)

이 소설은 열린 결말로서, '권 씨'가 행방불명이 된 상태로 소설이 끝납니다. 그래서 소설 속에서 '권 씨'를 늘 주시해야 했던 담당 경찰 '이 순경'이 '권 씨'의 행방을 추리한다는 설정을 만들고, 두 명의 인물을 불러 궁금한 점을 질문하는 활동을 구성해 보았습니다. 이때 모든 학생들은 '권 씨'의 행방을 알아내야 하는 '이 순경'이 되어 질문을 준비하고,

두 명의 학생은 각각 '권 씨'의 아내와 막노동 현장 동료가 되어 즉흥적으로 대답합니다. 이 활동을 통해 학생들은 소설의 내용에 보다 몰입하게 되고, '권 씨'의 삶에 관심을 갖게 됩니다. 첫 번째 활동과 두 번째 활동을 자연스럽게 잇기 위해 교사가 이끄는 말이 필요한데요. 그 내용은 다음과 같습니다.

교사가 이끄는 말

"'권 씨'가 이 집에 이사 오기 전에 어떤 삶을 살았는지 살펴보았습니다. 과거에 이런 삶을 살았던 '권 씨'가 현실의 무게를 이기지 못하고 그만 집을 나가버렸는데요, '권 씨'를 늘 주시해야 했던 '이 순경'이 난감해졌지요. '이 순경'은 어떻게 해서든 '권 씨'의 행방을 알아내기 위해 수사에 나섭니다. 지금부터 여러분은 모두 '이 순경'이 됩니다. 수사에 도움이 되고자, 오늘 이 자리에 '권 씨'의 아내 분과 현장에서 같이 일하는 동료 분을 모셨습니다. 두 분이 오시기 전에, 궁금한 점들을 미리 생각해 두기 바랍니다."

1. 소설 속에서 큰 비중이 없는 사람이 상상력을 자극하기에 좋을 것이므로 핫시팅의 인터뷰이는 '권 씨'의 아내와 '권 씨'의 막노동 현장 동료로 정했습니다. 두 사람이 오기 전에 대여섯 명씩 모둠을 지어 그들에게 질문할 거리를 미리 논의하도록 안내합니다.
2. 참가자 중 미리 섭외한 두 사람이 앞으로 나와 의자에 앉으면 핫시팅이 시작됩니다. 다른 사람들은 '이 순경'의 입장에서 '권 씨'의 행방을 수사하는 데 도움이 될 만한 질문을 던집니다.

3. 학생들이 '이 순경'으로서의 상태를 유지하도록 하는 것이 중요합니다. 교사는 학생들이 손을 들 때마다 "○○ 순경님, 질문해 주세요."라고 하며 분위기를 만들어줍니다. 학생들은 다음과 같은 내용을 주로 물어보았습니다.

예시1) '권 씨' 아내에게 한 질문

- '권 씨'가 이전에도 집을 나간 적이 있나요?
- '권 씨'가 자주 가는 장소가 있습니까? 힘든 일이 있거나 그럴 때요.
- '권 씨'의 고향은 어딥니까? 대학은 어디서 나왔나요?
- '권 씨'를 어디서 처음 만났나요? 주로 데이트하던 추억의 장소가 있나요?
- 마지막으로 '권 씨'를 만난 것이 언제입니까? 그때 어때 보였나요?
- '권 씨'의 인상착의 좀 자세히 묘사해 주세요. '권 씨'가 자주 입는 옷이 있으면 그것도 말해주시고요.
- 지금 아이들은 어떻게 하고 나오신 겁니까? 맡길 사람이 있나요?
- 앞으로 생계는 어떻게 꾸릴 생각이신가요?

예시2) '권 씨' 동료에게 한 질문

- 일할 때 '권 씨'는 어떤 사람이었나요? 그의 성격은 어땠나요?
- 일을 마치고 나면 주로 어디로 갔나요?
- '권 씨'가 혹시 돈 이야기를 한 적이 있습니까?
- 일당이 얼마 정도 됩니까? 그 정도로 생활을 꾸릴 수 있나요?
- '권 씨'가 다른 막일꾼과 다른 점이 있었나요?

대답은 등장인물 역할을 맡은 학생들의 성향과 준비 정도에 따라 천차만별이었습니다. 많은 질문에 "모르겠다"라고 답변한 학생도 있었고, 모두의 감탄을 자아낼 정도로 역할에 몰입하여 훌륭한 대답을 해준 학생도 있었습니다. 후자의 학생이 나왔을 경우 다른 학생들은 아주 빠르게 소설에 몰입했습니다.

● 세 번째 활동 : ○○시장 후보의 공약 만들기

'선량한 시민을 하층민으로 전락하게 만든 것은 무엇인가?'가 이 소설이 묻고자 하는 중요한 부분이라고 생각합니다. 산업화 시스템이 인간 소외를 가져왔다는 것을 짚어주기 위해 '사회의 역할'에 대해 생각해 보는 시간을 가지고 싶었습니다. 이 수업을 했던 시기가 마침 지방선거를 앞두고 있던 시점이라, '시장 후보의 공약 만들기'를 마무리 활동으로 만들어 보았습니다. 두 번째 활동과 세 번째 활동을 자연스럽게 잇기 위해 교사가 이끄는 말이 필요한데요. 다음과 같이 할 수 있습니다.

> **교사가 이끄는 말**
>
> "'이 순경'이 애를 썼음에도 불구하고 '권 씨'의 행방을 찾는 데에는 실패하고 말았습니다. 시민들은 그의 남겨진 가족을 생각하며 '권 씨'의 삶을 안타까워하고 사회의 역할을 고민하게 됩니다. '권 씨'가 전과자가 될 수밖에 없었던 이유, 아내의 수술비를 마련하지 못했던 이유, 강도가 될 수밖에 없었던 이유 등 이 모든 것이 '권 씨' 개인의 잘못만은 아니라는 생각을 하게 됩니다. 그리고 때마침 이 도시에서는 시장 선거가 진행됩니다. 후보들의 선거 캠프에서는 시민들의 고민에 대한 해답을 공약으로

제시하기 위해 토론이 한창입니다. 이 도시에서 더 이상 '권 씨'의 가족처럼 소외된 사람이 없도록 하려면, 시장은 어떤 일을 해야 할까요? 모둠별로 공약 두세 가지를 최대한 구체적으로 만들어 보세요."

1. 다섯 명에서 여섯 명이 한 모둠이 되어, '권 씨'가 살던 도시의 시장 선거 캠프가 되었다고 생각하고 선거 공약을 만듭니다.
2. 모둠별로 B4용지와 사인펜 등을 나누어 주고, 선거 홍보 전단을 만들게 합니다.
3. 모둠별로 한 사람씩 나와 브리핑을 합니다.

많은 학생들이 권 씨가 아내의 수술비를 마련하기 힘들었던 점에 착안하여 '저소득층의 출산비 및 다자녀 양육비 지원'을 공약으로 만들었습니다. 그 외에도 마을 공동체에서 공동 육아 시스템을 만드는 것, 안정적인 일자리 확보, 기초생활보장비 등 사회 안전망 구축에 대한 아이디어가 많이 나왔습니다.

만약 선거 시점이 아니어서 '시장 공약 만들기' 활동을 하기에 무리가 따를 경우, 세 번째 활동을 '뒷이야기 상상하기'로 대체할 수 있습니다. 이 소설이 열린 결말이기에 학생들이 마음껏 상상해보기 좋은 활동이지요. 이 경우에도 두 번째 활동과 세 번째 활동을 자연스럽게 잇기 위해 교사가 이끄는 말이 필요합니다. 내용은 다음과 같습니다.

교사가 이끄는 말

'이 순경'이 애를 썼음에도 불구하고 '권 씨'의 행방을 찾는 데에는 실패하고 말았습니다. 과연 '권 씨'는 지금 어디에서, 무엇을 하고 있을까요? 그 장면을 상상하여 정지 장면으로 만들어 봅시다.

1. 다섯 명에서 여섯 명이 한 모둠이 되어, 행방불명된 '권 씨'가 현재 어디에서 무엇을 하고 있을지 논의합니다.
2. 모둠별로 만든 정지 장면을 발표합니다.
3. 이때 정지한 상태에서 교사가 한 사람씩 살짝 건드려 그 상황에서 인물이 했을 법한 말이나 생각을 들어보면 더 좋습니다.

예시) 모둠별로 만든 정지 장면
- '권 씨'는 자존감을 잃은 데다 절망감까지 덮쳐 자살했다.
- '권 씨'는 아내와의 추억이 담긴 장소에 가서 자신의 삶을 돌아본다.
- '권 씨'는 아내의 수술비를 벌기 위해 아르바이트를 여러 차례 뛰고 있다. (그래서 집에 못 오고 있다.)
- '권 씨'는 아내의 수술비를 구하기 위해 계속 강도 행위를 하고 있다.

소설의 구성 요소 알기

학생들이 작품 속 인물과 갈등, 시점 등을 파악해 정리해 보는 활동입니다. 인물을 탐구할 때는 '나(오선생)'와 '권 씨'의 대사나 행동을 보면서 그 속에 담긴 인물의 심리와 짐작할 수 있는 성격을 정리해 보게 합니다. 갈등을 파악할 때는 '나(오선생)'와 '권 씨', '권 씨'와 '의사'가 무엇을 두고 갈등하는지, 어떻게 갈등하는지 등을 살펴보게 합니다. 시점을 탐구할 때는 '오선생'이 서술자인 「아홉 켤레의 구두로 남은 사내」와

'권 씨'가 서술자인 연작소설 「직선과 곡선」의 일부를 제시한 후, 서술자의 변화를 중심으로 두 작품의 차이를 찾아보도록 안내합니다.

삶과 연관 짓기

이 소설의 생략된 앞부분 '찰스 램'과 '찰스 디킨스' 에피소드 부분을 제시하여 읽어 보게 합니다. 찰스 램은 평생 동안 약자를 도우며 산 인물로, 찰스 디킨스는 개인적인 영화를 누리기 위해 가난한 이웃을 외면한 인물로 제시됩니다.

   그런 다음 「아홉 켤레의 구두로 남은 사내」에서 서술자인 '나(오선생)'의 삶이 찰스 램과 찰스 디킨스 둘 중 누구와 더 가까운지 파악해 봅니다. 소설 속에서 '오선생'은 '권 씨'에 대한 연민이 있었으나 결정적인 순간에 그를 돕지 않고, 결국 도움을 받지 못한 '권 씨'는 강도가 되는 선택을 합니다. 마지막으로 학생들에게 각자가 추구하는 삶은 누구의 삶과 더 가까운지, 왜 그렇게 생각하는지 모둠별로 이야기 나누어 보도록 한 후 전체가 함께 공유합니다.

수업을 마치며

학기를 마치고 수업 평가를 받아보았습니다. 한 학기 동안 했던 국어수업 중 가장 기억에 남는 수업으로 많은 학생이 '연극 수업'을 꼽았습니다. 학생들은 연극 수업이 좋았던 이유를 다음과 같이 말했습니다.

"친구들과 소설에 대해 이야기 나누고 상상하여 몸으로 표현하니 그 작품이 기억에 오래도록 남았다."

"다른 친구들이 만든 장면을 보는 것이 재밌었다. 내가 생각하지 못했던 것들을 볼 수 있어 신기했다."

"내가 직접 이야기 속에서 활동하는 것 같아 기억에 더 잘 남았다."

"상황극으로 수업을 하니 작품 이해가 더 잘 되었다."

"직접 그 인물이 되어 보니 인물의 감정을 더 잘 이해할 수 있었다."

제가 생각하는 문학 교육의 목표는 다음과 같습니다. 첫째, 작품 속의 상황을 이해하고, 작품 속 인물들의 감정을 이해함으로써 궁극적으로 내가 살고 있는 세계와 함께 살아가는 사람들의 감정에 공감하는 것. 둘째, 내가 만약 그 상황이라면 어떻게 대처할지, 자신의 가치관을 확립하는 것. 그렇다면 연극 활동만큼 문학 교육의 목표에 정확히 부합하는 방식이 또 있을까요? 매시간 시도하지는 못하겠지만, 한 학기에 한 번이라도 문학 작품의 판을 벌여놓고 그 속에서 학생들이 맘껏 상상하고 뛰어놀도록 해보고 싶은 이유입니다.

2부
연극동아리, 나도 한번 해보자

01
'연극쟁이'의 연극 만들기

조윤주_김해 구봉초 교사

활동 적용 가능 대상 : 초 3~6
활동 추천 대상 : 초 3~4
활동 시간 : 격주 1회(40분씩 두 시간 수업, 연간 15차시)
준비물 : 접착식 메모지, 전지, 유성매직, 색연필 등

연극은 생전 처음인 학생들과 공연을 준비했어요

대부분의 학교에서는 학년 동아리나 학급 동아리를 운영하는데, 우리 학교의 경우 3~4학년군 학생들에게 원하는 동아리를 사전 조사하고 신청을 받아 동아리를 구성했습니다. 학생들의 요구에 맞게 유의미한 활동을 하고, 그 결과를 학예회로 자연스럽게 연결 지어 보자는 교사들의 의견이 반영된 것이었지요. 그러나 현실적으로 동아리 운영상 적정 인원이 있고, 인기 동아리로 쏠리는 현상도 있습니다. 어쩔 수 없이 자신

이 원하는 동아리로 가지 못하는 학생들이 생기기도 합니다.

　이 연극 동아리 활동은 격주로 두 시간 동안 만나 연간 30시간, 초등학교 3~4학년 학생 열한 명과 함께했습니다. 이 학생들은 수업에 쓰인 여러 연극적 요소들을 이전에 경험한 적이 없으며, 동아리의 최종 목표는 학년 말에 열리는 학예회에 공연을 올리는 것이었습니다. 학생들이 정한 동아리 이름이 '연극쟁이'입니다. 평소 학급 학생들과 연극놀이와 즉흥극을 즐기기는 했으나 '연극부'라는 타이틀을 만들어 본 적도, 연극을 만들어 무대에 올려본 경험도 없었습니다. 그리고 동아리 최종 목표가 연극 공연이었기 때문에 부담이 매우 컸지만 그래도 초등 황금기인 3~4학년의 활기 넘치는 학생들, 연극이 좋아 선택한 아이들이 있으니까 조금 무모한 도전이라 해도 괜찮을 거라고 스스로를 다독이며 동아리 활동을 시작했습니다.

전체적인 활동 흐름

차시	활동	내용	시간	학습 형태
1	첫 만남	동아리 조직 및 첫인사	80분	개별 활동, 전체 활동
2	그림책으로 만나는 놀이와 즉흥1 『도서관에 간 사자』	몸과 마음 열기 '어젯밤 꿈에'	80분	개별 활동, 전체 활동
		장면 쌓기1		전체 활동
		지브리쉬		짝 활동
		즉흥극 하기		짝 활동
		소리 더하기		개별 활동, 전체 활동,
		장면 쌓기2		

차시	활동	내용	시간	학습 형태
3	그림책으로 만나는 놀이와 즉흥2 『돼지책』	몸과 마음 열기	80분	개별 활동, 짝 활동
		줄거리 파악하기		전체 활동
		인물 파악하기		모둠 활동, 전체 활동
4		장면 연습하기	80분	모둠 활동
5		연극으로 만들 장면 정하기	80분	전체 활동
		해설이 있는 역할극으로 발표하기		모둠 활동
6	우리들의 이야기로 만나는 즉흥	일기장에서 찾은 나의 이야기	80분	개인 활동 전체 활동
		해설이 있는 즉흥극 발표하기		모둠 활동
7	1학기 마무리	소감 나누기	80분	전체 활동
8	문학 작품으로 공연 올리기 『웨이싸이드 학교 별난 아이들』	작품 함께 읽기1	80분	전체 활동
9		작품 함께 읽기2	80분	전체 활동
10		주요 장면 정하고 만들기	80분	개별 활동, 전체 활동
11		즉흥극으로 표현하기	80분	모둠 활동
12		공연 준비 및 연습하기1	80분	전체 활동
13		공연 준비 및 연습하기2	80분	전체 활동
14		공연 준비 및 연습하기3	80분	전체 활동
15		공연하기	80분	전체 활동

수업 과정

첫 만남

1학기 동아리 활동 열네 시간 중 두 시간에 걸쳐 동아리를 선정하고, 해당 동아리 교실로 이동하여 자기소개 및 동아리에서 하고 싶은 일에 대한 이야기를 나눕니다. 동아리 모임 첫날, 둥글게 앉아서 각자 온 이유를 이야기하다 보니 선생님이 가라고 해서 온 두 명, 자기가 원해서 온 네 명, 다른 동아리에 가지 못해서 온 여섯 명, 그냥 온 세 명이 모여 어색한 침묵이 흘렀습니다. 연극은 잘 모르지만 하고 싶어 왔다는 학생들도 있기는 했지만 현실은 이랬습니다. 어쩌다 보니 연극부 교실에 와 있는 학생 열한 명의 기대 없는 눈빛도 견뎌내야 했고요. 분명 첫 시작점은 제가 기대했던 활기와는 다소 거리가 있는 구성원이었습니다. 의욕 없이 무미건조한 4학년의 눈빛과 피구부에 들지 못한 게 아쉬워 운동장을 하염없이 바라보는 3학년의 눈빛을 마주하며 마음 한구석이 서늘해짐을 느꼈지만, 늘 그래 왔듯 학생들은 언제나 기대 이상을 보여줄 것임을 굳게 믿으며 이 학생들과 연극부 이름과 구호를 정하고 파이팅 넘치게 시작했습니다. "살아있네! 연극쟁이!"

그림책으로 만나는 놀이와 즉흥1

두 번째 모임에서부터 본격적인 활동이 시작된다고 할 수 있습니다. 주어진 시간 안에 학생들과 극적 경험을 이루기에 적당한 그림책을 선정하는 것이 중요합니다. 그리고 연극 모임 첫 활동에서는 모둠 활동을 줄였는데요. 모둠으로 섞이면 자신을 드러내기 힘들기 때문에 개별 연습이 필요하다고 생각했습니다. 또, 자기를 표현하는 모습을 교사가 관찰하기 위한 목적도 있습니다.

● 첫 번째 활동 : 몸과 마음 열기 '어젯밤 꿈에!'

교실을 자유롭게 걸어 다니다가 모두 함께 "어젯밤 꿈에!"라고 외치면 구성원 중 한 명이 "나는 ~이 되었다"라고 말하고, 모두가 동시에 앞서 말한 그 무언가가 되어보는 활동입니다. 처음에는 제가 제시해주었으나 자연스럽게 학생들이 이어갔습니다. 활동 중 누군가 시작한 한마디가 학생들에게 재미를 주었는지 자꾸 '누가 죽는 걸 봤다'와 같은 이야기가 나왔습니다. 그래서 앞 친구가 말한 건 제외하고 말하기로 규칙을 수정하고 진행하니 '게임을 했다' '괴물이 되었다' '하늘을 날았다' '무술의 고수가 되어 칼싸움을 했다' 등 다양한 생각들이 쏟아져 나왔습니다.

◯ 두 번째 활동 : 장면 쌓기1

학생들에게 도서관에서 할 수 있는 일들을 생각해보고, 정지 장면으로 표현하면 다음 사람이 그 장면을 살펴보고 상황에 어울리게 장면을 더해보는 활동입니다. 모두가 참여하여 장면이 만들어지면 일정 신호(에너지벨 소리)와 함께 각자 연기를 시작하기로 약속하고, 교사의 연기도 시작됨을 알려주었습니다. 벨을 울리고 제가 사자가 되어 으르렁 소리를 내며 친구들에게 사자처럼 돌진하였지요. 대부분의 학생들이 소리를 지르며 도망가거나 사자를 잡겠다며 쫓아왔습니다. 때리거나 올라타는 학생들도 있었습니다.

◯ 세 번째 활동 : 지브리쉬

학생들을 자리에 앉히고, 그림책 『도서관에 간 사자』(웅진주니어, 2007)를 읽어주었습니다. '어느 날 도서관에 나타난 사자는 이야기 듣기를 좋아하는 듯 보였다. 이야기 들려주는 시간이 끝나자 사자가 엄청 큰 소리로 으르렁~~~거렸다'까지 읽어주고, 사자의 말을 통역해주는 사람이 필요하다 했더니 서로 통역관을 하겠다고 했습니다. 사자가 가진 사연을 술술 풀어내는 학생들 모습이 신기했습니다. 억지로 끌려온 눈빛으로 매섭게 앉아있던 학생들이 웃기 시작하자 저도 그제야 웃었습니다. 특정 대사 없이 소리나 중얼거림이 특징인 지브리쉬[1]로 사자가 말을 하면 통역관이 되어 친구들에게 사자의 속마음을 통역해주는 활동입니다. 같은 "으르렁"이라도 다양한 느낌과 감정을 담으면 소리의 크기와 톤이 변하고 그에 어울리는 표정이나 행동도 자연스럽게 나옵니다. 학생들은 자기도 모르게 즉흥으로 연기를 하게 됩니다. 특정 대사가 없어서 부담이 덜하기도 하고, 지브리쉬가 주는 재미가 있어 대부분의 학생이 좋아하는 활동이지요.

○ 네 번째 활동 : 즉흥극 하기

'어느새 도서관의 가족이 된 사자는 절대로 으르렁거리지 않는다는 약속을 잘 지켜나간다. 그러던 어느 날 관장님이 다치는 사건이 발생한다. 자기를 싫어하는 맥비 씨에게 이 사실을 알려야 하는데…' 여기까지 이야기를 읽어주고 둘씩 짝을 짓게 한 뒤 한 명은 맥비, 한 명은 사자가 되어 어떻게든 관장님의 위험을 알려서 맥비 씨를 움직이게 하라고 미션을 주었습니다. 몸으로 미는 사자, 조용히 으르렁거리며 마임하는 사자, 조용히 방향을 가리키며 설득하다 못 알아듣자 큰 소리로 맥비를 위협

---

[1] Gibberish. 아무 의미 없는 소리나 말로 의미를 통하게 하는 연극적인 표현기법입니다. 예를 들어 "크허허헉쫘쫘씩씩~~~" 말도 안되는 사자 언어로 아이가 연기를 하면 통역관이 사람들에게 사자의 속마음을 전달해주는 것입니다. 이때 자연스럽게 표정과 행동이 나오면서 대사 부담이 덜한 즉흥극 연습이 됩니다.

하는 사자 등 학생들의 즉흥이 이어졌습니다. 그리고 어떻게든 절대로 일어나지 않으리라 다짐한 여학생이 등장하자 모두 대동단결하여 맥비씨를 설득하는 모습은 처절하기까지 했습니다. 그래도 끝까지 일어나지 않은 여학생의 고집에 모두 기절할 뻔했지만, 자기를 내려놓지 않는 고집스러운 모습도 서로를 이해하는 밑거름이 되었다고 생각합니다.

◉ 다섯 번째 활동 : 소리 더하기

'결국 규칙을 어기고 관장님을 구한 사자가 더 이상 도서관에 나타나지 않게 되고, 사람들은 사자를 그리워하기 시작합니다.' 여기에서 읽기를 멈추고 사자를 그리워하는 마음을 담아 '소리 더하기'라는 활동을 해보기로 했습니다. 이 활동은 주제에 어울리는 감탄사나 의성어 등을 활용하여 일정한 박자에 맞추어 소리를 만들어 보는 것입니다. 한 사람씩 자신이 만든 소리를 반복적으로 내면서 앞사람의 소리에 어울리게 더해 나갑니다. 이때 교사가 지휘자가 되어 전체 박자를 맞춰주고, 들어오는 순간을 알려주면서 하나의 음악을 만듭니다. 아이들은 사자에 대한 그리움을 표현하기 시작했습니다. '보고 싶다' '휴' '으르렁' '엉엉' 등 각자가 이해한 수준의 그리움이 더해지고, 나름의 소리들이 더해지니 제법 분위기가 살았습니다.

◉ 여섯 번째 활동 : 장면 쌓기2

이야기를 모두 들려준 뒤 처음과 같이 장면 쌓기를 다시 해보았습니다. 처음과 다른 행동을 해도 좋다고 하니까 좀 더 과감한 동작이 나왔습니다. 벨이 울리고 다시 교사 사자가 등장했습니다. 이전과 달리 학생들이 사자를 반갑게 맞이하고 장난치러 돌아다녔습니다.

그림책으로 만나는 놀이와 즉흥2

● 첫 번째 활동 : 몸과 마음 열기

먼저 다양한 '걷기'로 시작합니다. 처음에는 가볍게 교실을 걸어 다니다가 교사가 제시하는 방법과 상황에 맞게 걷는 놀이입니다. 빠르게, 천천히 등 단순하게 제시하다가 구체적인 상황을 줍니다. 사막을 걸어보기, 우주 공간 걸어보기, 한밤중 도둑처럼 걷기, 늪에 빠진 얼룩말 등 자연스럽게 즉흥 활동으로 이어지게 됩니다.

　다음으로는 가위바위보 업어주기 놀이를 합니다. 가위바위보를 해서 진 사람이 이긴 사람을 업고 돌아다니다 다른 사람과 만나면 업혀 있는 사람끼리 가위바위보를 해서 진 팀이 이긴 팀을 업어주는 놀이입니다.

　마지막으로 돼지가 되어 "꿀꿀"로 이야기하는 놀이를 합니다. 오늘의 기분을 간단하게 표현하되, 사람 말을 쓰지 않고 표정과 분위기로 서로의 기분을 읽어내는 활동입니다. 상대방의 기분을 알아맞히는 친구들도 있고 그러지 못한 친구들도 있었지만 저마다의 이야기로 즐거웠습니다.

● 두 번째 활동 : 줄거리 파악하기

가볍게 몸을 풀었으니 본격적으로 『돼지책』(웅진주니어, 2001) 이야기를 읽어주었습니다. 이야기를 읽고 한 명씩 돌아가며 줄거리 완성하기 활동을 통해 이야기의 핵심을 파악했습니다. 처음에는 제한을 두지 않고 한 문장으로 줄거리 이어말하기를 해보고, 두 번째에는 대화체로 말하기를 해보았습니다. 대화체로 말하기는 대사를 하면서 떠오르는 상황이 이어지게 줄거리를 요약하는 것입니다. 3학년에게는 조금 어려운 활동이었으나 4학년 선배들이 많이 도와주어서 모두들 내용을 잘 파악할 수 있었습니다.

예시) 줄거리 문장으로 이어말하기

"피곳 씨는 멋진 집에 살고 있습니다" → "피곳 씨는 아내와 아들이 있습니다" → "피곳 씨는 아주 중요한 회사에 갑니다." → "아들도 아주 중요한 학교에 갑니다"

예시) 대화체로 말하기

"음~ 역시 멋진 집이야!" → "여보, 나 밥 줘!" → "엄마, 나도 밥 줘요!" → "휴… 지친다"

○ 세 번째 활동 : 인물 파악하기

두 명씩 짝을 이룬 후 한 명이 피곳 부인이 되어 이야기를 하면, 다른 한 명은 피곳 부인의 친구가 되어 지지해주는 활동을 해보았습니다. 이어 역할을 바꿔 피곳 씨가 되어 심정을 이야기하는 시간을 가져보기도 했습니다. 각자 이야기를 나눈 후, 핫시팅으로 등장인물을 만나보았습니다. 이때 학생들의 질문과 대답이 마치 드라마 〈사랑과 전쟁〉을 보는 듯 감정이 심화되어 피곳 씨와 피곳 부인이 직접 자리에 함께한 것처럼 열띤 논쟁의 시간이 되었습니다.

등장인물들의 겉으로 드러난 모습과 마음속에 숨겨진 모습을 생각해보며 전지에 인물을 그리는 활동도 했습니다. 직접 무언가가 되어 해보는 활동도 중요하지만 학생들에게는 적으면서 정리하는 과정도 필요합니다. 이렇게 글로 정리해보는 과정이 없으면 활동으로 흥분된 감정과 재미만 남는 경우가 많기 때문이지요. 학생들이 정리한 인물을 게시해두면 즉흥 활동할 때 참고가 되기도 한답니다.

전지에 인물 그리기 활동

● 네 번째 활동 : 장면 연습하기

다음으로 책에서 중요하다고 생각한 몇 개의 장면을 선택하여 해설이 있는 역할극 형태로 장면에 어울리는 연기를 해보았습니다. 모든 학생이 교사가 말하는 문장을 듣고, 그 문장에 어울리는 장면을 떠올리며 자기가 정한 인물이나 사물 등이 되어 정지합니다. 이때 정지한 동작이 궁금한 학생에게 다가가 어깨에 손을 올리면 자기가 설정한 인물이 되어 즉흥 연기를 합니다. 다른 학생들은 순간 자신의 동작을 풀고 교사가 어깨에 손을 올린 학생의 연기에 집중합니다. 이후 벨을 울리면 모두가 동시에 자신이 설정한 연기를 합니다. 모두 진지한 자세로 인물이 되어 즉흥 표현을 마쳤습니다.

마지막으로 '엄마의 꿈'이라는 제목으로 조각 작품을 만들었습니다. 2인 1조가 되어 한 명은 흙덩이가 되고, 다른 한 명은 조각가가 되어 엄마의 꿈을 표현해보고 함께 조각품을 감상하며 설명도 들어보았습니다. 엄마가 여가를 즐기는 모습, 자유와 평화를 상징하는 자유의 여신상을 표현한 학생들도 있었습니다.

● 다섯 번째 활동 : 연극으로 만들 장면 정하기

연극으로 만든다면 꼭 들어가야 할 장면들을 이야기하고, 비슷한 장면끼리 유목화시키는 작업을 했습니다. 학생들이 중요하다고 여기는 장면은 거의 비슷하게 나오기 마련입니다. 이때 언어적 표현이 다르지만 비슷하다고 여겨지는 장면을 한 장면으로 묶어가는 과정을 '유목화'라고 합니다. 방법은 간단합니다. 접착식 메모지에 각자 자신이 생각하는 중요한 장면을 적고 칠판에 붙입니다. 교사와 학생들이 함께 보고 묶어도 좋을 장면들을 모아둡니다. 최종적으로 네 장면에서 여섯 장면 정도 골라 어울리는 제목을 붙여서 장면을 정리합니다.

최종 네 장면이 선정되고, 학생들에게 추가적으로 필요한 장면이 있냐고 물어보았습니다. 엔딩 장면 이후 엄마가 가출해서 어디로 갔는지 그리고 무엇을 했는지에 대한 장면을 더하자는 의견이 나왔습니다. 실제로 가출해서 무엇을 했는지 즉흥으로 연기를 시켜보았더니 친구들과 만나 남편 흉을 보는 장면이 대부분이었고, 아이들의 톡톡 튀는 연기가 극의 재미를 더했습니다. 그래서 다섯 장면 구성 후 에필로그처럼 장면을 더해 보았습니다.

> **예시) 학생들이 최종적으로 결정한 다섯 장면**
> - 가족들은 놀고 엄마만 힘들게 일하는 장면
> - 돼지우리처럼 변하는 집과 돼지로 변한 피곳 씨와 아이들
> - 엄마에게 돌아와 달라고 애원하는 장면
> - 변화하는 가족의 모습과 행복한 엄마의 모습
> - 에필로그 : 엄마는 가출해서 무엇을 했을까?

◯ 여섯 번째 활동 : 해설이 있는 역할극으로 발표하기

장면을 설명하는 다섯 문장을 만들고, 장면에 어울리는 동작과 대사를 즉흥으로 연기하였습니다. 연기자들이 정지 장면으로 있으면 그중 한 명이 정지 동작을 풀고, 해설을 했습니다. 그리고 연기의 마무리는 정지 동작으로 마무리 지었습니다. 발표를 마치고 소감을 나누면서 장면과 장면 사이 전환을 이룰 때, 장면이 바뀌고 있음을 알려주는 일관된 무언가가 있었으면 좋겠다고 했더니 아이들이 아기 돼지 노래 부르기, 춤추기, 구호 외치기 등의 아이디어를 냈습니다.

우리들의 이야기로 만나는 즉흥

◯ 첫 번째 활동 : 일기장에서 찾은 나의 이야기

동아리 활동을 마무리하며 자신의 일기장에서 가장 재미있는 이야기를

뽑아 오라고 공지했습니다. 각자 뽑아온 이야기를 듣고, 가장 재미있으면서도 연극으로 표현하고 싶은 이야기를 선택하기로 했는데, '물뿌리개 사건'과 '할머니표 요플레' 두 편의 이야기가 뽑혔습니다. 할머니표 요플레는 어느 날 할머니 집에 놀러갔는데, 할머니가 직접 만든 요거트에 딸기잼을 넣어 먹었더니, 그 맛이 요플레와 같았다는 이야기입니다. 물뿌리개 사건은 아래 예시를 참고해 주세요. 아무튼 이 중에서 학생들의 공감을 가장 많이 얻어낸 이야기는 '물뿌리개 사건'이었습니다.

● 두 번째 활동 : 해설이 있는 즉흥극 발표하기

일기 내용을 네다섯 문장으로 요약합니다. 요약된 문장은 해설이 되고, 표현할 장면이 됩니다. 연기자와 해설자를 정한 다음(연기자가 해설자가 되어도 좋습니다), 해설자가 한 문장으로 해설을 하면 연기자들은 상황에 어울리는 간단한 대사나 행동을 즉흥으로 연기합니다. 간단하게 연습 후 발표하는 시간을 가졌습니다. 연기의 시작은 해설로 알리고, 연기의 마무리를 정지 장면으로 정리하면 이야기가 좀 더 명확하게 보입니다.

> **예시) 학생들이 만든 '물뿌리개 사건'**
>
> 선생님이 화분에 물을 주라고 소리친다. 그때, 한 무리의 아이들이 물을 시끌시끌하게 주고 있다가 정지. 선생님이 시끄러우니 나가서 놀라고 한다. 아이들이 화단에서 물을 주며 장난치다가 정지. 선생님이 흠뻑 젖어 들어온 아이들을 보며 호통을 친다. 다신 그러지 말라는 선생님 호통에 아이들 모두 "네"라고 큰 소리로 대답하고 정지. 다음 날에도 어제와 같이 아이들의 물장난이 반복되고 아이들이 신나게 뛰어놀다가 정지. 그다

음 날, 그다음 날에도 아이들의 물장난은 계속된다.

　사실 자리만 마련했을 뿐, 제가 한 것은 지켜보는 것 외에는 없었습니다. 그동안 모임을 통해 익숙해진 놀이와 즉흥기법들을 나름 잘 활용하고 있었습니다. 친구들과 장난만 치는 것처럼 보였지만 스스로 배역을 정하고, 장면을 뽑고, 대사를 말하고 해설을 정했습니다. 정지 장면 기법은 어찌 기억했는지 기특하기만 합니다.

문학 작품으로 연극 공연 올리기
● 첫 번째 활동 : 작품 선정하기

1학기 동안 다양한 놀이와 즉흥으로 학생들을 만났습니다. 처음 우려했던 것과 달리 학생들이 흥미로워했고, 이야기와 극에 대한 몰입도도 높았습니다. 그래서 2학기부터는 재미있는 이야기로 우리들의 연극을 만드는 작업에 돌입해 보기로 했습니다. 작품 선정에 많은 고민이 있었는데, 마침 여름 전교연 연수에서 『웨이싸이드 학교 별난 아이들』을 알게 되었고 기발하면서도 상상력을 자극하는 이야기가 우리 연극부 학생들과 잘 어울린다고 생각되어 학생들에게 책을 소개해주었습니다. 역시 학생들의 반응은 뜨거웠고, 우리는 이 이야기로 극을 만들어 보기로 결정했습니다.

함께 연극한 작품

『웨이싸이드 학교 별난 아이들』(루이스 새커 지음, 김중석 그림, 김영선 옮김, 창비, 2006)

웨이싸이드 학교는 원래 1층 건물에 30개의 교실을 지을 계획이었는데, 건축업자의 실수로 한 층에 한 개의 교실이 있는 30층짜리 학교가 되어버립니다. 이렇게 황당한 공간에서 일어나는 조금은 특별하고 굉장히 엉뚱한 친구들의 이야기입니다. 아이들을 사과로 만들어 버리는 선생님, 수업 시간에 잠을 잔다고 칭찬받는 제니, 거꾸로 된 글자만 읽는 존 등 상상을 초월하는 재미난 일들이 일어나는 별난 학교의 별난 아이들의 이야기입니다.

● 두 번째 활동 : 주요 장면 정하고 만들기

우리가 그동안 연습해온 과정을 그대로 밟아가며 만들었습니다. 이야기를 함께 읽고, 줄거리를 요약하고, 각자 중요하다고 생각하는 장면을 접착식 메모지에 써서 붙인 뒤 유목화하는 작업을 통해 주요 장면 네 가지를 정했습니다. 이후 즉흥으로 장면을 구성하고 어울리는 대사를 다듬어 갔습니다.

> **예시) 학생들이 정한 주요 장면**
> - 프롤로그 : 광대들의 인사 (춤을 추며 공연 제목과 시작을 알림)
> - 고프 선생님과 사과로 변신한 아이들
> - 셰리의 잠

유목화를 통해 주요 장면 정하기

- 제니의 지각
- 루이스 선생님과 아이들
- 에필로그 : 광대들의 인사 (춤을 추며 마지막 무대 인사)

　에필로그 아이디어는 전교연 연수에서 얻어왔습니다. 광대들이 이야기의 시작과 끝을 마무리하는 아이디어가 신선했고, 이야기 속 아이들만큼 개성 넘치는 우리 학생들의 자유로움과 끼를 보여줄 수 있을 것 같아서 학생들에게 제안했는데, 정말 생각했던 것보다 더 멋진 광대가 되었습니다.

　아직 3~4학년 학생들이라 대본 정리는 교사가 했습니다. 학생들이 즉흥으로 만들어낸 대사를 보충해서 만들었기 때문에 대사를 외우기 어려워하는 학생들은 많지 않았습니다. 다만 적절한 톤과 어울리는 동작은 개인기가 뛰어난 학생들이 아닌 경우 많이 어려워했습니다. 그럴

책 표지를 스캔해서 현수막 크기로 만들고 포토월 프레임을 활용한 무대막

공연 연습하기

때, 학생들이 먼저 아이디어를 내고 교사가 추가 의견을 내면서 지도했습니다. 장면에 어울리는 음악은 교사가 예시 음악을 찾아와서 함께 결정하는 방향으로 진행했고, 연극에 필요한 도구와 소품은 철저히 학생들 스스로 제작했습니다. 동아리 시간만으로는 부족했기 때문에 쉬는

시간, 방과 후, 주말까지 모여서 함께 만들었습니다.

공연하기

공연 당일, 모두 검은색 연극동아리 티셔츠와 청바지를 입고, 간단한 소품으로 특징을 나타냈습니다. 예를 들어 고프 선생님의 경우, 괴팍한 성격을 드러내기 위해 귀를 만들어 붙이고 드라큘라 망토를 입었습니다. 사과로 변신할 때는 얼굴을 가리는 크기의 사과를 만들어 표현했습니다.

예시) 학생들과 함께 만든 〈웨이싸이드 학교, 별난 아이들〉 대본

#. 프롤로그

음악 (신나는 섬의 「아침부터 카니발」)이 흐르고 줄을 맞춰 다섯 명의 광대들이 춤을 추면서 등장한다. 음악이 멈추면 글자 ('별난 아이들') 순서에 맞게 한 명씩 등을 돌려 서면서 자신의 등에 붙은 글자를 큰 소리로 외친다. 다섯 광대들이 동시에 앞으로 돌아서며 "시작하겠습니다!"를 외치면 장면 전환 음악(셀프어쿠스틱×진지의 「비빔면송」 전주 부분)이 흐르고 아이들은 춤을 추며 퇴장하고 이어서 사회자가 춤을 추듯이 등장한다.

해설자 (무대 오른쪽에서 나와 선다.) 이곳은 웨이싸이드 학교입니다. 건축가가 조금 실수를 해서 한 층에 교실이 한 개! 쭉~~~ 30개의 교실이 30층까지 있는 학교입니다. 아까 보신 아이들이 바로 이 학교 30층 꼭대기 교실의 아이들입니다. 이상하다고요? 이 학교의 아이들은 전혀 그렇게 생각하지 않습니다.

#1. 고프 선생님

(무서운 분위기의 음악) 아이들이 큐브를 들고 등장하고, 뒤이어 귀가 엄청 큰 무서운 표정의 고프 선생님이 등장하고 정지.

해설자 (고프 선생님을 바라보며) 여기 웨이싸이드에서 최고로 못된 고프 선생님이 계시네요. 이분은 특별한 재주가 있는데 말 듣지 않고 공부 못하는 아이들을 사과로 만들어 버리는 것이죠. 어휴~ 무서워라!!! (고프 선생님을 바라보고 무서움에 떨며 도망가듯이 퇴장한다.)

아이1 선생님, 질문 있어요!

고프 (신경질적인 목소리로) 아니! 감히 학생이 수업 시간에 질문을 해? 오른쪽 귀를 씰룩~ 왼쪽 귀를 씰룩~ 혀를 낼름낼름~(아이1이 사과로 변한다.)

아이들이 공포에 질린다. 그때 아이2가 재채기를 한다.

고프 (더 크고 무서운 목소리로) 아니~ 감히 학생이 수업 시간에 재채기를 해? 오른쪽 귀를 씰룩~ 왼쪽 귀를 씰룩~ 혀를 낼름낼름~(아이2가 사과로 변한다.)

아이들이 더 공포에 질린다. 그때 누군가 지각해서 들어온다.

아이3 선생님, 화장실 다녀오느라 늦었… (말이 끝나기도 전에)

고프 아니~ 감히 학생이 화장실을 다녀와? 오른쪽 귀를 씰룩~ 왼쪽 귀를 씰룩~ 혀를 낼름낼름~ (아이3이 사과로 변한다.)

아이들이 더 공포에 질린다. 남아있는 학생들이 울음을 터뜨린다.

아이들   엉엉엉~~~ 엄마~~~ 무서워~!
고프   아니~ 도대체 누가 우는 거야? 오른쪽 귀를 씰룩~ 왼쪽 귀를 씰룩~ 혀를 낼름낼름~ (아이들이 모두 사과로 변한다.)
         아이들은 정말 성가셔~!!! 이제야 교실이 교실답네!

사과로 변한 아이들은 사과 탈을 쓴 채 앉아있고, 고프 선생님은 미소 짓고 있다. 이때 장면 전환 음악(셀프어쿠스틱×진지의 「비빔면송」 전주 부분)이 나오면 모두 춤을 추듯이 퇴장한다.

#2. 셰리는 잠꾸러기

장면 전환 음악에 맞춰 퇴장하는 아이들과 반대 방향에서 새로운 아이들과 주얼스 선생님이 춤을 추듯이 등장하고 정지한다.

해설자   아이들은 모두 어떻게 되었냐고요? 다시 본연의 모습으로 돌아올 수 있었죠. 물론 고프 선생님은… 책으로 확인하시는 것이 좋을 것 같네요. (고개를 저으며) 전 잔인한 결말을 별로 좋아하지 않거든요. 여하튼 아이들 곁을 떠난 고프 선생님을 대신해서 새로운 선생님이 오셨는데요? (주얼스 선생님을 바라보며) 바로 여기 계시는 주얼스 선생님이십니다. 고프 선생님처럼 무섭지는 않지만 아이들 얘기로

는 평범한 선생님은 아니라네요. (퇴장)

주얼스 선생님이 열심히 수업을 준비하고 있고, 교실 앞자리에서 셰리가 잠을 자고 있다.

아이1 선생님, 셰리가 자요!
주얼스 (기특한 표정으로) 어머나~ 셰리가 뭔가 열심히 공부하고 있나 보다.

셰리가 코를 곤다.

아이2 (황당한 표정으로) 선생님, 코도 고는데요?
주얼스 (셰리를 한번 바라보고) 그렇구나! 오늘 셰리가 공부를 정말 열심히 하나 보네! 여러분도 셰리를 본받으세요!

몸을 뒤척이던 셰리가 몽유병 환자처럼 무대 앞 창가로 걸어 나오고 이를 지켜보던 아이들은 모두 놀라 떨어지는 셰리를 잡으려 한다.

아이들 (비명을 지르며) 선생님, 셰리가 떨어져요!

이때 모든 사람의 동작이 정지되고, 음악(짐 크로스의 「Time in a bottle」)이 흐르면 시간을 멈추는 초능력자(개그콘서트)처럼 루이스 선생님이 등장한다. 자기 가발을 벗어 주얼스 선생님에게 씌어주고, 정지된 동작을 자기 마음대로 조작하며 좋아한다. 그리고 무대 앞에서 떨어지고 있는 셰리

옆에 다가와 셰리를 안전하게 잡아주는 자세를 취하면 음악이 멈추고 셰리가 잠에서 깨어난다.

셰리   (하품을 하며 주위를 둘러보다 루이스 선생님을 발견하고 놀라며) 선생님, 왜 저를 깨우셨어요?

루이스   미, 미안하구나!

셰리   (화를 내며) 미안하면 다예요? 한참 재미있는 꿈을 꾸고 있었는데… 왜 저를 괴롭히세요?

루이스가 미안한 표정을 지으며 머리를 긁적이고 무대를 바라보는 가운데 음악(〈응답하라 1988〉 양 소리)이 흐른다.

장면 전환 음악이 나오면 큐브를 딱 한 개만 두고 모두 춤을 추듯이 퇴장한다.

#3. 제니의 지각

텅 빈 교실, 해설자가 등장한다.

해설자   셰리는 이상하게도 집에 가면 잠이 오지 않는다네요. 왜 그럴까요? (무대 오른쪽을 바라보며) 어? 저기 누군가 들어오네요. 누구지? (몸을 숨기듯이 재빠르게 퇴장한다.)

지각한 제니가 헐레벌떡 뛰어 들어온다.

제니   이상하네? 왜 아무도 없지? (고개를 갸웃거리며) 나 빼고 야외 수업이라도 갔나? 모르겠다! 숙제나 하고 있어야지!

문이 열리는 소리가 들리고, 낯선 남자가 들어오며 소리를 지르자 놀란 제니가 주저앉는다.

남자1   (선글라스 낀 무서운 얼굴로) 자리에 앉아! 자네는 이름이 뭐지?
제니   (무서워 겁에 질린 표정으로) 제니예요.
남자1   제니? 그래 제니! 넌 여기서 뭘 하고 있었지?
제니   여긴 우리 교실이고, 전 친구들 올 때까지 자습하려고요.
남자1   친구들은 어디로 갔지?
제니   제가 오늘 30분 지각했는데 교실에 와보니 아무도 없었어요. 혹시 제 친구들에게 무슨 일이 생겼나요?
남자1   그래? (제니에게 다가가 위협적으로) 친구들이 없는데 당황하지도 않고 차분하게 맞춤법 공부나 하고 있단 말이야?
제니   (울먹이며) 모르겠어요. 전 그냥 아빠가 늦게 태워다 주셨고 와보니 아무도 없고… 주얼스 선생님, 셰리, 레슬리에게 무슨 일이 일어났나요? (엉엉 울어버린다.)

그때 문이 열리며 새로운 남자가 한 명 더 들어온다.

남자2   (남자1에게 다가가며) 쟤가 알아?
남자1   아무것도 모른다는데?

남자2	쟤 말을 믿어?
남자1	정말 어이없게도 맞춤법 공부를 하고 있던데?
남자2	(제니에게 다가가) 제니, 넌 전에도 이런 적 있었니?
제니	아니요. 한 번도 없었어요.
남자1	됐어, 이 정도면 충분해.
남자2	(진지한 목소리로) 제니?
제니	(떨리는 목소리로) 네?
남자2	(무대 앞으로 천천히 걸어나와 관객들을 바라보며 일요일이라고 쓰여 있는 발을 내린다.) 다음부터는 일요일에는 학교에 오지 마라!

제니가 멍한 표정으로 관객을 바라보고 정지하면 음악(〈응답하라 1988〉 양 소리)이 흐른다.

#4. 루이스 선생님과 아이들

장면 전환 음악이 나오면 그동안 등장인물 모두가 춤을 추듯이 등장하여 루이스 선생님을 중심으로 반원 형태로 자리를 만들어 앉는다.

해설자	오늘은 비바람이 몰아치는지라 운동장에는 아이들이 한 명도 없네요. 루이스 선생님이 심심해할 아이들에게 재미난 이야기를 들려준다고 합니다. 우리도 한번 들어볼까요?
루이스	이 이야기는 우리 학교와 비슷한 학교에 관한 이야기야. 이 학교는 모두 한 층에 교실이 있단다.
아이1	무슨 학교가 그래요? 한 18층 되려나?

루이스	아니, 1층 건물에 여러 개의 교실이 있지. 이 학교에 있는 아이들에게 너희들 얘기를 해줬더니 너희가 이상하다던데?
아이들	(흥분한 듯이 일어서며) 뭐라고요? 우리가 이상하다고요?
아이3	야~! 선생님 이야기 끊지 말고… 선생님! 더 이야기해줘요.
루이스	일단은 말야, 그 학교 아이들은 한 번도 사과로 변해본 적이 없어.
아이4	(자리에서 벌떡 일어서며) 말도 안 돼! 누구나 사과로 변하잖아, 어른이 되려면 누구나 겪는 일인데요!
아이5	설마… 수업 시간에 잠도 자면 안 되나요?
루이스	물론이지. 아이들이 수업 시간에 자면 안 되고, (아이들이 놀란다) 지각해서도 안 되고 (아이들이 놀란다), 아이들이 학교에 오는 것보다 집에서 노는 것을 좋아한다던데? (아이들이 믿을 수 없다는 표정을 지으며 더 많이 놀란다)
아이6	세상에나… 끔찍해요! 그 학교, 진짜 학교 맞아요?
아이7	맞아, 정말 그렇게 말도 안 되는 학교가 있을 리가 없어.
아이8	에이~ 선생님 뻥이죠?
루이스	물론, 뻥이야! 그냥 지어낸 이야기지!
아이들	(안심하며) 휴~~~ 역시 말도 안 되는 이야기였어.
주얼스	루이스 선생님, 재미있는 이야기 감사해요. 하지만 앞으론 아이들에게 진실만을 이야기해 주셨으면 좋겠어요.

아이들이 행복한 표정을 지으며 웃는다. 이때 해설자가 자리에서 일어나 무대 중앙으로 오면 모두 동작을 정지한다.

실제 공연 모습

해설자 〈웨이싸이드 학교 별난 아이들〉 이야기 잘 들으셨나요? 우리가 오늘 만나보지 못한, 숫자는 못 세도 머리카락 수는 세는 조, 거꾸로 된 글씨밖에 읽지 못하는 우등생 존, 발가락은 잘라도 머리카락은 자르지 못하겠다는 레슬리. 모두 이 학교에 다니고 있는 아이들입니다. 그런데 말입니다. 우리 구봉초등학교도 이런 학교 아닌가요? 엉뚱한 아이들과 엉뚱한 선생님들이 만들어가는 행복한 학교! 별난 학교 별난 아이들은 계속되어야 합니다! 쭈욱~

개인 마이크가 없었기 때문에 무대 앞에 마이크를 설치하고 가능하면 모든 대사를 마이크 근처에서 해야 하는 아쉬움이 있기는 했지만 큰 실수 없이 공연했고, 무엇보다 학생들이 무대에서 즐기면서 노는 모습을 보여 다행이란 생각이 들었습니다.

음악 「아침부터 카니발」이 흐르자 학생들이 마법에서 풀리는 것처럼 서로를 바라보며 웃었습니다. 그리고 뒤를 돌아 광대코를 모두 끼우고 동시에 돌아서서 춤을 추었죠. 두 명씩 짝을 지어 무대 중앙으로 나와 춤을 추고, 인사가 끝나면 모두 동시에 동아리 구호를 외치며 마무리했습니다.

활동을 마치며

공연을 준비하고 마무리하면서 학생들은 더 이상 첫 만남의 그들이 아니었습니다. 모두 이야기 속 주인공들이 된 것처럼 기발했고, 누구보다 신나는 상상을 즐기고 있었습니다. 부끄러우면 부끄러운 대로, 자신 있으면 자신 있는 대로 표현하고 즐거워했습니다. 무대를 마치고 교실로 내려오는 길에 잠시도 멈추지 않고 이야기들이 터져 나왔습니다. 엄청 떨렸다는 학생, 연습 때보다 못했다는 학생, 너무너무 신났다는 학생, 생각했던 것보다 더 잘한 것 같다는 학생 등 저마다 가진 반짝거림이 빛을 발하고 소리 내어 말하고 있는 듯 보였습니다. 학생들을 이처럼 생동감 있게 만드는 것은 무엇일까요? 저마다의 이야기와 생각이 담겨 우리들의 이야기가 되어버린 〈웨이싸이드 학교 별난 아이들〉은 분명 현실 세계엔 없는 특별한 학교의 이야기입니다. 그러나 우리 학생들은 연극 속에서 누구보다 자유롭게 상상하였고, 자신들의 상상을 현실 무대로 만들어 보았습니다. 그것도 혼자가 아닌 여러 친구들의 도움으로 말입니다. 상상이 현실이 되는 짜릿함이 학생들에게도 저에게도 큰 즐거움이 되었습니다. 그래서 우리는 진정한 "살아있네! 연극쟁이!"가 되었답니다.

02
연극놀이부, 만남에서 공연까지

김선정_천안오성초 교사

수업 적용 가능 대상 : 초 3~고 1
수업 추천 대상 : 초 3~5
수업 시간 : 총 10차시(공연 빼고 차시당 80분 수업, 총 720분)
준비물 : 접착식 메모지, 전지, 사인펜, 천, 우드블럭, 차임벨 등

학부모를 관객으로 작은 공연을 준비했어요

재능을 탐색하는 영재교육의 일환으로 자율동아리 성격의 '연극놀이부'를 조직했습니다. 굳이 연극부가 아닌 '연극놀이부'라고 이름을 정하고 학생들을 모은 데는 보여주기 위한 연극보다 놀이로서의 연극에 중점을 두고 싶었기 때문입니다. 그렇게 모인 3~4학년 학생 열 명은 부모님께 공연을 보여주고 싶어 했고, 자연스레 작은 공연까지 이어지게 되었습니다.

전체적인 활동 흐름

차시	활동	내용	시간	학습 형태
1	몸과 마음 열기	여러 가지 놀이	40분	전체 활동
		별명 만들고 규칙 정하기	40분	
2	다양한 몸짓놀이	죠스 놀이(별명 외우기 목적)	20분	
		정지 장면 놀이	20분	
		신문지 놀이	40분	
3	이야기 극화	1장 읽고 역할 및 공간 정하기	20분	
		즉흥극 하기	20분	
		2장 읽고 역할 및 공간 정하기	20분	
		연극하기	20분	
4	소리 탐색	몸으로 소리 내기와 움벨레 놀이하기	20분	
		소리 터널 놀이	30분	
		'내가 누구게' 놀이	30분	
5	공연 만들기	공연할 작품 선정하기	80분	
6		질문으로 작품의 주제 찾기	80분	
7		플롯 구상하기	80분	
8		주요 장면 만들기	80분	
9		장면 연습, 선곡, 무대 만들기	80분	
10		공연하기	20분	
		소감 나누기	20분	

활동 과정

몸과 마음 열기

소개는 나중에 하고 먼저 놀면서 친해져 보자고 몸과 마음을 여는 놀이부터 진행했습니다. 수업하며 가장 중점을 둔 것은 학생들의 제안으로 놀이를 이끌어가는 것과 학생들이 놀이 속에서 자기의 역할을 인식하는 것이었습니다. 놀이를 변형할 때마다 학생들은 여러 제안을 했고, 교사는 어떤 제안이든 긍정했습니다. 학생들로부터 나온 것만큼 강력한 규칙은 없고, 자발성에 기초한 동기만큼 흥미로운 것은 없기 때문입니다.

● **첫 번째 활동 : 샐러드 놀이**
의자 뺏기 놀이와 비슷하며 방법은 다음과 같습니다.

1. 의자에 동그랗게 둘러앉습니다. 이때 의자는 전체 인원보다 한 개 부족하게 둡니다.
2. 의자에 앉은 순대로 딸기, 사과, 배 등 과일 이름을 정해줍니다. 손을 들어 자신이 무슨 과일인지 확인합니다. 과일 대신 다른 것 (계절, 음식, 숫자 등)으로도 가능합니다.
3. 술래는 가운데에 서서 과일 이름을 말하고 과일에 해당되는 사람 끼리 자리를 바꿔 앉습니다. 이때 술래는 비어있는 자리에 앉고, 자리에 앉지 못한 사람이 새로운 술래가 됩니다.
4. 술래가 부를 수 있는 과일 이름을 두 개, 세 개 부르기로 난이도를 올릴 수 있습니다. 모두 자리를 바꿀 때에는 "샐러드"라고 외칩니다. 자리를 바꿀 때 해당되는 것을 소리나 몸짓으로 흉내 내면서 가는 식으로 변형을 주어도 좋습니다.

> **실전 TIP**
> 의자 대신 스티커로 발밑에 자리를 표시하고 서 있는 형식으로 진행할 수도 있습니다.

● 두 번째 활동 : 진주 – 조개 – 불가사리 놀이

세 명이서 한 팀이 되어 진행하는 놀이로, 3의 배수+1명의 인원이 필요합니다. 방법은 다음과 같습니다.

1. 두 명이 손을 맞잡고, 한 명은 그 안에 들어가서 조개 속에 든 진주처럼 섭니다. 세 명씩 짝을 짓고, 남은 한 명이 술래가 됩니다.
2. 술래가 "진주"라고 외치면 진주 역할을 한 학생들끼리, "조개"라고 외치면 조개 역할을 한 학생들끼리 자리를 바꿉니다. 이때 조개들은 헤어져 다른 조개와 만납니다.
3. 술래는 세 명 모두를 바꾸게 하려면 "불가사리"라고 외칩니다.
4. 술래는 빈자리로 들어가고, 진주조개를 만들지 못한 사람이 새로운 술래가 됩니다.

> **실전 TIP**
> 진주 – 조개 – 불가사리를 다른 것으로 바꿀 수 있습니다. (예 : 노른자 – 흰자 – 프라이, 패티 – 빵 – 햄버거 등) 세 명씩 짝이 딱 맞으면 교사가 함께 놀이에 참여하고, 두 명의 학생이 남으면 한 팀은 두 명의 진주가 됩니다.

○ 세 번째 활동 : 고양이와 쥐 놀이

1. 둘씩 짝을 지어 팔짱을 끼고 벽이 되어 불규칙하게 섭니다.
2. 두 명의 술래를 정합니다. 한 명은 고양이가 되고, 다른 한 명은 쥐가 됩니다.
3. 고양이는 쥐를 잡으러 가고, 쥐는 도망 다닙니다.
4. 쥐가 고양이에게 잡힐 것 같으면 벽의 한쪽에 팔짱을 끼며 붙어 새로운 벽을 만듭니다.
5. 그 순간, 반대쪽에 서있던 기존의 벽은 새로운 쥐가 되어서 도망갑니다. (쥐가 왼쪽에 있는 짝의 팔짱을 끼면, 오른쪽의 짝이 쥐가 됩니다.)
6. 고양이가 쥐를 잡으면, 잡힌 쥐는 변신하여 고양이가 되고 고양이는 쥐가 되어 도망갑니다.

> **실전 TIP**
>
> 이 놀이의 재미는 고양이를 피하기 위해 쥐가 벽에 붙음으로써 벽이었던 사람이 쥐로 바뀌는 데 있습니다. 쥐가 달리기로 고양이를 따돌리는 것보다 벽에 붙어서 고양이를 피하는 재미를 느끼도록 학생들에게 안내하는 것이 중요합니다.

○ 네 번째 활동 : 별명 만들고 규칙 정하기

몸과 마음 열기 후에는 연극놀이부에서 사용할 별명과 별명을 만든 이유를 소개하고, 다 같이 별명을 불러주었습니다. 그러고 나서 연극놀이부 수업 동안 하고 싶은 것이나 오게 된 이유를 돌아가며 말했습니다. 어떤 학생은 부모님께 연극하는 모습을 보여드리고 싶어 했고, 연극하고 싶어서, 친구 따라 왔다는 친구도 있었습니다. 학생들에게 "우리는 다른 역할이 되어보는 놀이들을 해볼 거예요. 여건이 된다면 부모님께 보여드릴 공연을 할 수도 있겠지만 여섯 번이라는 짧은 시간 동안 여러분이 '다른 나'가 되는 것이 참 재미있다고 느끼는 데 중점을 둘 거예요"라고 말했습니다. 그리고 연극놀이부의 규칙을 정했습니다. 연극놀이부에서 함께 지내며 약속하고 싶은 것을 각자 접착식 메모지에 쓰고 내용을 함께 읽었지요. 우리의 약속은 "서로를 존중하기" 한 단어로 요약할 수 있었습니다.

다양한 몸짓놀이

◯ 첫 번째 활동 : 죠스 놀이

두 번째 만남에서는 죠스 놀이로 서로의 별명 외우기를 했습니다. 술래(죠스)가 지목자에게 다가가기 전에 친구들이 별명을 불러주면 살아나는 놀이입니다. 익숙해질 때쯤 술래가 지목자에게 다가가기 전에 다른 친구를 부르면 살아나는 것으로 변형했습니다. 술래는 죠스뿐만 아니라 도둑, 괴물 등 자기가 되고 싶은 것이 될 수 있습니다. 놀이로 하니 아이들이 금세 서로의 별명을 외웠습니다.

◯ 두 번째 활동 : 정지 장면 놀이

정지 장면 연습을 위해 '○○○ 꽃이 피었습니다'와 '우리 집에 왜 왔니' 놀이를 했습니다. '○○○ 꽃이 피었습니다'는 술래가 '경찰 꽃이, 가수 꽃이~' 등 무궁화가 들어가는 부분에 직업을 넣어서 말하면 참여자들이 그 직업을 나타내는 동작으로 정지하는 놀이입니다. ○○○은 동물,

이야기 속 등장인물 등 다른 주제로 변형할 수 있습니다.

'우리 집에 왜 왔니'는 두 팀으로 나누어 "우리 집에 왜 왔니 왜 왔니 왜 왔니 / 보여주러 왔단다 왔단다 왔단다 / 무엇을 보여주러 왔느냐 왔느냐 / 장소를 보여주러 왔단다 왔단다" 노래에 맞추어 왔다 갔다 놀다가 "하나, 둘, 셋" 하면 한쪽 팀이 특정 장소를 정지 동작으로 표현하고, 다른 팀이 그 장소를 알아맞히는 놀이입니다.

● 세 번째 활동 : 신문지 놀이

먼저 신문지를 한 장씩 나누어 갖고, 눈으로 보기, 만져보기, 냄새 맡기, 낼 수 있는 소리 내기를 해봅니다. 다음으로 신문지를 배에 대고 두 팔을 벌리고 달리기, 신문지 한 장을 가지고 가장 길게 자르기, 신문지 격파하기 등 학생들이 제안하는 놀이를 합니다. 학생들의 제안으로 신문지를 잘게 조각내어 눈이라고 생각하고 눈싸움을 하거나 축하받고 싶은 사람("나 피아노 콩쿨에서 1등했다" "나 오늘 결혼했다" "나 미스코리아다")을 가운데에 두고 신문지 조각을 뿌려주며 축하하기도 했습니다. 마지막으로, 신문지를 둘둘 말아 만든 막대기를 보여주고 한 명씩 돌아가며 막대를 다른 물체(지팡이, 칼, 귀이개, 철봉, 역기, 독침, 효자손 등)로 사용하는 몸짓을 보여주면 다른 사람들이 알아맞히는 놀이를 했습니다.

이야기 극화(모자 사세요[1])

'이야기 극화'에 대한 다양한 정의가 있을 수 있겠지만, 동아리의 세 번

---

1 프로그램 개발 : 김선(사다리연극놀이아카데미)

째 만남에서 이야기 극화 수업을 진행한 것은 본격적으로 이야기를 소재로 연극적인 활동을 시작하기 위함입니다. 이야기의 줄거리를 크게 벗어나지 않으며 즉흥적으로 연극을 창조해가는 이야기 극화 방식을 통해 학생들이 비공식적인 연극을 창조하는 과정을 배워가기를 기대했습니다.

함께 연극한 작품

『모자 사세요!』 (에스퍼 슬로보드키나 지음, 박향주 옮김, 시공주니어, 1999)
모자 장수가 모자를 팔러 마을에 왔습니다. 마을 사람들이 처음에는 모자 장수의 모자에 관심을 가지지만, 시장이 자기 마음에 드는 것이 없다고 가버리자 시장의 말을 따라하며 모자 장수를 떠나는 1장 이야기와 다른 마을로 가는 도중 나무 아래에 누워 잠이 든 모자 장수의 모자를 원숭이가 훔쳐가고 원숭이가 모자 장수의 행동을 따라 하는 걸 발견한 모자 장수가 꾀를 내어 모자를 돌려받는 2장 이야기로 이루어져 있습니다.

● **첫 번째 활동 : 1장 읽고, 역할 및 공간 정하기**

1장이 인쇄된 글을 읽고, 등장인물, 있었던 일, 흥미로운 점 등을 묻고 답했습니다. 그러고 나서 이번에는 제가 이야기 내용을 생동감 있게 들려주었습니다. 학생들에게 글로 읽을 때와 이야기로 들을 때의 차이점을 물었더니 들으면 상상이 더 잘된다는 반응이었습니다. 이제부터는 이야기를 연극으로 경험해 보자고 했습니다. 등장인물(모자 장수, 시장, 마을 사람들)을 모두 칠판에 적었습니다. 이 중 주요 인물은 모자 장수와 시장 역할이라는 것을 공유하고 모자 장수 역할과 시장 역할을 하고 싶은 학생들끼리 가위바위보로 정했습니다.

나머지 학생들은 마을 사람들이 되기로 했습니다. 학생들은 자신이 누구인지를 정하고, 모든 등장인물은 천을 이용하여 자신을 나타냈습니다. 학생들이 정한 자신의 역할은 '한창 외모에 관심 많은 여고생' '엄마' '아들' '아이' '중학생' '힘깨나 쓰는 나무꾼' 등입니다. 또한, 이야기가 시작되는 곳(모자 장수의 집), 모자를 파는 곳, 시장이 들어오는 곳의 위치를 합의하여 정하고, 교실 가장자리에 마을 사람들 각자의 집을 위치시키기로 했습니다.

우리가 알고 있는 이야기를 벗어나지 않도록, 서로를 믿으며 즉흥적으로 연극을 하기로 약속했습니다. 이야기는 모자 장수가 집에서 보따리를 싸는 것에서 시작하고, 시장이 돌아가면 마을 사람들도 집으로 돌아가고 모자 장수가 혼자 남아서 한숨을 쉬는 것이 연극의 끝이라고 정했습니다.

● 두 번째 활동 : 즉흥극 하기

모자 장수가 모자 보따리를 들고 '모자를 파는 곳'까지 걸어갑니다. 모자 장수가 모자를 늘어놓고 "모자 사세요"라고 외치자, 마을 사람들이 다가와 모자를 써보고 거울을 보며 서로에게 잘 어울리느냐고 묻습니다. 모자 장수와 가격을 흥정하며 다들 모자에 관심을 보입니다. 그러는 중에 시장이 "에헴" 하고 등장합니다. 그러자 마을 사람들이 모두 시장에게 주목합니다. 시장이 이것저것 모자를 써보다가 이내 떨떠름한 표정을 짓고 마음에 드는 것이 없다며 가버립니다. 그러자 마을 사람들도 시장을 따라 각자 집으로 돌아가서 자리에 앉아 모자 장수를 주목합니다. 모자 장수가 허탈해하며 마칩니다.

이 즉흥 활동의 묘미는 대본이 없었는데도 학생들이 자연스럽게 모자를 써보고 가격을 물어보는 주고받음이 일어나는 것과 시장 역할을 한 학생이 능청스럽게 즉흥 연기를 하는 것입니다. 학생들은 어렸을 적 '소꿉놀이'하던 것처럼 자연스레 즉흥 연극이 이루어지는 데 재미를 느낍니다. 활동이 끝나고 왜 모자를 사지 않았냐는 물음에 학생들은 "모자를 사고 싶었지만, 연극이니까 시장을 따라서 안 샀다" "시장이 안 사니까 사지 말아야 할 것 같았다" "다른 사람들이 집에 가니까 나도 집에 갔다"고 말했습니다.

◉ 세 번째 활동 : 2장 읽고, 역할 및 공간 정하기

1장과 비슷한 방법으로 모자 장수, 원숭이 대장, 원숭이들 역할을 정했습니다. 이야기가 시작되는 곳(마을), 나무 밑, 나무 위의 공간을 정했는데, 학생들은 의자를 가운데에 놓고 위아래 공간을 나누자고 했습니다. 이야기의 시작은 모자 장수가 교실을 한 바퀴 돌아서 나무 밑에 오는 것이고, 모자 장수와 원숭이가 서로 손을 흔들며 헤어지는 것이 이야기의 끝이라고 정했습니다.

◉ 네 번째 활동 : 연극하기

모자 장수가 교실을 한 바퀴 돌고 나무라고 정한 공간까지 옵니다. 그

리고는 나무 밑에서 잠이 듭니다. 원숭이들은 나무 위의 공간이라고 정한 곳에서 줄지어 서 있다가 모자 장수가 잠이 든 것을 보고 나무 밑으로 다가가 모자 장수 옆에 있던 보따리 속에서 모자를 훔쳤습니다. 그러고는 나무 위의 공간으로 돌아가서 모자를 쓰고 우끼끼 놀고 있습니다. 모자 장수는 잠에서 깨 원숭이들을 잡으러 다녔습니다. 원숭이들은 도망치고 모자 장수는 쫓아다니다가 끝이 났습니다. 다시 2대 모자 장수를 뽑고, 다시 시작했지만 역시나 원숭이가 가져간 모자 뺏는 데에만 집중하느라 난장판이 되어서 3대 모자 장수를 뽑았습니다.

 2장 연극의 재미는 모자 장수가 하는 행동을 원숭이들이 따라 하는 것이라고 얘기했으나 4학년 학생들에게는 어려운 과제였던 모양입니다. 그래서 결국 제가 모자 장수 역할을 했습니다. 모자 장수가 된 제가 잠에서 깨어 모자가 없어진 걸 발견한 후 학생들이 따라 할 만한 동작, 예를 들어 손을 허리에 차고 화가 나서 씩씩거리는 동작, 모자를 달라고 발을 동동거리는 동작 등을 과장되게 표현하자 원숭이 역할의 학생들이 그 행동을 따라 했습니다. 따라 하기 놀이를 여러 번 하고 나서 모자를 보자기에 넣는 행동을 했습니다. 그랬더니 학생들이 그대로 따라 합니다. 모자 장수는 원숭이들에게 인사했고, 원숭이들도 인사를 했습니다.

 연극을 마친 뒤 학생들의 소감을 들었습니다. 원숭이가 되어 모자 장수의 동작을 따라 하는 것이 재미있었다는 반응이었습니다. 새치기하며 모자를 빼앗으러 가는 원숭이를 제지했던 한 학생에게 이유를 물으니 모자 장수가 깰까 봐 '대장원숭이'로서 그 원숭이의 행동을 막았다고 했습니다. 교사의 눈으로 보기에는 의아했는데 역시나 학생들은 그 안에서 '원숭이로 살아' 있었습니다. 이럴 때, 연극이 참 재미있다는 생각을 합니다.

소리 탐색

여담이지만 이 수업은 오후 2시 10분부터 3시 40분까지 했는데, 수업이 끝나도 아이들이 집에 가지 않았습니다. '뭐 더 없나?' 하는 표정으로 저를 바라보았지요. 수업이 두 번밖에 안 남았다는 아쉬운 마음에 그러나 싶어 수업을 연장해 연극 만들기를 해야겠다고 생각했습니다. 그러기 위해서는 드라마 프로그램을 경험하는 것보다 연극으로 놀아보는 경험이 더 필요했습니다. 그래서 네 번째 만남에서는 소리를 탐색하는 놀이를 추가했습니다.

● 첫 번째 활동 : 몸으로 소리 내기와 움벨레 놀이하기

몸으로 소리 내기는 무릎치기, 손뼉치기, 오른쪽, 왼쪽으로 4박자를 맞추며, 마지막 오른쪽 왼쪽 2박자에 몸으로 소리를 내는 것입니다. 손뼉을 두 번 짝짝 치거나, 발을 쿵쿵 구르거나 입, 손 등으로 소리를 낼 수 있습니다.

움벨레 놀이 방법은 다음과 같습니다. 참여자들은 둥글게 둘러앉고, 가운데에 안대를 쓴 두 사람(늑대와 양)이 섭니다. 늑대는 양을 잡고 양은 도망가는데, 늑대와 양의 거리가 가까워지면 나머지 사람들은 "움벨레" 소리를 내어서 양에게 도망가라는 신호를 줍니다.

● 두 번째 활동 : 소리 터널 놀이

술래를 교실 밖으로 보내고 교실 안에 있는 사람끼리 어떤 장소를 정합니다. 학생들은 터널처럼 늘어서서 안대를 쓴 술래가 지나갈 때 그 장소에서 날 법한 소리를 내면 술래가 장소를 알아맞히는 소리 터널 놀이를 했습니다. 특기할 점은 학생들이 '인형 뽑기 집'을 제안했고, 기계음, 기계에서 나는 노래 등을 소리 냈는데 술래가 알아맞혔습니다. 인형 뽑기 집을 한 번도 가본 적 없는 저는 너무 재미있고 놀라웠습니다. 제가 술래가 되었을 때, 학생들은 편의점을 문제로 냈습니다. 늘 제가 예상하는 장소인 화장실, 미용실, 기차역들과는 다른, 학생들의 제안에 학생들에게 살아있는 장소는 무엇일까 하는 생각이 들었습니다.

● 세 번째 활동 : '내가 누구게' 놀이

소리 터널 놀이를 한 후 즉흥적으로 '내가 누구게' 놀이를 했습니다. 술래가 밖에 나가고 안에 있는 참여자들끼리 동화 한 편을 정해 술래를 그 동화 속 주인공으로 설정하고, 교실에 들어온 그에게 나머지 사람들이 즉흥 연기를 보여주면 자신이 누구인지 알아맞히는 놀이입니다.

첫 번째에는 〈백설 공주〉의 백설 공주로 정했습니다. 술래가 들어오면 우리는 모두 난쟁이가 되어 술래(백설 공주) 옆에 찰싹 붙어 쫑알대기로 했지요. "어떻게 난쟁이가 되지?"라고 묻고 있는데 한 학생이 이미 무릎을 꿇은 채 무릎 밑에 실내화를 깔고 있는 모습이 정말 난쟁이 같았습니다. 그다음은 마녀가 나타나서 술래(백설 공주)에게 사과를 주기로 했습니다. 그러면 술래가 자신이 백설 공주임을 알게 될 것이라고 생각한 겁니다. 술래가 교실로 들어오고 일곱 명의 난쟁이들이 "공주님, 공주님" 쫑알거리자 자신이 누구인지 눈치챈 것 같았습니다. 마녀가 와서 술래에게 사과를 주자 센스 넘치는 술래는 사과를 먹고 쓰러졌습니다. 우리는 예상에도 없었던 왕자님을 불러내어 뽀뽀를 하게 했습니다. 술래를 제외한 모두가 "당신은 누구?"라고 외치자, 술래는 "백설공주"라고 답했습니다.

두 번째는 제가 술래가 되었습니다. 교실에 들어서니 옷을 맞춰주겠다며 긴 천을 쓱싹쓱싹 가위질하는 모습을 보여주고 있었습니다. 그리고 사람들이 몰려있는 쪽으로 가자, 저를 두고 모두가 손가락질을 하며 비웃고 있었습니다. '아, 나 벌거벗은 임금님이구나.'라는 생각이 들었습니다. 교실 끝 쪽에는 임금이 앉는 의자 같은 것이 놓여 있었고 저를 거기에 앉으라고 했습니다. 그래서 임금님 연기를 했습니다. 학생들은 참 센스 있게 "당신은 누구?"라고 외쳤고, 저는 "벌거벗은 임금님"이라고 대답했습니다.

공연 만들기

● 첫 번째 활동 : 공연할 작품 선정하기

전 시간에 미리 연극으로 만들고 싶은 이야기를 한 가지씩 가져오도록 안내했습니다. 학생들은 『장수탕 선녀님』『지옥탕』『젊어지는 샘물』『금도끼 은도끼』『도서관에 간 사자』『소공녀』『종이 봉지 공주』 등을 가지고 왔습니다. 각자 자기가 가지고 온 책에서 재미있는 부분 또는 연극으로 만들면 좋겠는 장면을 접착식 메모지에 한 개씩 적어 책 앞에 붙이게 했습니다. 가져온 책들을 돌려 읽는 시간을 가진 후 각자 연극으로 만들고 싶은 책과 그 이유를 돌아가며 발표했습니다. 모두의 의견을 들은 후 만들고 싶은 이야기를 비밀 투표로 정했습니다. 2차까지 가는 접전 끝에 『젊어지는 샘물』이 뽑혔습니다. 뽑힌 책을 다 같이 읽었습니다. 학생들 수보다 등장인물이 적어서 할아버지가 샘물 마시기 전과 후로 나누고, 샘물 옆에 구경하는 동물들을 더 늘리기로 했습니다. 학생들이 내일이라도 당장 공연할 기세로 얼른 역할을 정하자고 졸랐습니다. 다음 주부터 장면을 만들고, 거기에 필요한 역할을 정하기로 하고 마쳤습니다. 학생들의 일정상 네 번 만나서 연극을 만들고, 다섯 번째에 가족과 친구들을 초청해 공연을 올리기로 했습니다.

● 두 번째 활동 : 질문으로 작품의 주제 찾기

학생들에게 "샘물을 마시고 소원이 이루어진다면 여러분이 마시고 싶은 샘물은 무엇인가요?"라고 질문한 다음, 칠판에 '~지는 샘물'을 자유롭게 쓰게 했습니다. 학생들은 '천재가 되는 샘물' '아이돌이 되는 샘물' '시험 성적이 높아지는 샘물' '예뻐지는 샘물' '꿈이 이뤄지는 샘물' '부자가 되는 샘물' '키 커지는 샘물' '힘이 세지는 샘물' '순간 이동할 수 있는 샘물' '학교에 가지 않아도 되는 세상에 가는 샘물' 등을 적었습니다. 이후 그중 하나를 골라 '샘물을 마시기 전 모습' '마시는 모습' '마시고 나서 달라지는 모습'을 장면으로 만들게 했습니다.

예시) 학생들이 만든 장면

- 학교를 가지 않아도 되는 세상에 가는 샘물 : 학생들이 공부를 하는데, 선생님이 오셔서 학교에 왜 왔냐고 혼내며 내쫓음.
- 부자가 되는 샘물 : 거지 한 명이 덜덜 떨고 있는데 주변 사람들이 불

쌓해하면서 지나감. 거지가 샘물을 먹고 잠이 들자, '따라라라라라라라♪' 노래를 부르며 거지에게 금빛, 은빛 옷을 입혀줌. 5천만 원짜리 스카프를 매어주고 옷 태가 난다고 칭찬함.
- 예뻐지는 샘물 : 어떤 사람이 "난 너무 예뻐"라고 말하며 지나가는데 주변 사람들이 그 사람이 못생겨서 토(토하는 시늉)를 함. 샘물을 마시자 진짜로 예뻐져서 주변 사람들이 "우와, 우와" 반응을 함.

◐ 세 번째 활동 : 플롯 구상하기

앞에서 만든 장면 중 하나를 선택해서 이야기를 구상하는 활동입니다. 학생들은 '학교에 가지 않아도 되는 세상에 가는 샘물'을 골랐습니다. 학교에 안 가게 되면 그 후 어떤 일들이 펼쳐질지 이야기 나누었습니다. '학교에 안 갔다고 경찰에 잡혀 간다' '학교가 무너지고 놀이터와 놀이동산이 만들어진다' '선생님한테는 학교에 왔다고 혼나고, 엄마 아빠한테는 학교에 갔다고 혼난다' 등 다양한 대답이 나왔습니다. 이후 학교에 가지 않아도 되는 샘물을 마신 후 벌어질 일을 정지 장면으로 만들어 보기로 했습니다. 서너 명씩 모둠별로 정지 장면을 만들고 속마음을 들었습니다.

예시) 모둠별로 만든 장면과 속마음

- 롤러코스터를 타는 장면 : "으악" "무서워" "재밌다" "괴물운전사"
- 학교에 갔다고 엄마한테 혼나는 장면 : "학교에 가면 안 된다고 했잖아!"(엄마), "뭐, 학교를 갔다고?"(아빠), "잘못했어요"

> **실전 TIP**
> 저는 모둠 구성원들이 각자 자기 역할을 온전히 할 수 있는 인원으로 서너 명씩 구성하는 것을 선호합니다. 모둠 인원은 전체 인원과 만들 장면에 따라 유동적으로 바뀔 수 있습니다. 아이디어를 생성해야 할 때는 모둠 수를 많이 늘리고, 장면의 질이 중요하거나 만들어진 장면을 다듬어야 할 때는 모둠 수를 줄이고 모둠 구성 인원을 늘리기도 합니다.

이어서 샘물을 마시기 전의 학교는 어떤 곳이었을지도 이야기 나누었습니다. '공부를 무식하게 많이 하는 곳' '99.99점을 맞아도 회초리로 때리는 곳' '옛날에 공동묘지였던 곳' '연구실에서 비밀스런 일이 일어나는 곳'으로 묘사했습니다. 그런 다음 그 학교에서는 무슨 일이 일어났을지 장면을 만들어 보기로 했습니다. 학생들이 늦게까지 공부를 하는데 귀신 선생님이 쫓아와서 죽이는 장면, 좀비가 나타나는 학교 연구실에서 비밀스러운 실험을 하는 장면 등 공포스럽거나 기괴한 장면을 표현했습니다.

활동을 마친 후 소감을 물었더니 "귀신 이야기는 무서우니 하지 않았으면 좋겠다."라며 느낀 점을 이야기하는 학생들이 있는가 하면, "현장체험 학습을 갔다가 길을 잃어서 샘물을 마셨는데 일이 생기는 것이 좋겠다" "처음 한 번 마셨을 땐, 놀이동산 같은 재미있는 일이 생겼는데 욕심을 내서 여러 번 먹었더니 너무 무서운 학교가 되어버리는 것으로 하자(너무 무섭게는 하지 말자)" "원래 학교로 돌아오는 이야기로 하자" "따분한 선생님의 역할과 무서운 선생님의 역할을 정했다"라며 작품 구상에 대한 아이디어를 얘기하는 학생들도 있었습니다.

◯ 네 번째 활동 : 주요 장면 만들기

지난 시간에 이어 샘물을 마시기 전의 학교를 몸으로 표현하고 속마음을 들었습니다. 학생들은 "사람들이 믿지 않는 일이 일어나는 곳이지" "귀신이 나오는 곳이야" "공동묘지였지" "신비스런 일이 일어나는 곳이야"라고 말했습니다. 샘물을 마시기 전 학교의 따분한 모습을 정지 장면으로 만들어 보았습니다. 우드블록의 똑딱똑딱 일정박 소리에 맞춰서 서너 명이 한 팀이 되어 정지 장면으로 표현했습니다. 학생들은 공부시간에 잠을 자서 선생님께 혼나는 장면, 급식시간에 밥을 한 시간씩이나 천천히 먹어야 하는 장면, 벌을 서는 장면 등을 묘사했습니다. 그다음으로 샘물을 마시고 벌어진 일을 장면으로 만들었습니다. 선생님 역할, 화장실 가는 아이 역할, 학생들 역할만을 정하고 즉흥 연기를 했습니다. 학생들이 만든 장면은 다음과 같습니다.

예시) 모둠별로 만든 장면 예시
- 선생님을 따라 아이들이 줄지어 현장체험학습을 간다.
- 선생님은 학생들에게 돗자리를 펴고 도시락을 먹으라고 한다.
- 두 사람이 화장실에 가는 도중에 길을 잃어버린다.
- 겨우 길을 빠져나온 두 학생은 샘물을 발견하고 그 물을 마신다.
- 두 학생이 잠들자 친구들이 찾으러 온다.
- 친구들은 이렇게 재미있는 학교에서 자고 있냐고 말하고 롤러코스터를 타러 가자고 한다.

저는 중간에 길을 잃어버리는 장면에서 아이들이 나무가 되어서 미로처럼 만들어보자는 것과 놀이기구가 있는 것처럼 상상하여 만들어보자는 제안을 했을 뿐, 장면 대부분을 학생들이 만들었습니다.

첫 장면이 따분한 학교를 몸으로 표현하고 설명하는 것이므로, 마지막 장면을 비슷한 구조로 마무리하자고 제안했습니다. 3학년 여학생들은 귀신이 나오거나 공포스러운 장면을 직접적으로 만드는 것을 부담스러워했기 때문입니다. 샘물을 마시고 일어났을 때 무서운 분위기가 흐르고 한 명씩 일어나서 학교를 만들며 무서운 학교에 대한 설명을 대사로 하기로 했습니다. "12시가 되면 이상한 일이 생깁니다." "공동묘지가 있던 곳이죠" 등의 대사가 나왔습니다.

◉ 다섯 번째 활동 : 장면 연습, 선곡, 무대 만들기

지난 시간에 장면이 모두 완성되었기 때문에 각 장면들을 연습하고 음향에 맞춰보는 연습을 했습니다. 학생들에게 백업, 천, 악기 등을 주고 만들어진 장면에 적절한 효과를 고민하게 한 뒤 연극이 시작하는 음악과 끝나는 음악을 정하고 등퇴장을 약속했습니다. 시간이 많지 않았기 때문에 음향은 분위기에 어울리는 것으로 제가 정했습니다. 만나는 횟수가 더 많았다면 음향이 필요한 부분을 이야기 나누고, 직접 고르는 방법을 택했을 텐데 아쉬웠습니다.

샘물을 만들어야겠다는 생각이 들어 훌라후프에 천을 씌우고 1학년 우리 반 아이들에게 신문지를 뭉쳐서 우물 옆 자갈을 만들어 붙여달라고 했습니다. 보건실에 있는 가림막을 가져와 하얀 천을 덮어 대기 장소를 만들었지요. 지난 시간에 학생들이 그린 무대 배경도 창문에 붙이고 나니 제법 그럴싸한 무대처럼 보였습니다.

공연하기

연극놀이부 활동 내내 까불까불하던 학생이 악사를 하기로 했는데 공연하는 날 독감에 걸렸다고 오지 못하는 바람에 결국 제가 악사를 했습니다. 부모님들과 학생들의 담임 선생님, 저의 동학년 선생님들이 공연을 보러 와주셨습니다. 학생들은 긴장했지만 연습한 대로 훌륭하게 잘 해냈습니다. 공연이 끝나고 한 학생의 어머니가 들어오셔서 한 번 더 공연을 했습니다. 소박한 공연이었지만 부모님들은 기쁘게 봐주셨습니다.

연극 줄거리

전개	내용
도입	학생들이 한 명씩 대사를 하며 학교 건물의 한 부분이 된다. 학생들이 모두 등장하면 학교 모양이다. • 대사 : 이 학교는 매일 공부만 합니다. 점심시간엔 아무 말도 할 수 없습니다.
따분한 학교	학생들이 학교에서 일어나는 수업시간과 점심시간의 모습을 보여준다.
현장 체험학습 날	학생들은 무대 한 바퀴를 돌고 선생님의 지시에 따라 점심 도시락을 먹는다. 두 학생이 화장실에 간다고 한다.
신비한 숲	화장실에 가던 학생이 길을 잃는다. 나머지 학생들이 온몸으로 미로가 되어서 두 학생의 길을 막는다.
신비한 샘물	두 학생은 샘물을 마시고 잠이 든다.
신나는 놀이공원	학생들은 바이킹과 롤러코스터를 탄다.
과한 욕심	학생들 모두가 샘물을 마시러 가고, 너무 많이 마신 채 잠이 든다.
무서운 학교	잠에서 깨자, 무서운 음악이 흐른다. 첫 장면과 마찬가지로 학생들이 한 명씩 대사를 하며 학교 건물의 부분이 된다.

신비한 샘물이 있다면

몸으로 학교 표현

롤러코스터 타는 모습

교실에 꾸민 연극 무대

수업을 마치며

언젠가 참교육실천대회 〈교육연극분과〉 모임에서 서호필 선생님의 발제가 오랫동안 마음에 남습니다. "공연 중심의 연극이든 과정 중심의 연극이든 연극은 힘이 있습니다. 이 힘은 상대방을 옴짝달싹 못하게 하는 억압의 힘이 아닙니다. 수많은 울림줄을 지니고 있는 학생들의 마음을 톡 건드려 맥놀이 현상을 일으키는 '소통'의 에너지입니다. (중략) 이 놀라운 '연극의 힘', 자기 만남 때문에 우리는 연극에 대해 고민해야 합니다. 수업 속 과정드라마에 대한 고민도, 동아리에서 연극 공연에 대한 고민도 '누군가에게 보여주는 일(work)'이 아닌 '나 자신을 표현하는 놀이(play)'로 크게 방향을 잡아야 합니다. 그 결과로 얻게 되는 성취감, 협력, 공동체 의식은 거칠게 표현하면 부수적입니다."

퍽퍽한 학교생활에서 일주일에 한 시간씩 이 학생들과의 만남은 제게 '일'이 아닌 '놀이'였습니다. 큰 성취감을 맛보았고, 연극놀이 리더로서의 자신감도 생겼습니다. 올해도 지치지 않고 이 학생들과 '나 자신을 표현하는 놀이'를 이어가려고 합니다.

03 학생연극회 창작극 만들기

한만수_인천대건고 교사

활동 적용 가능 대상 : 고 1~2
활동 대상 : 고 1, 2 학생 15~20명
수업 시간 : 매주 금요일 7~8교시, 총 25차시
 (차시당 90분 수업)
준비물 : 전지, 사인펜, 매직펜, 신문지, 다양한 천,
 나무상자(큐빅) 등

학생연극회 '마다살' 공연 이야기 들어보실래요?

1997년 교직을 시작하며 바로 그 이듬해부터 연극반 지도교사를 맡았습니다. 대학 4년간 민속반 활동을 하며 마당극을 해봤던 경험과 교사 극단 '나무를 심는 사람들'의 활동을 믿고 시작한 연극반이었습니다. '학교에 불만 많고, 자신감 없는 녀석들 모여라' 해서 모인 30여 명의 학생들을 데리고 산으로, 대학로로, 20평 남짓의 신혼집으로 몰고 다니던 기억이 새록새록 떠오릅니다. 남들 보기에 번듯한 소극장에서 무대

며 의상, 조명 등을 제대로 갖추고 공연한 적도 별로 없었습니다. 그래도 공연이 끝나면 자기들끼리 정들고 마음이 부쩍 크는 게 보였습니다. 그리고 그중에 가난해도 좋을 만큼 연극을 사랑하는 녀석이 생겨서 더욱 기뻤습니다. 답답한 고교 생활에 활력이 됐으면 하는 맘으로 연극반을 맡은 지 올해로 벌써 22년째입니다.

2014년부터는 연극을 활용한 인성교육의 필요성과 맞물려 교육청에서 지원하는 '학생연극회'에 선정되어 다양한 활동을 하고 있습니다. 학생들은 공연 작품을 준비하면서 성취감, 자기만족, 자아존중감, 타인을 향한 배려심을 느끼고, 다른 학생들과 소통하며 협업과 공동체 역량을 함양할 수 있습니다. 본교 학생연극회의 연간 활동 계획은 다음과 같습니다.

월	세부 추진 내용	월	세부 추진 내용
3	운영계획 수립, 학생 모집	9	창작극 만들기
4	강사 섭외, 연극놀이 및 즉흥극	10	장면 연습
5	연기 기초 훈련	11	학생연극회 창작극 공연
6	문화예술 공연 관람	12	교내 창작극 발표제
7	희곡창작 워크숍	1	희곡 읽기
8	연극 캠프/농촌체험 봉사활동	2	자료집 제작

학생연극회의 장점 중 하나는 교육청으로부터 강사비를 포함한 재정적 지원을 받을 수 있다는 점입니다. 교사와 예술가가 코티칭(co-teaching)을 통해 공연을 올리는 과정은 교사의 부담을 덜어주고, 학생들에게 전문가와 함께 진로를 모색하는 장을 마련해 줄 수 있어 여러모

로 효율적입니다.

    1학기 활동으로 연극놀이와 즉흥극, 연기 기초 훈련, 연극 공연 관람 등을 통해 연극의 기본기를 배우고 표현력을 길렀다면, 2학기 활동은 창작극 공연을 준비하고 발표하는 것을 중심으로 이루어집니다. 이 장에서는 본교 학생연극회 '마다살'[1]의 창작극 공연 과정을 간략히 소개하고자 합니다.

함께 연극한 작품

「목격자를 찾습니다」
어느 동네나 있을 법한 편의점에서 일어난 이야기입니다. 동네 할아버지, 취업 준비생, 아버지와 아들, 노숙자, 고등학생 등 다양한 현대인들의 그저 그런 일상이 펼쳐집니다. 하지만 오늘은 다릅니다. 부족한 학비를 메우기 위하여 여러 알바를 하며 힘겹게 생활하던 새벽 알바생(주인공)은 뺑소니 교통사고를 목격합니다. 주인공 알바생은 양심을 지키려 하지만 결국 자신을 조여 오는 현실 속에서 깊은 고민에 빠집니다.

---

[1] '마다살'. 마른 잎처럼 메마른 우리들의 일상, 연극을 통해 푸릇푸릇한 생명력으로 다시 살아나게 해보자는 뜻입니다. 올해로 22년의 역사를 지닌 자랑스럽고 사랑스러운 이름입니다.

전체적인 활동 흐름

활동	내용	비고
작품 선정하기	영화 〈목격자의 밤〉 감상	공연 계획 수립, 창작대본팀 구성
이야기 구조 만들기	핵심 장면 정하고 이야기 확장	역할 나누기(연출, 배우, 스태프)
등장인물 정리하기	주요 등장인물의 전사(前史)	핫시팅 기법 활용
장면 만들기	즉흥을 통한 장면 만들기	공동창작
대본 정리하기	장면 연결하여 대본 정리	창작대본 기획단 대표 집필
배역 정하기	오디션을 통한 캐스팅	1인 2역 이상 준비
연습하기	행동선 만들기	연습실 확보
무대 제작하기	무대장치, 배경막, 의상, 소품 점검	예산을 고려한 집행
리허설 하기	소극장 리허설	무대 및 조명 셋업, 음향기기 점검
공연하기	2회 공연	동영상 촬영, 공연 뒷정리
평가 및 소감 나누기	뒤풀이	선배와의 대화 마련

활동 과정

본격적인 공연 만들기에 들어가기 전 지도교사와 예술강사의 협업을 위한 논의가 필요합니다. 본 활동에서 예술강사는 금요일 방과 후 활동 두 시간을 담당하였고, 지도교사는 화요일 방과 후 한 시간을 담당하여 학생들을 지도했습니다. 일반적으로 예술강사가 작품 만들기의 주강사 역할을 하고 지도교사는 프로그램 운영, 학생 관리, 예산 집행, 촬영 및 기록, 생활기록부 기록 등을 주로 담당했습니다.

작품 선정하기

'학생 공연 성패의 절반은 작품 선정에 달렸다'라는 말에 크게 공감합니다. 많은 사람에게 의미 있고 공감되는 주제를 찾는 것이 중요하고 '지금, 여기'서 살아가고 있는 청소년들의 삶이 녹아 있으면 더 좋겠죠. 창작대본 기획단을 꾸려 점심 자투리 시간을 이용해 30분씩 모였습니다.

동아리 전체 학생들이 안정적으로 모일 수 있는 시간을 확보하고자 방과 후 수업에 '희곡창작특강'이란 강좌를 개설하여 1, 2학년 연극반이 모일 수 있도록 했습니다. 방과 후 수업 첫 시간에 학생이 추천한 단편영화 〈목격자의 밤〉(박근범 감독, 2012)을 함께 보았습니다. 그동안 주로 다뤘던 학교 이야기에서 벗어난 소재라 모두들 흥미를 느꼈습니다. 기나긴 회의 끝에 편의점이란 공간에서 벌어지는 우리 이웃들의 이야기와 알바생 주인공이 겪는 사건을 통해 우리 사회의 단면을 보여주자는 데 의견을 모았습니다.

이야기 구조 만들기

창작극의 주제와 작품의 줄거리가 정해졌다면 이야기 속의 주인공을 중심으로 이야기 구조를 만듭니다. 핵심 장면의 제목을 칠판에 적어가며 의견을 조율합니다. 전체 줄거리를 바탕으로 다섯 개의 핵심 장면을 만든 후 이야기를 확장해 나갔습니다.

> **예시) 학생들이 만든 이야기 구조**
>
> #1. 편의점의 일상 - #2. 이웃 사람들 - #3. 새벽 편의점 - #4. 목격자를

찾습니다 - #5. 설상가상 - #6. 의심과 대립 - #7. 그의 사정 - #8. 다시 편의점의 일상

등장인물 정리하기

핫시팅 기법을 활용하거나 모둠별로 주요 인물의 전사(前史)를 정리합니다. 전사는 인물의 라이프 스토리, 그 인물이 살아온 길을 말합니다. 핫시팅 기법은 배우를 의자에 앉히고 인물에 대해 궁금한 것을 물어보는 연극 기법으로 인물 탐구를 할 때 유용합니다. 학생 누구나 배우가 될 수 있고, 의자에 앉은 순간 극 중 인물이 되어 질문을 받고 대답을 합니다. 돌아가면서 질문을 하고 그 역할을 맡고 싶은 학생이 대답을 하는데, 어른 연기를 곧잘 하는 학생이 능청스럽게 할아버지로 빙의하여 이야기를 제법 잘 풀어갔습니다.

인물의 전사 만들기, 배역 분석표

인물의 전사 만들기 질문	배역 분석표		
나이, 가족 관계, 학력, 병력, 직업, 취미	배역명		
가슴에 간직한 소중한 추억?	신체적 특징	신체 특성	
행복했던 때? 불행했던 때?		얼굴 모습	
좋아하고 싫어하는 일?		습관, 버릇	
현재 가장 큰 고민거리?		목소리	
인생에서 진정으로 원하는 것은?	사회적 환경	가족 관계	
인물에 삶에 미친 역사적 사건?		사회적 지위	
어떤 기질인가?		경제적 능력	

인물의 전사 만들기 질문	배역 분석표	
성격을 한 줄로 줄여 말한다면? 성격의 장점? 단점? 무의식 중에 반복하는 신체적 습관? 자주 쓰는 언어 습관? 걷는 방식? 즐겨 입는 의상? 다른 사람들의 평가	심리적 환경	가치관
		감정

예시) 할아버지 역할을 맡은 학생의 핫시팅

Q 자기 소개 부탁드립니다.

A 내 이름은 김덕배. 1938년에 태어났지. 그러니까 나이는 올해로 여든한 살. 태어난 곳은 영변, 그 핵실험 하던 곳 있잖아. 거기서 태어났고, 지금은 서울 달동네에서 살고 있지.

Q 가족 관계는 어떻게 되나요?

A 돌아가신 부모님, 형제는 6남매였고, 우리 할멈 그리고 자식은 딸 둘에 아들 하나가 있지.

Q 할머니는 어디 계세요?

A 우리 마누라는 2년 전에 죽었어. 어느 날부터 아프다고 끙끙대더니 그렇게 가버렸어.

Q 자식들은 자주 찾아오나요?

A 걔들도 바빠서 1년에 한두 번 올까 말까야. 우리 아들이 잘나가는 변호사야, 쩝.

Q 예전에 직업은 무엇이었나요?

A 나? 예전에는 기술자로 일했었지. 방직공장 알아? 젊었을 적에는 공장 기술자 생활을 했어. 내 별명이 맥가이버야.

Q 가장 기억에 남는 사건은 무엇인가요?

A 6·25 전쟁, 베트남 전쟁에 참전한 거지. 그 후유증으로 지금 안 아픈 곳이 없지만 말이야.

Q 지금 형편은 어떠신지요?

A 마땅한 일자리 없이 일용직을 전전하다 지금은 폐지 줍는 일로 근근이 버티고 있지.

Q 요즘 젊은이들에게 하시고 싶은 말씀이 있다면?

A 세상이 어떻게 되려고 하는지 요즘 젊은이들은 너무 이기적이야. 길거리나 어디서나 스마트폰만 쳐다보며 살지. 나처럼 혼자 있어 봐. 사람 정이 얼마나 그리운가. 요즘은 자주 외로워. 이렇게 있다가 혼자 덜컹 죽어버릴까 봐. 우리 같은 노인네들 너무 괄시하지 말어. 나도 한때는 국가와 민족을 위해서 목숨을 내놓고 싸운 사람이야.

장면 만들기

이야기의 전체 구조와 인물이 정리되면 즉흥 연기를 활용하여 각 장면에 맞는 대사와 행동을 찾습니다. 즉흥을 통해 좀 더 현실감 있고 다양한 에피소드를 덧붙이며 이야기를 확장해 갑니다. 연극 무대에 서 본 경험과 상관없이 대부분의 학생들은 대본이 있어야 연극 공연을 할 수 있다고 생각하는 경향이 있습니다. 그래서 처음에는 즉흥극을 바탕으로 장면을 만드는 과정에 낯설어하지만, 즉흥의 묘미를 느끼는 순간 살아 있는 장면들이 나옵니다. 편의점 알바생이 겪는 애환을 중심으로 주요 등장인물인 할아버지, 노숙자, 담배를 사려는 학생들, 술 취한 아저씨, 취업 준비생 등이 어우러져 생각보다 재미있는 장면이 많았습니다.

예시) 학생들이 만든 장면

- 편의점 앞에서 잠든 취객을 깨우는 알바생
- 대학생인 척 담배를 사려는 고딩들에게 신분증을 달라고 하는 알바생
- 알바생에게 남는 폐기 음식을 달라고 떼쓰는 노숙자
- 담배와 아이에게 줄 사탕을 사려다 돈이 모자라 사탕만 사는 가장
- 말쑥하게 정장을 차려 입고 편의점에 온 취업 준비생

모둠별 장면 만들기

대본 정리하기

즉흥 연기로 만든 장면은 창작대본 기획팀에서 대본으로 정리합니다. 글쓰기에 소질이 있는 한 사람이 대표 집필하는 것이 효율적이지만 장

즉흥극 발표

핫시팅

면에 따라서는 모둠별로 대본을 정리한 후 대표 집필자가 모아서 일관된 문체로 정리할 수 있습니다. 대본 작업에 관심이 있는 창작대본 기획팀이 협업하면 좀 더 수월하지요. 대표 집필을 맡은 학생은 노트북으로 그날그날 만든 장면을 타이핑하여 대본으로 정리했습니다.

예시) 창작극 대본

3장 새벽의 편의점

대타로 새벽 알바를 하는 주인공. 혼자서 앉아 스마트폰 게임을 하고 있다.

알바생 (갑자기 안색이 안 좋아지며) 흡! 왔다~. 빨리 화장실 갔다 와야 겠다.

이때 손님 두 명 등장.

잔액 부족 손님   이거랑 이거 얼마죠?

알바생   네 5,600원입니다.

잔액 부족 손님   카드로 할게요.

알바생   (카드를 도로 건네며) 잔액 부족이라는데요?

잔액 부족 손님   엥? 진짜요? 그럼 돈 가지고 다시 올게요.

알바생   네. 안녕히 가세요.

시간 끄는 손님   (중얼거리며) 흠, 뭘 먹지? 삼각 김밥… 맨날 먹던 게 없네. 우유를 마실까? 뭐 이리 비싸!

알바생   (속마음과 달리 친절한 말투로) 손님, 뭐 찾으시는 거 있으세요?

시간 끄는 손님   아니요. 괜찮아요. 아! 과자. 야~ 이건 아직도 나오네. 어렸을 때 많이 먹던 건데. 근데 끌리는 게 없단 말이야. 라면이나 먹을까. 100원짜리 남기는 거 싫은데. 저기요. 여기 오다리라면 없어요?

알바생   그게, 저희… 헉, 편의점 라면이 아니라서요.

시간 끄는 손님   그게 딱 1000원이라 좋은데. 음료수는 1+1이 끝났네. (아이스크림 박스를 뒤지다가 카운터로 온다. 고민 후 껌을 집으며) 이거 주세요.

알바생   네. 계산됐어요.

알바생은 시간 끄는 손님이 나간 뒤 편의점 문을 잠그고 후다닥 나간다. 화장실을 다녀온 후 다시 돌아와서 청소를 시작한다. 그때, 자동차의 끼이익 소리가 들리고 이어 쾅 소리가 난다.

알바생   (무대 앞을 보며) 뭐야? (한참을 쳐다보다 앞으로 조심스럽게 다가간다)

차량 도주하는 소리.

알바생   (나가며) 어, 어… 저, 저기요! 이봐요, 이봐요!! (차량번호를 외운다) 48구 3457… 48구 3457… (반복) (계산대에서 자신의 휴대폰을 잡는다.) 아씨, 요금 안 내서 끊겼지. (매장 전화기를 잡는다.)

배역 정하기

1차 대본을 완성한 후 가장 중요한 일은 누가 어떤 배역을 맡을 것인지 결정하는 캐스팅 과정입니다. 학생들끼리 서로 비중 있는 역할에 대한 욕심이 있기에 미묘한 기류가 형성되기 십상이지요. 일반적으로 배역 정하기는 오디션이라는 형식을 통해 결정합니다. 주요 배역을 원하는 학생이 많을 때에는 원하는 배역의 대사를 준비해서 연기를 보여줘야 합니다. 하고 싶은 배역을 두세 가지 정도 정해서 연습해 오도록 하는 것이 좋습니다. 이번 작품은 등장인물이 많아 고정적인 역할 여섯 명에 1인 다역을 소화할 멀티맨 일곱 명으로 캐스팅을 마무리했습니다.

연습하기

토요일 아침 9시에 모이자고 하면 10시나 되어야 집이라며 전화 받는 녀석부터 학원이다, 과외다 저마다의 이유를 대며 두세 명씩 빠지고 나면 맥이 쭉 빠집니다. 빠진 사람이 나오는 장면은 연습을 못 하게 되고, 그렇게 되면 연습에 나온 사람들은 그저 시간만 낭비하게 되는 거죠. 이럴 때마다 먼저 나온 학생들은 짜증나고 의욕이 떨어집니다. 21세기가 요구하는 인재의 덕목 중 협업과 공동체 역량이 절실한 순간입니다. 사실, 어른보다 더 바쁜 아이들이 유일하게 늦잠 잘 수 있는 주말 오전에 연습을 잡는 것은 무리입니다. 토요일 아침은 특히 그렇죠. 웬만하면 주말 약속보다는 평일 오후 시간을 활용하는 것이 좋습니다. 방과 후 특강을 개설하여 동아리 아이들이 안정적으로 모일 수 있는 시간을 확보하는 것도 좋은 방법입니다. 부득이 주말에 모여야 한다면, 대단한 인내심과 맛있는 점심이 준비되어야 합니다.

무대 제작하기

2014년부터 교육청이 예산을 지원하는 '학생연극회'에 선정되어 재정상 큰 도움을 받았습니다. 덕분에 조명 장비를 구비하고 동영상 촬영용 카메라, 분장도구 세트, 곤룡포, 동아리 단체 티셔츠 등 엄두 내지 못할 것들을 준비할 수 있었습니다. 그리고 공연 준비과정과 뒤풀이 때도 선배들이 부러워할 메뉴로 포식도 했지요. 전교생이 발표하는 교내 연극제에도 예산을 활용할 수 있어 의미 있었습니다.

올해는 나무상자(큐빅)를 제작하기로 맘을 먹고 일을 벌였습니다. 나무상자는 상상과 변형을 통해 의자, 책상, 테이블 등 다양한 용도로 활용할 수 있는 무대 장치입니다. 목재소를 찾아가 좋은 목재를 고르고 재단을 부탁한 후 직접 제작하기로 했습니다. 낙엽송 고급 목재를 사다가 원목 나무의 질감을 살려 가로세로 각각 40센티미터 크기의 나무상자 18개를 새롭게 제작했습니다. 학교 미술 선생님과 연극반 아이들의 도움을 받아 수월하게 제작할 수 있었습니다. 기존의 낡은 나무상자 16개는 페인트를 사다 산뜻하게 칠했습니다. 총 34개의 나무상자 부자가 되었습니다.

무대가 편의점이다 보니 편의점 공간을 꾸미기 위해 애썼습니다. 결정적으로 무대 배경을 제작하는 과정에 고민이 많았는데 동네 편의점을 돌아다니고 사진을 찍느라 꽤 발품을 팔았습니다. 인쇄소에서는 휴대폰으로 찍은 사진 말고 사진기로 찍은 최고 화질의 사진이어야 화질이 깨지지 않는다고 하여 편의점을 두 번이나 오갔습니다. 우여곡절 끝에 가로 8미터, 세로 3미터 크기로 무대 배경을 완성했습니다. 그동안 등퇴장로 용도의 가림막 이외에 별도의 무대 세트는 크게 신경 쓰지 않았는데 이번에 공을 많이 들인 셈이지요. 그 외에도 편의점에 있는 각종 시설들을 구비하기 위해 플루터로 컬러 인쇄를 하여 냉장고, 전자레인

나무상자(큐빅) 제작

완성된 나무상자

지, 매대, 계산대, 진열대 등을 스태프들이 손수 제작했습니다. 실제로 쇼핑몰에서 편의점 진열대를 구입하기도 했고, 진열할 상품도 직접 구매하는 등 실감 나는 무대 제작을 위해 역대급 비용을 쏟아부었습니다.

나무상자를 활용한 무대 장치

리허설 하기

공연 1주일을 앞두고 여러 가지로 분주해집니다. 무대장치, 음향·음악 점검, 소품, 의상, 조명, 홍보 등 공연 전 모든 배우와 스태프들은 준비 상태를 꼼꼼하게 점검해야 합니다. 공연 전 1주일은 학교 인근의 지역 소극장을 대관하여 공연 예행연습을 진행했습니다. 소극장 대관 및 조명 세팅 작업은 지도교사의 몫입니다. 연기 팀은 예술강사의 조언을 토대로 막바지 연습에 들어갑니다. 최소 1주일 전에 처음부터 끝까지 장면을 끊지 않고 이어서 연습할 수 있어야 합니다. 그러나 즉흥극을 바탕으로 한 창작극의 경우 공연 전날까지도 끊임없이 장면이 수정되는 경우가 있습니다. 특히, 음향과 조명을 맡은 스태프들은 반복되는 리허설을 통해 사소한 타이밍까지 점검하며 기술적인 면을 보완하지요. 방송부의 협조를 얻어 동영상 촬영도 준비해야 합니다. 공연 중 사진 찍는 것이 어려워 최종 리허설 장면을 사진 기록으로 남기는 것이 좋기 때문이죠. 커튼콜까지 연습하고 나면 이제 공연입니다. 개봉박두~!

공연하기

드디어 공연 날, 공연은 2시, 4시 2회 공연으로 진행했습니다. 10시에 모여 분장을 하고 의상, 소품을 확인하고 실제 공연을 방불케 하는 긴장감 속에 최종 리허설을 합니다. 점심은 김밥 등 간단한 먹거리를 준비하고요. 공연 30분 전에 다 같이 모여 '무대에서 맘껏 즐기자'며 손을 모았습니다. 소극장은 120석 규모입니다. 관객은 보통 회당 100명 정도, 총 200여 명이 관람할 수 있습니다. 연극 갈래의 특성상 2회 공연을 했을 때 다른 장르와 달리 일회성과 현장성을 온몸으로 체득합니다. 친구, 가족, 선생님들의 응원 속에 잊지 못할 한 편의 연극은 막을 올립니다.

명대사 명장면

#1. **편의점의 일상.**

편의점 앞을 청소한다. 빈 담뱃갑을 주웠다가 빈 것을 확인하곤 버린다. 술에 취해 길에서 자는 사람을 발견한다.

알바생 (취객을 흔들어 깨우며) 저기요. 여기서 이렇게 주무시면 안 돼요. 추운데 큰일난다구요.

알바생 다 해서 5500원입니다.
아버지 허걱, 그냥 담배 빼고 사탕만 계산해 주세요.
알바생 네…

알바생 예, 신분증 좀 보여주세요.
고딩 (찾는 척하다) 아, 집에 두고 온 것 같은데 혹시 학생증도 되나요?

#2. 이웃 사람들

알바생 네, 감사합니다. 어? 면접 붙으셨나 봐요?
취준생 아닙니다. 오늘 면접 보러 갑니다.

음주 아저씨 당연하지. 술은 내 인생이야.
알바생 설마 어제도 음주운전 하신 건 아니죠?

노숙자　알바! 알바! 오늘도 폐기 음식 있지? 남은 거 있음 줘봐!

할아버지　야, 인마. 내가 나이가 몇인데 그걸 직접 가져와야 되냐? 하여간 요즘 어린 것들은 예의가 없어요.

#3. 새벽 편의점

새벽 시간, 취객들이 등장하여 편의점을 난장판으로 만든다. 취객이 토하려고 하자 알바생이 급히 쓰레기통을 들고 뛰어간다.

자동차의 '끼이익~ 쾅' 하는 소리가 난다. 차량 도주하는 소리.

알바생　(나가며) 어, 어… 저, 저기요! 이봐요, 이봐요! (차량번호를 외운다) 48구 3457.

#4. 목격자를 찾습니다.

노숙자　차가 뭐였더라. 외제차였는데…
알바생　(놀라며) 벤츠요!

검은옷   며칠 전 교통사고. 당신이 보고 기억하고 있는 모든 것, 그것만 입 다물어주면 당신이 상상하지도 못할 돈을 주겠습니다.

#5. 설상가상

목소리   이번 주까지 등록기간인데 등록 안 하시면 자동 제적 처리됩니다. 기간 내에 등록하세요.

#6. 의심과 대립

할아버지   꼬마야, 그게 말이 되니?

고등학생   목격자가 사연이 있을 수도 있고, 아니면 협박을 받고 있어서 신고를 못 하는 것일 수도 있고, 그런데 천벌 받는다고 하면 어떡해요.

#7. 그의 사정

알바생   도대체 나보고 어쩌라고! 집세, 엄마 병원비에, 등록금 때문에 제적당하게 생겼다고요. 일단 나부터 좀 살고 보자고요.

#8. 다시 편의점의 일상

평가 및 소감 나누기

공연이 끝나면 친구, 가족, 선생님들의 격려와 덕담이 이어지고, 여기 저기 사진 찍는 모습들이 정겹습니다. 학생 연극은 관객들의 긍정적 평가 덕에 공연에 대한 아쉬움보다는 뿌듯함과 희열감이 더 크게 남기 마련이지요. 공연 제작에 참여했던 모든 사람이 모여 단체 사진을 찍으며 석 달간의 대장정을 마무리했습니다. 공연이 끝나면 최대한 뒷정리를 빠르게 하고 뒤풀이 장소로 이동하여 평가회를 합니다. 공연에 대한 잘잘못을 가리기보다는 공연 과정을 되돌아보며 자신의 성장을 중심으로 이야기를 나눕니다. 과하지 않게 서로에 대한 고마움과 서운함을 이야기하며 우의를 다지는 시간이기도 하지요. 졸업한 동아리 선배들을 초대하여 추억을 나누며 전통을 만들어갈 기회이기도 하고요.

> "난생 처음 무대에 올랐다. 관객들이 내가 하는 행동을 보고 웃거나 호응해주는 모습에 감동받았다. 또한, 연극은 나 혼자만의 활동이 아니라는 걸 느꼈다. 내가 연기를 하려면 내 연기를 받아줄 상대 연기자가 있어야 하고, 또 음향이나 조명 등 많은 역할이 있다는 걸 깨달았다." (범수, 고1)

> "우리나라 모든 교육에 연극 수업이 들어가면 좋겠다. 연극을 한다는 건

그 작품 속에서 작은 사회를 만들고, 자신이 아닌 다른 사람이 되어 그 사람의 입장에서 생각해보거나 다른 누군가의 생각을 하게 해준다. 인생에서 꼭 한 번쯤 겪어봐야 할 소중한 경험이라고 생각한다." (태후, 고1)

"연극은 약속으로 이루어져 있다. 정해진 시간에 조명과 음향 그리고 그 상황에 맞는 배우가 나와야 한다. 자신에게 주어진 약속을 정말로 책임감 있게 준비해야 다른 친구의 감정과 몰입을 깨지 않고, 상대방의 감정을 잘 이끌어 낼 수 있기 때문에 더욱 신중하게 연습하고 또 연습해야 한다는 걸 느꼈다. 또한, 그것이 연극 공연을 보러와 주신 분들에 대한 예의일 것이다." (태윤, 고2)

"어쩌면 내 인생의 마지막 연극일지 모른다고 생각해서인지 암전이 되는 동안에 모든 추억이 한 편의 영화처럼 스쳐갔다. 결승선을 향해 달리는 육상선수처럼 엔딩까지 최선을 다해 달려갔다. 소극적이고 항상 고민 속에 빠져 살던 내가 의견을 말하고 나름의 리더십을 보인 것을 생각하면 이번 연극을 통해 사람들과 공감하는 힘을 길렀다는 걸 느낀다." (정훈, 고2)

"부끄럼 많고 소심한 내가 관객들 앞에서 전혀 다른 캐릭터를 연기하고 박수를 받는 색다른 경험을 했다. 작은 배역이라도 내가 맡은 모든 캐릭터 하나하나가 내 안의 다른 나를 끌어올려 주었고, 나 자신을 성찰하게 해주었다." (상범, 고1)

"실은 배우보다 시간을 덜 투자해도 될 것 같아서 스태프를 지원했다. 막상 스태프가 되고 보니 배우 못지않게 힘들고 시간을 많이 투자해야 되더라. 공연을 위해 소품, 의상, 무대장치 하나하나 세심한 부분까지 신경 쓰다 보니 대충대충 넘어가는 성격이었던 내가 달라졌다. 조금이라도 더 싸게 더 성능이 좋은 소품을 찾고, 무대 배경도 실제처럼 만들려고 애썼다. 뭐든지 열심히 하는 성격으로 바뀌었고 그 일이 더 이상 귀찮지 않다." (승현, 고2)

"음향 스태프로서 타이밍을 맞춰 연극의 긴장감과 감정이 고조되는 부분을 더 심화시키는 게 내 역할이었다. 너무 긴장한 탓에 실수해 버렸다. 다행히 배우들의 임기응변으로 고비를 넘겼지만 난 패닉 상태였다. 갈피를 잡지 못하고 있을 때 옆에서 조명을 맡은 동기와 연출자 형 그리고 다른 형들이 나를 믿어주고 격려해준 덕분에 두 번째 공연은 무사히 마쳤다. 나 혼자 고생하는 게 아니라 다른 사람들과 함께하는 것이 우리 삶과 비슷하다고 생각했다. 이래서 연극이 우리 삶과 같다고 하는 건가 보다." (일재, 고1)

"지금까지 평일 저녁은 물론 주말에도 연극반에 나가 작업했다. 때로는 힘들었지만 보람을 느꼈고 내년에도 연극부를 할까 생각 중이다. 어느 날 12시까지 연극 연습을 하고 집으로 돌아가는 차 안에서 아빠는 연극부를 그만두라고 말씀하셨다. 연극부에 많은 시간을 쏟으며 공부에 소홀했던 것이 가장 큰 이유였다. 연극을 하면서 느낀 보람을 공부를 통해서 얻고자 노력할 생각이다." (종훈, 고1)

"연습 과정에서의 고비를 연극회 멤버들이 함께 극복한 것을 생각하면 연결된 공동체의 힘이 얼마나 큰지 실감한다. 나도 도움을 많이 받았고, 작게나마 도움을 주었다. 연극 한 편을 올릴 때 모두와 합을 맞추고 돕고 도우며 싹트는 유대감. 이것이 내가 연극을 좋아하는 이유 중 하나다."
(재민, 고1)

"학생연극회에 들어와 배우라는 꿈도 갖게 되고, 새로운 경험도 많이 해서 정말 기쁘고 연극부 생활이 행복하다. 이번 공연에서 나의 부족한 모습을 잊지 않고 보완해 나가면서 더 좋은 연기를 할 수 있는 배우가 되고 싶다. 연극 공연을 한번 하고 나니 정말 꿈을 향해 한 발짝 내디딘 느낌이다." (현주, 고2)

"부장으로서 이번 공연을 통해 많은 것을 느꼈다. 캐스팅의 서운함도 잠깐 있었지만 개인의 역할보다 연출로서, 아버지 역할로서 최선을 다했다. 여름방학 때 연극반 전체가 함께한 3박 4일 농촌봉사활동 덕분에 서로 격려하고 하나로 뭉치는 계기가 된 것 같다. 잘 따라와 준 애들에게 고맙다. 다음번엔 후배들이 더 좋은 공연을 올려줬으면 하는 바람이다. 마다살이여, 영원하라~!" (상욱, 고2)

활동을 마치며

매년 열리는 학생연극회 창작극 발표이자 열아홉 번째 연극반 정기 공연을 무사히 올렸습니다. 특히 이번에는 즉흥을 바탕으로 한 창작극의 재미가 쏠쏠했습니다. 매년 축제 즈음하여 연극반 정기 공연을 올리는 한두 달이 가장 바쁘고 힘들지만 보람 또한 큽니다. 지금은 전문가(예술강사)의 도움으로 예전보다 훨씬 수월하게 극을 만들고 완성도도 높아진 것이 사실이지만, 연극반 지도교사의 몫은 크게 변하지 않은 듯합니다. 아니 솔직히 편해졌습니다. 편해진 만큼 학생들과의 관계는 옅어져 서운할 때도 있지만 그래도 지금이 딱 좋습니다.

무대의 설렘은 평생 잊히지 않을 것입니다. '예술은 삶을 예술보다 더 흥미롭게 하는 것'임을 학생들이 간직하길 바랍니다. 무대 뒤의 떨림과 설렘의 기억, 관객들의 박수로 한껏 고양된 자존감이 앞으로 헤쳐 갈 인생의 무대에서 주연으로 당당히 살아가게 하는 자양분이 되길 바랍니다.

> **실전 TIP**
>
> 공연을 준비하는 전 과정은 A4 2쪽 이상의 보고서로 작성하여 제출하게 하고, 우수작으로 뽑힌 글은 교지에 게재하여 새롭게 들어올 새내기들에게 동아리를 안내하는 용도로 활용하면 좋습니다.

3부
학교 공연으로 우뚝 서는 아이들

그림책으로 연극 공연 만들기

박재민_구미원남초 교사

활동 적용 가능 대상 : 초 4~6
활동 대상 : 초 6 학생 18명
수업 시간 : 총 29차시(차시당 40분 수업)
준비물 : 부채, 천, 검정 나무상자(큐빅), 1단 행어, 옛이야기 소품(갓, 곰방대 등)

다양한 교과목을 융합해 연극 프로젝트 수업을 했어요

2학기 학예발표회 공연을 위한 프로젝트 수업을 맡았는데, 학생들이 연극 공연을 올리고 싶어 했습니다. 아동극 대본이나 웃긴 역할극 대본을 정해서 하면 연습하기 힘들고 참여 인원도 제한적입니다. 무대 위의 대사가 잘 들리지 않거나 부자연스러울 경우 관객들이 집중하기 힘들지요. 그래서 내용의 전달보다는 움직임과 상상력이 돋보이는 공연을 만들기로 정했습니다. 공연을 준비하며 국어, 체육, 미술 교과 내용을 자연스럽게 다루기 위해 과목별 성취 기준을 분석하여 차시별 활동 내용을 구성했습니다.

> **예시) 2009 개정교육과정에 따른 성취 기준, 6학년 2학기**
>
> - 국어 1단원 '인물의 삶을 찾아서' : 문학 작품 속 인물이 추구하는 삶의 태도 알기
> - 국어 11단원 '문학의 향기' : 작품의 갈래를 바꾸는 방법 알기
> - 체육 4단원 '주제 표현' : 주제를 정하여 관찰하고 표현하기
> - 미술 5단원 '빛과 색' : 빛과 색을 이용한 작품 만들기
>
> (*예체능 부분은 검정 교과서)

전체적인 활동 흐름

차시	활동	내용	시간	학습 형태
1~2	몸과 마음 열기	'무궁화꽃이 피었습니다' 놀이	20분	전체 활동
		부채로 다양한 배경 표현하기	60분	
3~4	그림책 읽고 탐색하기	표지 보면서 내용 추측하기	80분	전체 활동
		책 읽고 내용 정리하기		
		자유롭게 생각 나누기		
		내용 탐색하기		
5~6	장면 만들기	전사 만들기	80분	모둠 활동
		장면 정리하기		
7~10	연극할 장면 고르기	여러 가지 장면 만들기	160분	모둠 활동 전체 활동

차시	활동	내용	시간	학습 형태
11~12	연극놀이	부채로 변형놀이 하기	30분	전체 활동
		부채로 호랑이 만들기	50분	모둠 활동
13~14	블랙라이트를 이용해 장면 만들기	빛의 효과 탐색하기	40분	전체 활동
		블랙라이트로 주요 장면 만들기	40분	모둠 활동
15~16	등장인물 및 대본 만들기	장면들을 배치하여 연극 대본 만들기	80분	전체 활동
		등장인물과 배역 정하기		
17~21	장면 다듬기	부채로 만드는 배경과 호랑이 등장 장면 다듬기	200분	전체 활동
	희곡 쓰는 법 배우기	장면을 희곡으로 바꾸어 쓰는 방법 배우기		
22~23	등퇴장 정하기	오프닝부터 엔딩까지 등퇴장 역할 점검	20분	전체 활동
	음향 정하기	장면에 어울리는 배경음악과 효과음 정하기	60분	
24~26	연습 및 리허설 하기	내레이션에 맞춰 등퇴장 연습하기	120분	전체 활동
		조명과 음향에 맞춰 등퇴장 연습하기		
		전체 작품 리허설 하기		
27~29	무대 제작하기	공간박스와 행어로 무대 설치하기	120분	전체 활동
	공연하기	학예회 무대에서 연극 공연하기		
	수업 정리	프로젝트 수업 정리하기		

수업 과정

몸과 마음 열기

매 수업 시작 전에는 반드시 몸을 풀고 마음을 여는 시간이 필요합니다. 기왕이면 본 활동과 관련 있는 활동이 더 좋겠지요.

◉ 첫 번째 활동 : '무궁화꽃이 피었습니다' 변형 놀이

학생들의 몸과 마음을 열기 위해서 '무궁화꽃이 피었습니다'를 변형한 놀이로 수업을 시작했습니다. 이 놀이는 연극에 필요한 정지 동작을 자

연스럽게 익히고, 변형 활동을 통해서 상상하고 즉흥적인 표현을 할 수 있어서 선택했습니다. 변형 놀이의 경우, 술래는 "무궁화꽃이 피었습니다"라는 구령에서 주어나 술어 부분을 바꾸어 외치고, 나머지 학생들은 술래가 바꾼 인물이나 동물 또는 동작을 흉내 내야 합니다.

1. 가위바위보로 술래 한 명을 정합니다.
2. 술래는 벽이나 기둥을 마주 보고 섭니다. 나머지 학생들은 술래와 약 5~10m 정도 떨어진 곳에 출발선을 긋고 그 앞에 섭니다.
3. 술래는 벽을 향한 채 "무궁화꽃이 ○○ 합니다" 또는 "○○○꽃이 피었습니다"라고 외치고 뒤돌아봅니다. 나머지 학생들은 술래가 구령을 외치는 동안 조금씩 술래를 향해 다가갑니다. 술래가 뒤를 돌아봤을 때 학생들은 술래가 지칭한 인물이나 동물 또는 동작을 흉내 내야 합니다. 예를 들어, 주어를 바꾸어 "원숭이 꽃이 피었습니다" 또는 "할머니 꽃이 피었습니다"라고 하면 원숭이 흉내, 할머니 흉내를 냅니다. 동작을 바꾸어 "무궁화꽃이 밥 먹습니다" 또는 "무궁화꽃이 잠을 잡니다"라고 하면, 밥 먹는 시늉이나 잠자는 시늉을 해야 합니다. 흉내를 제대로 못 내면 포로가 되어 술래의 손을 잡은 채 옆에 섭니다.
4. 구호를 거듭하다 보면 학생들과 술래의 거리가 점점 좁혀지고 동시에 포로의 수도 늘어나서 줄이 더 길어집니다. 그러다가 어느 순간 술래에게 가장 가까이 접근한 학생이 술래와 포로가 잡은 손가락을 쳐서 끊어줍니다.
5. 이때 술래에게 잡혔던 학생들과 술래를 향해서 다가가던 학생들

모두 원래의 출발선으로 도망가야 합니다. 술래는 나머지 학생들이 출발선 안으로 들어가기 전에 손으로 쳐야 합니다. 출발선으로 들어가기 전에 잡힌 학생은 다음 번 술래가 됩니다. 만약 아무도 잡지 못했다면 같은 학생이 다시 술래가 됩니다.

◉ 두 번째 활동 : 부채로 다양한 배경 표현하기

원으로 모여 앉아 한 명씩 부채로 상상하는 다른 물건을 표현하는 놀이입니다. 두 명씩 짝을 지어서 혹은 대여섯 명이 한 모둠이 되어 산, 해와 달, 초가집, 바다, 구름 , 집 등의 배경을 만들어 봅니다. 활동을 마친 뒤에는 다른 모둠에서 좋았던 표현을 뽑습니다.

함께 연극한 작품

『하얀 눈썹 호랑이』 (이진숙 지음, 백대승 그림, 한솔수북, 2006)
'알려지지 않은 호랑이 이야기' 시리즈의 첫 번째 책으로, 우리나라 방방곡곡 어려 있는 호랑이 이야기 가운데 알려지지 않은 이야기를 찾아내 엮었다고 합니다. 사람의 속마음을 훤히 들여다보는 산신령 호랑이가 주인공이지요. 보통 우리가 알고 있는 옛이야기의 호랑이는 무섭고 멍청합니다. 그런데 산신령 호랑이라니 특이하고 멋지지 않나요? 판타지적인 요소도 많아서 상상하며 극을 만들기에 좋겠다고 판단했습니다.

그림책 읽고 탐색하기

우리가 연극으로 만들 텍스트를 만나는 시간입니다. 학생들의 성향이 외향적인지 내향적인지, 일상생활 이야기에 관심이 많은지 판타지에 관심이 많은지 파악해 학생들이 공감할 수 있고 재밌어하는 텍스트를 고르는 것이 좋습니다. 또한 학생들의 인원수에 알맞게 등장인물들이 등장하는지도 고려해야 합니다.

텍스트 선정을 마치면 교사와 함께 다 같이 바닥에 앉아서 그림책을 읽습니다. 내용을 깊고 다양하게 해석하기 위해서는 본 그림책을 충실하게 읽어야 합니다. 그림책 속 인물의 표정이나 배경, 글은 작품 해석에 큰 도움을 주기 때문입니다.

◎ 첫 번째 활동 : 표지 보면서 내용 추측하기

교사는 "옛날이야기에 나오는 호랑이는 어떤 성격의 호랑이였나요?" "표지를 보면서 생각나는 점을 이야기해봅시다." 등의 발문을 통해서 학생들이 이야기의 내용을 상상할 수 있게 유도합니다.

◎ 두 번째 활동 : 책 읽고 내용 정리하기

그림책을 읽고, 교사는 등장인물과 배경, 사건 등을 학생들에게 질문하며 전체 이야기를 파악하도록 돕습니다.

◎ 세 번째 활동 : 자유롭게 생각 나누기

6학년들에게 그림책의 내용이 허무맹랑하거나 유치할 수도 있습니다. 그런 반응들을 수용하기 위해서 자유롭게 생각을 나누어 봅니다. 학생들의 느낌이나 의견에 교사는 따로 의견을 덧붙이지 않고 수용하는 것이 좋습니다.

○ 네 번째 활동 : 내용 탐색하기

각자 접착식 메모지에 『하얀 눈썹 호랑이』 속에 나타난 인물의 성격이나 삶의 태도를 적고, 다른 메모지에 이야기에서 궁금한 점이나 이상하게 생각되는 부분을 적습니다. 서로가 쓴 메모지의 내용을 보고 의견을 나누어 이야기 속 인물과 이야기의 빈 부분을 메꾸어 보는 활동입니다. 소시오그램[1]으로 『하얀 눈썹 호랑이』 속 인물들의 관계를 정리하고 새로운 시각을 만들어 볼 수도 있습니다. 방법은 다음과 같습니다.

1. 교실 한가운데 교사가 호랑이 역할로 섭니다.
2. 책 속 인물들이 돼서 호랑이에 대한 자신의 생각이나 감정에 따라 거리 조절을 하여 섭니다. 예를 들어, 호랑이를 좋아하는 사람은 호랑이 가까이, 싫어하는 사람은 멀리 섭니다.
3. 교사는 잠시 정지시키고 학생 개개인의 생각을 인터뷰합니다.
4. 친구들의 인터뷰를 듣고 다시 한번 더 서 본 뒤, 위치가 바뀐 학생들만 인터뷰를 합니다.

핫시팅으로 『하얀 눈썹 호랑이』 속 인물들을 심층적으로 이해하는 방법도 있습니다.

[1] 대인관계를 원 모양 그림 안에서 나타내는 도표입니다. 교육연극에서는 사람들이 실제로 움직이고 인터뷰하면서 심리적 거리, 이야기 속 인물 간의 관계를 파악하는 데 도움을 줍니다.

호랑이 역할을 맡은 학생에게 질문하기(핫시팅)

1. 정확한 사건과 인물들의 이야기를 알아보기 위해서 두 인물(호랑이와 소년)을 각각 교실로 모십니다.
2. 호랑이 역할의 학생은 복도 밖으로 나갔다가 호랑이 무늬의 천을 둘러싸고 들어옵니다.
3. 학생들은 호랑이에게 궁금한 부분을 질문하고, 호랑이는 이야기 내용 안에서 상상하여 답변합니다.
4. 중요한 질문, 예를 들어 인물 간의 관계를 설정하거나 주제를 다루는 질문에는 교사가 추가로 질문하여 정보를 다듬고 이야기의 줄기를 만듭니다.
5. 같은 방식으로 소년 역할의 학생을 앉힌 뒤 질문하고 답합니다.

이 활동을 할 때 몇 가지 조건이 있습니다. 첫째, 이야기 속 인물이 되는 사람은 책 내용과 우리끼리 나눈 이야기를 기준으로 생각하고 답변하기로 약속해야 합니다. 둘째, 질문하는 사람도 책 내용과 우리끼리 나눈 이야기를 기준으로 질문해야 합니다. 셋째, 서로 웃기려 하지 말고 진지하게 임하도록 약속합니다. 넷째, 이야기 속 인물이 들어오면 박수 치고 존댓말로 인터뷰합니다. 이후에는 이야기의 주요 내용을 다섯 가지 장면으로 정리해 봅니다.

장면 만들기

◉ 첫 번째 활동 : 전사 만들기

이야기에 나오기 전 등장인물들의 과거(사는 곳, 가족 관계 등)에 대해서 이야기 나누는 활동입니다. 교사는 "하얀 눈썹 호랑이는 어떤 특징이 있었나요?" "하얀 눈썹 호랑이의 신비한 능력은 무엇이었나요?" "하얀 눈썹 호랑이의 신비한 능력은 어떤 사건으로 생겼을까요?" 등 등장인물의 특성과 관련된 질문을 던져 그러한 특성을 어떻게 갖게 되었는지 학생들이 상상하도록 유도합니다.

◉ 두 번째 활동 : 장면 정리하기

모둠별로 인물의 삶에 대한 태도에 결정적 영향을 미친 사건을 상상해 장면으로 만들어 보는 활동입니다. 이 활동에는 몇 가지 조건이 있습니다. 첫째, 정지 동작으로 시작해서 정지 동작으로 끝내야 합니다. 둘째, 시작이나 끝부분에 해설로 상황을 설명해 주어야 합니다. 셋째, 대사는 필요한 것만 추려서 하되 상황 내의 애드리브를 인정합니다. 넷째, 약속한 상황이 틀어져도 빠져나오지 말고 수습하면서 연기합니다.

모둠별 발표를 마치면 다른 모둠의 인상적인 부분을 얘기한 뒤 모둠들이 만들어낸 장면에서 공통적으로 표현된 부분을 찾아봅니다. 서로의 표현을 보는 시간은 매우 중요합니다. 서로가 만든 장면을 보고 다양한 표현 방법을 생각해낼 수 있고, 생각을 나누며 자연스럽게 연기 연습을 할 수 있기 때문입니다. 이후 다 같이 장면 내용을 합의하여 하나의 사건으로 이야기를 구성해 보고, 만든 장면을 함께 표현해 봅니다.

연극할 장면 고르기

일고여덟 명씩 두 모둠으로 나눈 뒤 부채를 최대한 이용하여 연극할 네 가지 장면을 만듭니다. 단, 극 중에 부채를 접어 두는 것은 가능하지만 바닥에는 둘 수 없습니다. 꼭 필요한 경우에는 교사와 협의해 다른 소품을 사용할 수 있습니다.

> **예시) 연극에 올릴 네 가지 주요 장면**
> - 하얀 눈썹 호랑이가 나쁜 사람들을 지옥으로 데려가는 장면
> - 하얀 눈썹을 통해 마음을 읽는 호랑이의 모습
> - 호랑이에게 벌을 받아 마땅한 사람들의 나쁜 행동
> - 지옥에서 염라대왕의 심판을 받는 나쁜 사람들의 모습

장면을 만드는 시간 전에 책 속 내용이나 우리가 정한 이야기를 되짚어주며 시작하는 것도 좋습니다. 또한, 장면 만드는 시간을 충분히 주어 서로의 아이디어를 충분히 협의하게 해줍니다. 학생들은 보통 역할부터 먼저 나누는데, 시간이 모자라면 장면에 대해 협의할 시간이 없거나 부족할 수 있기 때문입니다.

부채를 이용해 만든 호랑이 모습

연극놀이

◉ 첫 번째 활동 : 부채로 변형놀이 하기

부채를 가지고 음악에 맞춰 움직이며 자유롭게 걷다가 음악이 멈추면 교사가 제시하는 단어 '양반' '거지' '선비' 등에 맞게 정지 동작을 합니다. 이때, 부채를 역할에 맞는 표현 도구로 이용하고 역할에 맞는 짧은 행동과 대사를 표현합니다. 이를 변형한 놀이도 해봅니다. 앞에서처럼 부채를 가지고 음악에 따라 움직이고 놀다가 음악이 멈추면 교사가 제시하는 조건, 예를 들면 '두 명이서 물고기 만들기' '네 명이서 큰 새 만들기' 등에 따라 인원에 맞게 모여서 부채로 표현해 볼 수도 있습니다.

◉ 두 번째 활동 : 부채로 호랑이 만들기

일고여덟 명씩 두 모둠으로 나누어 호랑이를 만드는 활동입니다. 이때 몸과 부채만을 이용하며, 순서를 정해서 한 사람씩 차례대로 모습을 만듭니다. 활동을 마친 후에는 다른 모둠의 표현에서 좋은 부분을 찾아 말해봅니다. 다 같이 호랑이를 만들어 보아도 좋습니다.

블랙라이트를 이용하여 장면 만들기

○ 첫 번째 활동 : 빛의 효과 탐색하기

작품에서 가장 극적인 부분이라 할 수 있는, 호랑이가 나쁜 사람들을 잡아먹는 장면을 화려하게 만들고 싶었습니다. 그러기 위해서는 조명이나 음향, 혹은 학생들의 움직임 등으로 구성할 수 있는데, 단시간에 효과적인 느낌을 내기 위해서 블랙라이트를 선택했습니다. 방법은 다음과 같습니다.

1. 블랙라이트[2]에 다양한 소재의 흰색 물건들을 비춰 봅니다.
2. A4 용지로 접거나 찢어서 작품(종이비행기, 하트 모양 등)을 만들어 블랙라이트에 비춰 봅니다.
3. 교사는 학생들과 효과적인 표현을 위하여 필요한 소재와 작품을 만드는 방법, 블랙라이트에 비추는 방법 등을 협의합니다. 예를 들어, 종이비행기를 블랙라이트에 비췄을 때 관객들이 그것이 종이비행기인지 알아볼 수 있도록 하려면 어떻게 해야 하는지 학생들의 대답을 유도해 봅니다.

---

[2] 가시광선은 최대한 내보내지 않고 근자외선을 내보내는 조명입니다. 형광물질에 반응하여 신기한 효과를 냅니다.

블랙라이트를 이용해 만든 장면

예시) 교사와 학생들의 대화

교사　종이비행기인지 알아볼 수 있나요?

학생들　아니요.

교사　왜 비행기로 알아볼 수 없을까요?

학생들　빛은 직진하니까 구석에는 못 들어가요.

교사　그럼 어떻게 보일 수 있도록 만들까요?

학생들　평평하게 만들어야 해요.

○ 두 번째 활동 : 블랙라이트로 주요 장면 만들기

일고여덟 명씩 두 모둠으로 나누어 나쁜 사람들을 잡아먹는 호랑이의 모습을 만들어 보는 활동입니다. 단, 다음 네 가지 조건을 지켜야 합니다. 첫째, 호랑이의 얼굴을 크게 보이도록 만듭니다. 둘째, 공간을 최대한 크게 씁니다. 셋째, 동작이나 효과음을 넣습니다. 넷째, 순서를 정해서 한 사람씩 차례로 들어가 만들어 봅니다. 활동을 마친 후에는 다른 모둠의 표현에서 좋았던 부분을 찾아 말해보거나 다 같이 나쁜 사람들을 잡아먹는 호랑이의 모습을 만들어도 좋습니다.

등장인물 및 대본 만들기

● 첫 번째 활동 : 장면들을 배치하며 연극 대본 만들기

교사는 2주 동안 만들었던 장면들을 칠판에 정리하여 보여준 뒤 "관객들이 이 연극을 보고 어떤 생각을 했으면 좋겠나요?" "이 연극 안의 이야기를 보고는 어떤 생각을 했으면 좋겠나요?" 등의 질문을 던져 학생들이 연극의 주제를 구체화하는 데 도움을 줍니다. 다음으로 제일 먼저 나오면 좋을 장면(이야기)과 그 이유를 들어봅니다. 가장 많이 지목된 두 장면들을 배치하여 연극 대본을 구성합니다. 교사는 진행을 하지만 의견을 말하진 않으며, 조율하는 역할을 합니다. 지금까지 나온 장면을 토대로 학생들끼리 의견의 모아서 연극의 흐름을 정합니다.

● 두 번째 활동 : 등장인물과 배역 정하기

연극 속에 필요한 등장인물들과 코러스 역할, 이야기를 들려주는 사람(변사) 등을 정하는 과정입니다. 누가 어떤 배역을 맡을지 다 함께 논의해서 결정합니다. 자신이 원하는 역할을 맡지 못해서 감정이 상하는 학생이 생길 수 있으니 교사의 적절한 위로와 격려가 필요합니다.

주요 등장인물은 호랑이와 소년으로 정하고, 염라대왕은 무대 밖에서 목소리로만 표현하기로 합니다. 다른 학생들은 모두 코러스 역할을 합니다. 코러스 역할에서도 장면에 따라 호랑이의 신체 부위, 마을 사람

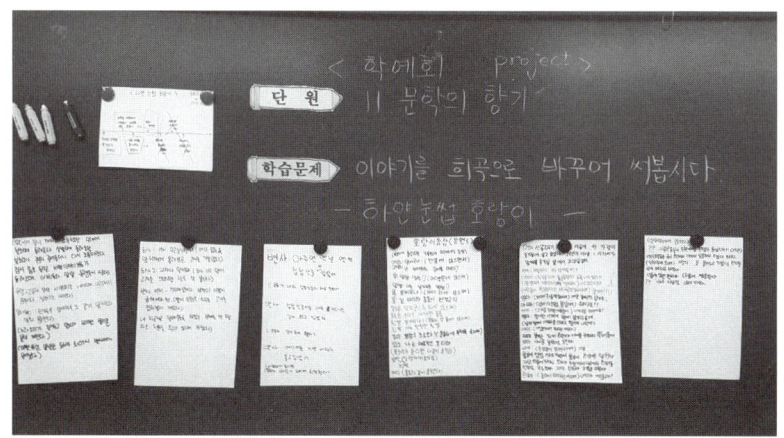
회의를 통해 장면 배치하기

이나 자연물로서의 역할을 맡습니다. 배역이 정해지고 나면 대사와 행동을 짜 보는 시간을 가진 뒤 친구들 앞에서 발표하게 합니다. 장면과 장면 사이에 조명이나 음향을 틀어서 넘어갈지 이야기를 들려주는 사람(변사)을 넣을지 상의가 필요한데요. 학생들의 의견에 따라 이야기를 들려주는 사람(변사)을 넣기로 했습니다. 변사(이야기꾼)는 한 명이 맡기로 하고, 무대 안에 계속 머무르며 이야기를 들려줍니다.

장면 다듬기

부채로 만드는 배경과 호랑이 등장 장면을 다듬는 활동입니다. 교사는 학생들에게 "국어 시간에 무슨 배경이 있다고 배웠나요?" "배경을 잘 이해할 수 있도록 설명해 주기 위해서는 어떻게 해야 할까요?" 등의 질문을 던져 배경을 효과적으로 표현하는 데 도움을 줍니다. 학생들은 관객들이 연극의 시간적 배경과 공간적 배경을 잘 이해하도록 장면이 언제, 어떤 공간이며, 시간이 흘러가는 것을 잘 알려주어야 한다고 대답했습니다. 다만 우리 배경이 산과 강밖에 없기 때문에 호랑이가 살 만한 장소나 시간적인 특징을 더해서 배경을 좀 더 만들어 보기로 했습니다. 학생들의 의견에 따라 바람 부는 모습, 해가 뜨고 지는 모습을 추가하기로 결정하고, 장면을 이어가는 연습을 하기로 했습니다.

호랑이 모습을 표현하는 방법을 의논하기 위해 지난 시간에 만든 부채로 만든 호랑이 모습을 보여준 뒤 어떤 부분을 좀 더 보충하면 좋을지 물었습니다. 학생들은 "그림자가 다 같이 포개지니까 애들 발이 모여 있어서 호랑이가 아니라 벌레 같다" "뒤에 모둠이 만든 것처럼 앞을 보고 만드는 것이 좋을 것 같다"라고 의견을 냈습니다. 그래도 호랑이 모습처럼 보이지 않는다고 학생들이 걱정하기에 다음과 같이 질문을 통해 학생들이 아이디어를 낼 수 있도록 유도했습니다.

예시) 학생들의 아이디어를 끌어내 주는 질문하기

교사 앞선 장면들과 변사의 이야기로 우리가 만드는 것이 호랑이인 것은 모든 관객이 알고 있겠죠? 그렇다면 호랑이의 겉모습만큼 중요한 것이 무엇일까요?

학생들 행동이요!

교사 행동을 크게 할 수 있으려면 모두 붙어있어야 할까요? 떨어져 있어야 할까요? 각자 호랑이의 한 부분을 맡아서 만들어봅시다.

교사 여기 호랑이 영상을 한번 봅시다. 호랑이가 사냥을 할 때 몸통이 많이 움직이던가요? 다리가 많이 움직이던가요?

학생들 다리가 엄청 많이 움직여요.

| 교사 | 선생님의 북소리에 맞춰 호랑이가 사냥을 하듯이 뛰어가는 느낌으로 움직여봅시다. |

희곡 쓰는 법 배우기

교사는 학생들에게 교과서 11단원에 나오는 희곡 대본을 보며 희곡의 3요소(해설, 지문, 대사)가 연극 속에서 쓰이는 부분을 찾아보게 한 뒤 우리가 만든 연극을 희곡 속 해설, 지문, 대사로 고치는 방법을 안내합니다. 해설에는 장면에 대한 자세한 안내사항을 적고, 지문에는 인물의 마음, 표정, 행동 등을 묘사하여 읽는 사람의 이해를 도와야 하며, 대사에는 인물들의 말을 옮깁니다. 이를 통해 등퇴장을 기준으로 네 가지 장면을 나누어 모둠마다 하나씩 우리가 만든 『하얀 눈썹 호랑이』의 장면을 희곡으로 바꾸어 쓰는 활동을 합니다. 이때 교사는 희곡을 보고 장면을 상상할 수 있을 만큼 구체적으로 묘사하도록 지도합니다. 장면을 이을 수 있도록 변사의 해설을 각 장면 사이에 적고, 다 같이 완성된 희곡을 읽어보고 미흡한 부분을 수정하여 희곡을 완성할 수 있도록 합니다. 간혹 대사 욕심이 많은 학생들이 필요 이상으로 설명하듯이 대사를 지어낼 경우 지문(비언어적, 반언어적 표현)으로 표현할 수 있도록 안내합니다.

등퇴장 정하기

오프닝과 엔딩, 장면 네 가지로 총 여섯 가지의 장면을 확정한 뒤에는 각 장면이 이어지도록 들어가고 나가는 학생들의 동선, 소품의 등퇴장과 위치를 확인합니다. 변사는 장면으로 만든 적이 없으므로 장면 사이에서 어울리는 해설을 할 수 있도록 도와줍니다.

음향 정하기

장면에 어울리는 배경음악과 효과음을 정하는 활동입니다. 교사는 미리 준비한 여러 가지 곡들을 들어보고, 그중에서 이야기의 느낌에 맞는 음악을 골라 학생들에게 들려줍니다. 우리가 준비한 연극은 옛이야기라서 퓨전국악들을 많이 찾아봤습니다. 너무 범위가 넓으면 선택하는 데 오래 걸리고 집중이 안 되기 때문에 선택지 두세 개를 주고 학생들이 결정하게 합니다.

연습 및 리허설 하기

● 첫 번째 활동 : 내레이션에 맞춰 등퇴장 연습하기

창작 작업이 거의 마무리되면 연습을 통해서 합을 맞추고 다듬는 작업을 해야 합니다. 먼저, 장면 사이에 변사가 하는 해설을 넣고 이어보며 연극을 처음부터 끝까지 해봅니다. 변사의 위치가 고정되어 있으면 어색할 수 있으므로, 위치에 변화를 주거나 등퇴장을 할 수 있도록 허용합니다. 오프닝부터 엔딩까지 등퇴장과 각자의 역할을 확인하며 장면을 다듬습니다. 어색한 장면이 있다면 이유를 물어보고, 더 간결한 표현 방법을 찾거나 극적으로 허용되는 범위에서 변화를 줍니다.

● 두 번째 활동 : 조명과 음향에 맞춰 전체 작품 리허설 하기

다목적실로 장소를 이용하여 무대 위에서 조명과 음향을 틀어놓고 연습을 합니다. 조명과 음향이 들어가면, 진짜 극을 하는 느낌이 확 옵니다. 학생들은 이때 공연에 대한 집중도가 높아지며, 적당한 긴장감이 생깁니다. 오프닝부터 엔딩까지 음향과 조명 순서를 정리하고, 점검하면

서 전체 작품을 리허설 합니다.

무대 제작하기

아침 일찍 다목적실에 모여서 교실에 있는 소품들을 무대 한쪽으로 옮기고, 설치와 해체 연습을 합니다. 이후 공간박스와 행어로 무대를 설치합니다. 그리고 공연에서 가장 중요한 암전(빛이 없는 상태)을 하기 위해서 다 같이 창문 사이에 천을 붙여서 빛이 들어오는 곳을 막습니다.

공연하기

준비한 공간박스와 행어를 이용하여 공간을 만들고 전체 학예회에서 공연을 진행했습니다. 학예회에서 하는 연극이 생소하기도 하고, 새로운 형식의 연극이라서 그런지 교사와 학생들 모두 즐겁게 관람했습니다. 전체 학예회 공연은 전교생이 대상입니다. 전체 학예회에서 공연이 가능했던 이유는 우리 학교가 12학급의 소규모 학교였기 때문입니다. 18학급 이상의 학교라면 전체 학예회보다는 학년 발표회 정도의 규모로 선보일 것을 추천합니다.

프로젝트 수업 정리하기

학예회를 마치면 소품들을 교실로 가져와 정리한 뒤, 3주간 진행했던 프로젝트 수업을 되돌아보고 소감을 나누며 마무리합니다. 프로젝트 수업의 과목별 성취 기준에 도달했는지에 대한 평가는 따로 차시별로 진행했습니다. 학생들은 "프로젝트 수업의 처음부터 끝까지 모두 즐거웠다. 6학년 마지막 학예회에서 잊지 못할 추억을 만들었다" "음향 실수를 몇 번 했지만, 전체석으로 만족한다" "5학년 애들이 잘 봤다고 해서 기분이 좋았다" 등의 소감을 남겼습니다.

수업을 마치며

29차시 동안 준비한 프로젝트였지만, 공연은 단 한 번이었습니다. 그 한 번의 공연을 위해 많은 준비를 했던 게 조금은 허탈했을 수도 있을 겁니다. 다시 한다면 학년별로 초대하여 공연하는 방법을 썼을 것 같습니다. 다만, 한 가지 큰 소득이 있다면 학생들 모두 연극을 포함한 공연 예술 분야에 관심을 가지게 된 것입니다. 모두가 하나의 공연을 위해서 아이디어를 짜내고 연습하고, 그 속에서 서로 울고 웃으며 함께하는 것을 배웠다는 게 연극 공연 만들기 수업의 가장 큰 수확인 것 같습니다. 아이들은 처음부터 끝까지 자신들이 만든 작품이라서 애착이 컸습니다. 다들 한 달 동안 〈하얀 눈썹 호랑이〉를 만들면서 행복했다고 이야기했습니다.

열 살 친구들과 극 만들기

고진선_경기 가평 조종초 교사

활동 적용 가능 대상 : 초 3~6
활동 대상 : 초 3 학생 20명
수업 시간 : 매주 목요일 5~6교시, 총 7차시
준비물 : 신문지, 천

수줍던 아이들을 열연하게 만든 연극의 세계로!

학생들과 학예회 공연으로 무엇을 할지 회의했습니다. 저는 iKON의 〈사랑을 했다〉를 수화와 노래로 들려주는 영상을 준비했고, 학생들은 탈춤, 리코더 연주, 마술, 연극 등의 의견을 냈습니다. 투표를 통해 수화와 연극, 두 팀으로 나눠 공연을 준비하기로 정하고, 매주 목요일 5~6교시, 총 5회 연습 시간을 마련했습니다.

연극 무대에 선 경험이 없는 학생들이 대부분이었기 때문에 연습이

4회차에 접어들었을 때 직접 공연이 펼쳐질 다목적실에 가봤습니다. 교실에서 연습 시 공연할 무대의 크기와 비슷하게 공간을 만들고 바닥에 테이프를 붙여 표시했습니다. 무엇보다 학생들에게 "우리 지금 굉장히 잘하고 있어요. 실제 공연할 때는 실수할 수 있고 떨릴 수도 있지만, 괜찮아요."라며 칭찬과 격려를 많이 해줬습니다. 연습하는 동안 어려웠던 점은 20명 이상의 학생들이 장면을 만들고 연습할 때 교사 혼자 돌아다니면서 봐주는 것이었습니다. 또한 연습할 장면이 겹치는 학생들을 어느 장면으로 보내 활동하게 할지 선택하는 것이 힘들었습니다.

전체적인 활동 흐름

차시	활동	내용	시간	학습 형태
1	내용 파악하기	그림책 다시 읽기	20분	전체 활동
		고양이 소문내기	30분	전체 활동
		앞 이야기(전사) 만들기	30분	전체 활동
2	몸과 마음 열기	신문지를 활용한 상상과 변형 놀이	40분	전체 활동
	장면 만들기	신문지를 이용해 장면 만들기	40분	모둠 활동
3	등장인물 정하기	메모지에 누구의 고양이로 살았을지 쓰기	20분	개별 활동
		칠판에 메모지를 붙여 비슷한 것끼리 분류	20분	전체 활동
		연극에 등장할 고양이 고르기	20분	전체 활동
	나머지 장면 만들기	주인과 고양이가 가장 행복했던 순간	20분	모둠 활동
		주인과 고양이가 가장 슬펐던 순간	20분	모둠 활동
4	스태프, 배역 정하기	해설/음향/등장인물	80분	전체 활동
5	장면 다듬기	정지 장면에서 나눈 대사를 대본으로 옮기기	80분	전체 활동

차시	활동	내용	시간	학습 형태
6	공연하기	임금님의 고양이	15분	전체 활동
		마술사의 고양이		
		나무의 고양이		
7	마무리	공연 영상 다시 보기	40분	전체 활동
		돌아가며 소감 말하기		

함께 연극한 작품

『백만 번 산 고양이』 (사노 요코 지음, 김난주 옮김, 비룡소, 2002)

이 책의 이야기는 "백만 번이나 죽지 않은 고양이가 있었습니다"라고 시작됩니다. 한때 고양이는 임금님의 고양이였다가, 마술사의 고양이였다가, 어떤 아이의 고양이였던 적도 있었지요. 하지만 고양이는 자신의 주인들이 마음에 들지 않았고 어떠한 이유로 죽게 됩니다. 하지만 백만 번을 사는 고양이이니 다음 장면에서는 또다시 다른 사람의 고양이가 되어 나타납니다. 이야기의 후반에서는 고양이가 어떠한 이유로 드디어 죽음을 맞이하죠. (개인적으로 결말이 마음에 들지 않아 학생들과 이 책으로 활동을 할 때는 마지막 부분을 생략했습니다.) 이 책은 장면별 정지 장면 만들기가 쉬워 학생들이나 교사들과 처음 정지 장면을 만들 때 많이 이용합니다.

수업 과정

내용 파악하기

우선 학생들에게 연극으로 만들고 싶은 이야기나 책을 준비해 오라고 했습니다. 저는 국어 시간에 학생들과 함께 읽은 『백만 번 산 고양이』를 골랐습니다. 저만 책을 준비해 온 덕분에 바로 극 만들기를 할 수 있었습니다.

● 첫 번째 활동 : 그림책 다시 읽기

1학기 때는 학생들과 한 줄씩 돌아가면서 읽었고, 극 만들기를 할 때는 제가 학생들에게 읽어줬습니다.

● 두 번째 활동 : 고양이 소문 내기

몸도 풀 겸 돌아다니며 "얼룩 고양이가 살았습니다"라고 시작하는 소문을 냈습니다. 제가 한두 명의 학생에게 소문을 내고, 그 학생들은 다시 다른 학생들을 만나 소문을 내는 방식으로 진행했습니다. 학생들에게 이 고양이는 처음부터 백만 번을 죽고 사는 능력이 있었던 게 아니라고, 어떤 사건을 계기로 그 능력을 갖게 된 것이라고 심각한 표정으로 설명한 뒤 고양이의 과거 이야기를 상상해 보도록 유도했습니다.

● 세 번째 활동 : 앞 이야기(전사) 만들기

학생들에게 "고양이는 어떻게 백만 번을 죽고 백만 번을 사는 능력을 얻게 됐을까?"라고 질문을 던졌습니다. 그런 다음, 그림책을 다시 읽고 무슨 일 때문에 그런 능력을 갖게 되었는지 정지 장면으로 보여 달라고 했습니다.

> **예시) 모둠별로 만든 정지 장면**
>
> 도   전쟁터에서 요정들의 주문으로 능력을 얻음
> 레   숲 속 산책로에서 사냥꾼의 총에 맞아 죽었다가 신의 도움으로 능력을 얻음
> 미   전쟁 중 왕 대신 화살을 맞아 죽었다가 왕의 명령으로 마법사가 주문을 걸음
> 파   죽은 고양이 무덤에 신이 찾아와 능력을 내려줌
> 솔   아이 때문에 죽은 고양이를 천국에서 신들이 내려와 능력을 줌

'미' 모둠의 이야기가 흥미로웠습니다. 학생들이 좋아하는 전투 장면과 고양이가 왕 대신 화살을 맞는다는 설정도 인상적이었고요. 그래서 첫 번째 장면으로 결정했습니다.

몸과 마음 열기

몸과 마음 열기 활동으로 신문지를 이용한 상상과 변형 활동을 했습니다. 방법은 간단합니다. 먼저 신문지를 둘둘 말아 테이프를 붙여 준비합니다. 학생들을 바닥에 둥글게 앉게 한 다음, 한 명씩 돌아가면서 신문지를 다른 물건으로 바꿔봅니다. 신문지를 검이나 활, 독침으로 바꿔준 친구가 있어 전투 장면에 신문지를 쉽게 활용할 수 있었습니다.

장면 만들기

학예회에서 반별 공연 시간은 최대 15분입니다. 수화 팀 노래가 4분 정도 되니 연극은 세 장면으로 구성하기로 했습니다. 첫 번째 장면(전투 장면)을 처음-중간-끝으로 나누고 학생들도 세 모둠으로 구성해 각 모둠이 한 장면씩 맡아 정지 장면을 만들어 보기로 했습니다. 필요한 소품은 신문지를 이용해 만들기로 했고요. 그리고 각 모둠에 다음의 조건을 제시했습니다. 첫째, 전투 장면은 막 싸우지 말고 합을 맞춥니다. 둘째, 고양이가 죽는 장면을 천천히 표현합니다. 셋째, 마법사 역할을 맡은 사람은 가능하면 주문을 길게 걸어봅니다. 학생들이 전투 장면에서 합을 맞출 수 있을지 궁금했는데 우려와 달리 빠른 시간 내 모든 군인들이 쓰러지는 장면을 보여주었습니다. 너무 빨리 군인들이 쓰러지긴 했지만요.

고양이가 화살을 대신 맞아 죽는 순간을 슬로우 비디오처럼 천천히 해보라고 요구했지만 어려운 모양이었습니다. 마법사가 고양이를 다시 살려내는 주문도 비장한 마음을 담아 길게 했으면 좋았을 것 같은데 잘되지 않았습니다. 처음부터 다 잘할 순 없으니 아쉬운 마음은 뒤로 하고 다음 주를 기다렸습니다.

등장인물 정하기

그림책에서 고양이는 왕의 고양이, 도둑의 고양이, 어부의 고양이 등 누구의 고양이로 등장합니다. 학생들에게 만약 자신이 고양이라면 책에 나와 있지 않은 다른 누구의 고양이었을지 상상해 보게 했습니다. 그런 다음 다 같이 연극에 등장시킬 고양이를 정해봅니다. 방법은 다음과 같습니다. 먼저 각자 메모지에 누구의 고양이로 살았을지 써봅니다. 마법사, 축구선수, 나무, 의사, 선생님의 고양이 등 다양한 의견이 나왔습니다. 칠판에 각자 쓴 메모지를 붙이고 비슷한 것끼리 분류합니다. 모두 함께 의논하여 장면으로 만들어볼 고양이를 고릅니다. 마법사, 축구 선수, 나무, 의사, 선생님의 고양이가 뽑혔습니다.

나머지 장면 만들기

학생들을 다섯 모둠으로 나눠 주인과 고양이가 '가장 행복했던 순간'과 '가장 슬펐던 순간'의 장면을 만듭니다.

> **예시) 학생들이 만든 장면**
>
> **1) 마법사의 고양이**
> - 가장 행복했던 순간 : 동네 불량배들에게 괴롭힘을 당하는 고양이를 지나가는 마법사가 구해줌
> - 가장 슬펐던 순간 : 마법사가 실수로 고양이를 개구리로 만들어 버림
>
> **2) 축구 선수의 고양이**
> - 가장 행복했던 순간 : 축구 선수와 같이 신나게 축구를 함
> - 가장 슬펐던 순간 : 신나게 놀다가 고양이가 공에 맞아 죽음
>
> **3) 나무의 고양이**
> - 가장 행복했던 순간 : 고양이가 나무 주위에서 즐겁게 뛰어 놂
> - 가장 슬펐던 순간 : 목수가 나무를 벰

4) 의사의 고양이

- 가장 행복했던 순간 : 아픈 고양이를 의사가 치료해 줌
- 가장 슬펐던 순간 : 주사를 잘못 맞아 고양이가 죽음

5) 선생님의 고양이

- 가장 행복했던 순간 : 교실에서 학생들과 즐겁게 공부를 함
- 가장 슬펐던 순간 : 선생님에게 혼나 고양이가 집을 나감

이 중 불량배들한테 둘러싸여 괴롭힘을 당하는 고양이를 구해주는 마법사 장면과 나무의 고양이로 지낼 적에 목수가 나무를 쓰러뜨리는 장면이 특히 인상적이었습니다. 이 두 장면과 지난주 만든 전투 장면을 엮어 대본을 만들기로 했습니다.

스태프, 배역 정하기

우리에게 필요한 역할을 칠판에 쓰고, 원하는 학생들의 이름을 그 옆에 적었습니다. 필요한 역할의 수만큼 학생 수가 채워지면 그 역할에 동그라미 표시를, 지원자가 없거나 넘치는 역할에는 V 표시를 했습니다. 학생들은 본인들끼리 역할을 바꾸기도 하고 다른 역할로 옮겨가기도 했습니다.

> **예시) 역할 나누기**
>
> - 해설자, 음향 스태프
> - 첫 번째 장면 등장인물(왕, 고양이, 마법사, 군인 세 명, 적군 세 명)

- 두 번째 장면 등장인물(마술사의 고양이, 마법사, 불량배 세 명)
- 세 번째 장면 등장인물(나무의 고양이, 목수, 나무 세 명, 비바람 네 명)

해설자 역할에 처음에는 일곱 명이 지원했다가 네 명이 남았습니다. 지원자가 넷이라 학생들에게 장면별로 한두 명의 해설자를 두어도 괜찮지 않겠냐고 제안했더니 다들 좋다고 했습니다. 음향도 한 명을 생각하고 있었으나 두 명이 하고 싶다고 해서 오케이. 평화롭게 마무리를 지으려는 순간, 해설에 지원한 한 학생의 얼굴이 좋지 않았습니다. 가서 괜찮으냐고 물어보니 마법사를 하고 싶다고 합니다. 마법사를 지원한 학생은 해설과 바꿀 수 없다고 했습니다. 난감했습니다. 처음 해설에 지원한 학생이 그럼 둘이 마법사를 하면 안 되겠냐고 제안했습니다. 원래 마법사를 지원한 친구에게 이 상황을 다시 설명하니 자기도 좋다고 합니다. 이렇게 역할 정하기가 무사히 끝이 났습니다! 공연 배경음악은 「사랑을 했다」로 정했습니다. 장면 전환 시 배경음악을 틀고, 마지막 장면이 끝난 후 수화 팀이 나와 수화 공연을 하기로 정리했습니다.

> **실전 TIP**
> 연극을 만들다 보면 배역 정하기에서 학생들의 마음이 상하는 경우가 많습니다. 한 배역에 여러 학생들이 지원할 경우, 투표나 가위바위보, 당사자들 간의 협의를 통해 정하기보다는 극의 형태나 이야기를 바꾸더라도 학생들의 요구를 최대한 충족시켜주는 게 교실연극의 본질을 흐리지 않는 방법인 것 같습니다. 그러기 위해서는 무엇보다 교사의 인내심이 요구됩니다.

장면 다듬고 연습하기

학생들이 정지 장면에서 나눴던 대사를 대본에 옮겼습니다. 해설은 「사랑을 했다」 가사에서 인용했습니다. 기억나지 않는 대사는 다음 날 학생들에게 물어봐 대본을 완성했지요. 학생들과 둘러앉아 대본을 한 문장씩 돌아가며 읽었습니다. 그리고 장면별로 교실 공간을 나누어 연습했습니다. 장면별로 인원을 나눠 연습을 하니 장면이 겹치는 학생들이 있었습니다. 주로 코러스들이었습니다. 그래서 배역이 최대한 겹치지 않는 장면을 먼저 연습했습니다. 공연이 얼마 남지 않아 떨려서 그랬는지, 손에 쥐어진 대본 때문이었는지 학생들의 대사와 움직임이 자연스럽게 이어지지 않았습니다. 그럴 때는 교사가 가끔 시범을 보였습니다.

공연하기

"선생님, 저 떨려요. 어떡해요." "선생님도 떨려 죽겠어. 우리 목소리만 크게 내자."

앞 반의 무대가 끝나길 기다리는데 왜 이렇게 떨리는지. 지금까지 봤던 어느 공연보다 심장이 쫄깃했습니다. 다음은 학생들의 공연 내용이 담긴 대본입니다.

> **예시) 〈백만 번 산 고양이〉 연극 대본**
>
> **#1. 임금님의 고양이**
>
> 배경음악(「사랑을 했다」)이 커졌다 작아진다.
>
> 해설자   사랑을 하고 우리가 만나는 이야기. 지우지 못하고 추억이 되

는 이야기. 옛날 어느 나라에 고양이를 무척이나 좋아하는 임금님이 살았습니다. 그러던 어느 날 이웃 나라에 공격을 받게 되지요.

고양이	(등장하며 무대 위를 논다.) 야옹, 야옹.
왕	(등장하며) 야옹아, 이리 오렴.
왕과 고양이	(술래잡기를 하며 논다.)
군인1	(뛰어와 무릎 꿇고) 임금님, 전갈입니다. (급하게 편지를 펼치며) 지금 이웃나라에 적군들이 쳐들어온다고 합니다.
왕	(놀라며) 뭐라고? 여봐라, 거기 누구 없느냐.

음향(북소리)에 맞춰 군인들 등장한다.

왕	적을 물리쳐라!
군인들	적을 물리쳐라!
적군	돌격 앞으로!

엉켜 싸운다. (음향 : 싸움을 고조시키는 북소리와 천둥소리)

적군1	(쓰러지며) 내 화살을 받아라!(화살을 쏘고 쓰러진다.)
고양이	(날아가는 화살을 맞는다. 음향: 북소리 천천히) 야옹.
왕	(놀라며) 야옹아, 네가 나를 살렸구나. 마법사, 마법사!
마법사	(뛰어나오며) 네, 폐하.
왕	고양이가 내 대신 화살을 맞았다. 빨리 살려내라.

마법사	폐하, 그것은 아니 되옵니다.
왕	닥쳐라, 살려내지 못하면 네가 대신 죽을 것이다.
마법사	폐하, 다시 살린 고양이는 영원히 죽을 수도 살 수도 없습니다.
왕	상관없다. 어서 살리거라.
마법사	(한숨을 쉬며) 알겠사옵니다. (주문을 건다.)

마법사의 주문에 고양이 다시 부활한다. (음향 : 마법사 주문 중 천둥소리, 끝나고 차임벨[1] - 땡)

왕	고양아, 고맙다. 고마워. 이제 다시 죽지 않을 것이야.
마법사	(왕과 고양이를 보고 고래를 절레절레 젓는다.)

예상치 못했던 관객들의 큰 웃음소리에 대사 절반가량이 묻힌 것 같지만 그래도 재미있었다니 우리의 공연은 성공한 걸로!

#2. 마술사의 고양이

배경음악(「사랑을 했다」)이 커졌다 작아진다.

해설자	사랑을 하고 우리가 만나는 이야기. 지우지 못하고 추억이 되

---

[1] 연극 연수나 극 만들기 활동 시 가장 많이 쓰이는 악기 중 하나로 신비로운 소리를 냅니다. 주로 정지 장면이 시작될 때나 풀릴 때 많이 쓰지요. 예를 들어 차임벨을 한 번만 치면 한 사람이 정지하기, 차임벨 세 개(차임벨 악기마다 다른데 밑판에 차임벨이 하나(한음) 붙은 게 있고, 밑판 하나에 차임벨 세 개나 다섯 개 붙은 게 있어요)를 연달아 치면 정지가 풀리고 움직이기 등을 약속해서 쓰는 식으로요.

는 이야기. 마법사의 주문으로 백만 번을 죽고, 다시 백만 번을 사는 고양이. 왕이 죽고 궁에서 쫓겨난 고양이는 길거리를 떠돌다가 불량배들을 만나게 됩니다.

고양이와 불량배가 서로 맞은편에서 등장한다.

불량배1	(맨 앞에서 고양이를 발견하고) 감히 내 바지에 오줌을 싸!
불량배2	요게 내 얼굴을 할퀴어!
불량배3	감히 날 째려봐!
불량배4	날 때려!
불량배5	내 수염을 잡아당겼지!
불량배 모두	공격!
고양이	야옹. 야옹.
마술사	(무대 위 등장하며) 이 녀석들, 뭣들 하느냐. 그만두지 못해!
불량배2	흥, 넌 뭐야?
마술사	(비장하게) 우린 마술사다!
불량배 모두	(비아냥거리며) 마술사가 뭔데?
마술사	안 되겠군. 공포의 주문을 보여주지.
불량배 모두	(껄렁거리며 비웃는다.)
마술사	아브라카타브라, 아브라카타브라. 쥐로 변해라. 이얍! (음향 : 마술사 주문 중 천둥소리, 끝나고 차임벨-땡)
불량배 모두	어? (쥐로 변한 후) 찍 찍 찍 찍...
고양이	(변한 쥐들을 보고 무섭게 공격한다.) 야옹! 야옹!

불량배 모두	(급히 퇴장한다.)
마술사	고양아, 고생 많았지? 이제 집에 가거라.
고양이	(그 자리에서 야옹야옹 운다)
마술사	집이 없는 것이냐? 그럼 우리 집으로 가자.
고양이	(반갑게) 야옹!

마술사, 고양이 퇴장한다.
배경음악(「사랑을 했다」)이 커졌다 작아진다.

해설자	사랑을 하고 우리가 만나는 이야기. 지우지 못하고 추억이 되는 이야기. 이렇게 하여 한때 고양이는 마술사의 고양이로 살았다고 합니다.

#3. 나무의 고양이

배경음악(「사랑을 했다」)이 커졌다 작아진다.

해설자	한때 고양이는 큰 나무의 고양이였습니다.

나무가 모두 (순서대로) 등장하면 고양이가 뒤따라와 나무 옆에 앉는다.

해설자	새가 날아오면 새들과 뛰어놀았습니다.
고양이	(나무 주위에서 새들을 바라보며 잡으려 한다. 음향 : 새소리)
해설자	비바람이 몰아치면 나무가 고양이를 감싸주었죠. (음향 : 오션드

럼과 썬더드럼)

나무 모두 고양이를 감싸준다.

해설자	나무와 고양이가 행복한 시간을 보내던 어느 날이었습니다.
목수	음, 이 나무가 딱인데. 미안하지만 집을 짓는 데 네가 필요할 것 같구나. 오늘도 나무를 구하지 못하면 큰일이 난단다. 자, 그럼 도끼질을 해볼까.
고양이	(목수를 막으며) 야옹, 야옹.
목수	아니, 웬 고양이가. 절로 가! 절로 가!
고양이	(버티며) 야옹, 야옹.
목수	(고양이에게 위협을 하며) 아니, 그래도 이것이!
고양이	(마지못해 물러나며) 야옹….

목수의 도끼질에 나무가 하나씩 쓰러진다. (음향 : 도끼질할 때 북소리. 나무 쓰러질 때 비브라슬랩[2] 소리)

고양이	(쓰러진 나무를 보며 울먹거리며) 야옹, 야옹.

배경음악(「사랑을 했다」)이 커졌다 작아진다.

---

[2] 비브라슬랩은 옛날 톰과 제리에서 톰이 제리를 쫓다가 괭이나 삽 같은 데 발을 디디면 괭이나 삽 머리가 톰 머리를 꽝 때릴 때 있잖아요. 머리가 핑핑 돌 때. 아마 그때 내면 좋은 효과음을 가졌습니다. 뭔가 우스꽝스럽고 나무 소리 느낌이지요.

수화 팀과 해설자가 무대 위에 등장한다.

해설자　백만 번을 죽고, 백만 번을 사는 고양이. 지금은 또 어디에서 누구와 살아가고 있을까요? 사랑을 하고 우리가 만나는 이야기. 지우지 못하고 추억이 되는 이야기. (말을 마치고 퇴장한다.)

해설자가 퇴장하면 「사랑을 했다」에 수화 팀이 수화를 시작한다.

수업을 마치며

많은 관객과 학예회 특유의 소음으로 연극에 집중하기 힘든 환경이었기에 배우들의 몸짓과 대사가 묻혀 아쉬웠습니다. 그럼에도 학생들은 열연을 펼쳤습니다. 중간중간 객석에서 터져 나오는 웃음과 박수에 배우들은 좋아하기도, 당황하기도 했지요. 긴 시간 동안 준비해서 그런지 1회성 공연으로 끝내기에는 아쉬웠습니다. 이후에 공연을 조금 더 다듬어 다른 학급에 공연 신청을 받아보면 어떨지 학생들과 이야기했습니다. 주로 학교 메신저를 통해 선생님들께 공연 홍보를 했습니다. 같은 학년 두 학급과 유치원에서 연락이 왔습니다. 무대가 교실이다 보니 관객과 배우와의 거리가 훨씬 가까워졌지요. 대사 및 움직임 전달도 잘됐습니다. 공연 후 받은 여러 간식은 덤이었습니다.

　연극을 준비하면서 가장 인상적이었던 점은 평소 조용히 지내는 학생들이 보여준 열연이었습니다. 평소 본인들의 이미지와 다른 반전 모습에 자기들도 놀랐을 것입니다. 연극이 그들에게 자신의 다른 멋진 모습을 보여준 거울이 되었길 바랍니다.

03
에이,
극은 뚝딱 만들어지지 않던데요

이종영_양산중앙중 교사

수업 적용 가능 대상 : 중 3~고 3
활동 대상 : 중 3 학생 15명
수업 시간 : 총 10차시(차시당 45분 이상 수업)
준비물 : 접이식 의자, 책상, 이동식 칠판

학생들과 극을 만드는 즐거움에 빠져 보아요

과학을 가르치는 제가 2년 동안 연극동아리를 맡으며 서툴게, 투박하게 창작극 만드는 작업을 해왔습니다. 학생들과 함께 극을 만들고 싶지만 어떻게 할지 몰라 고민하는 누군가에게 작은 도움이 되길 바라며 이리저리 부딪히며 진행한 연극 수업과 공연 과정을 소개하려 합니다.

극을 만드는 첫걸음은 어떤 이야기로 극을 할지 정하는 것입니다. 먼저 다양한 기본 텍스트를 이용해보기를 권합니다. 저의 경우 연극동아리 학생들과 1~3학년 국어교과서에 나오는 모든 시를 함께 낭독하고, 모둠별로 시를 한 편씩 골라 정지 장면을 만들어 보고 짧은 대사와 간단한 움직임을 곁들여 보았습니다. 시 자체가 주는 풍경을 표현할 수 있고, 시를 학생들의 삶에 반영시켜 사건을 표현할 수도 있습니다.

대본을 작업한 경험이 있다면 예전의 대본을 가지고 새로운 학생들과 작업을 해볼 수도 있습니다. 처음 연극동아리를 맡으며 장진 감독의 〈아름다운 사인(死因)〉이라는 희곡의 설정과 주요 대사만을 뽑아 학생들과 각색해서 짧은 극을 올렸습니다. 그 대본을 작년 동아리 학생들과 다시 각색했는데 이전과는 또 다른, 그들만의 재미있는 이야기가 나왔습니다. 기존에 있던 대본을 가지고 작업하니 큰 틀이 잡혀있어 창작 스트레스를 덜 받는 환경에서 새롭게 인물과 사건을 설정하여 이야기를 만드는 즐거움이 있었습니다.

이러한 방법으로 시나 대본을 이용하여 극 만들기에 어느 정도 감을 익힌 다음, 연극제에 참가할 대본을 만들기 위한 기본 텍스트로 그림책을 선택했습니다. 바로 전교연 겨울연수에서 처음 만나게 된 아민 그레더의 『섬』이라는 그림책입니다. 동화이면서 누구에게나 묵직한 질문을 던지는 이 그림책으로 꼭 작업을 하고 싶었기 때문입니다.

함께 연극한 작품

『섬』(아민 그레더 지음, 김경연 옮김, 보림, 2009)
어느 날 한 남자가 파도에 실려 섬에 오게 되었습니다. 섬사람들은 그들과 같지 않은 남자를 경계하고 두려워했습니다. 남자를 당장 쫓아내지는 않았지만 그를 염소 우리에 가두었습니다. 남자는 이따금 굶주림에 지쳐 먹을 것을 구걸하러 마을에 왔습니다. 그때마다 사람들은 남자를 다시 염소 우리로 데려갔고, 문을 더 튼튼하게 고쳤습니다. 그래도 그들은 불안했습니다. 낯선 자를 향한 공포심은 섬사람들을 완전히 사로잡아 버렸고, 그들은 남자에 대한 이야기만 나오면 위협적으로 돌변합니다. 이방인을 향한 사람들의 불안감과 증오심, 폭력성을 보여주는 이 이야기는 과연 책 속의 이야기일 뿐일까요? 어쩌면 우리 옆에 있는, 세상 모든 낯선 이들에게 벌어지는 비극은 아닐지 학생들과 깊이 생각해 보고 싶었습니다.

전체적인 활동 흐름

차시	활동	내용	시간	학습 형태
1	텍스트 이해하기	그림책 함께 읽기	45분	전체 활동
2		인상적인 부분을 정지 장면으로 만들기	45분	모둠 활동
3	텍스트 확장하기	질문을 통해 인물 상상하기	45분	개별 활동
4		각자 이방인이 되어 그림일기 쓰기	45분	개별 활동
5	이야기 구조 만들기	기사 내용을 재구성해 가상 인물 설정하기	45분	개별 활동
6		기사와 시놉시스를 활용해 장면 만들기	45분	모둠 활동
7	무대/장비/효과 준비하기	단순한 소품을 활용한 오브제 탐색하기	90분	모둠 활동
8		피아노 세션을 활용한 음향 효과 설정하기	90분	모둠 활동
9		다양한 조명을 활용한 빛 탐색하기	90분	모둠 활동
10	연습하기	역할에 따른 공연 준비	수시	전체 활동
11	공연하기	공연	45분	전체 활동

활동 과정

텍스트 이해하기

◉ 첫 번째 활동 : 그림책 함께 읽기

동아리 학생들 전체가 둥그렇게 앉아서 『섬』을 한 문장씩 읽었습니다. 그림책이다 보니 글 말고도 삽화에서 주는 강한 인상이 있어 분위기를 살려 누군가에게 이야기를 들려주듯 읽도록 지도했습니다. 그냥 읽거나 혼자 읽는 것보다 다 함께 이야기꾼이 된 듯이 읽으니 작품의 분위기를 서로 공유하며 쉽게 이야기를 받아들이는 효과가 있었습니다. 여유가 있다면 각자 혼자서 소리를 내지 않고 마음속으로 읽어본 후 함께 읽어보고 그 차이를 서로 말해보는 것도 좋은 방법일 듯합니다.

◉ 두 번째 활동 : 인상적인 부분을 정지 장면으로 만들기

텍스트 내용에 대한 대화는 가급적 하지 않고 바로 네다섯 명 정도 모둠을 나누어 인상적인 부분을 정지 장면으로 만들게 했습니다. 대화를 나눈 다음 장면을 만들게 되면 대부분의 모둠이 비슷한 장면을 고르는 경우가 많기 때문입니다. 장면을 완성한 뒤에는 모둠별로 발표하고, 다른 모둠이 표현한 정지 장면과 비교해 보는 시간을 가졌습니다. 각 모둠은 '이방인과의 첫 대면 장면' '이방인에 대한 소문이 퍼지는 장면' '이방인을 몰아내는 장면' '성벽을 높게 쌓는 장면' 등을 만들었습니다. 같은 장면을 만든 모둠을 통해서는 표현 방법에서 어떤 공통점과 차이점이 있는지 찾아볼 수 있었고, 완전히 다른 장면을 만든 모둠을 통해서는 놓치고 있던 부분을 환기시킬 수 있었습니다.

인상적인 장면을 만들어본 뒤에는 학생들과 함께 스토리라인을 정리하고, 텍스트를 네다섯 개 부분으로 나누어 모둠별로 주어진 부분의 텍스트로 1분 장면 만들기를 해보았습니다. 앞선 활동을 통해 정지 장면에서 얻은 아이디어로 비교적 쉽게 움직임과 대사가 있는 장면을 만들 수 있었으며 전체 이야기의 흐름이 간결하게 나타나기 때문에 텍스트의 주제가 명확히 보이기도 했습니다.

> **실전 TIP**
> 인상적인 장면을 만드는 활동은 무대 연출이나 소품에 대한 아이디어를 얻기 좋으며, 스토리라인을 정리한 뒤 장면을 만드는 활동은 전체 진행상황이나 캐릭터, 감정선 등을 이해하는 데 도움이 됩니다.

텍스트 확장하기

● 첫 번째 활동 : 질문을 통해 인물 상상하기

『섬』은 낯선 자들을 향한 폭력적인 시선에 대한 이야기입니다. 섬에서 이방인으로 나타나는 낯선 자는 결코 섬 속에서만 존재하는 사람이 아닐 것입니다. 주제를 충분히 공감하고 또 공유하고 있는 학생들에게 칠판을 향해 앉게 한 다음 아무 대화를 하지 않는 조건을 주고 질문을 던졌습니다. "우리 주변에서 이방인은 어디에 있을까요?" "대체 우리 삶 속의 이방인은 누굴까요?" 그리고 조용한 교실에서 생각나는 대로 나와서 칠판에 오늘날의 이방인은 어떤 사람인지 적게 했습니다. 장애인, 이주노동자, 다문화가정 학생, 미혼모, 성소수자, 이혼가정 학생, 너무 평범한 학생, 모범생 등등. 생각보다 다양한 인물들이 나왔고 각자 왜 이런 인물들을 떠올렸는지 이야기를 나누어 보았습니다. 이야기를 하면서 어느새 학생들은 『섬』 속의 이방인을 바라보는 섬사람이 되어 있었습니다. 학생들에게 그 부분을 인지시켜 주고 우리들이 언제든 섬사람도 이방인도 될 수 있다고 이야기해주며 다음 활동을 진행했습니다.

● 두 번째 활동 : 이방인이 되어 그림일기 쓰기

칠판에 써놓은 인물들 중 한 명이 되었다고 가정하고 그림일기 쓰는 활동입니다. 그림일기의 첫 문장은 '나는 오늘 정말 힘들었다'로 시작하도록 조건을 주었습니다. 생각보다 학생들이 이 활동을 힘들어했습니다. 우리가 이방인이라 생각하는 사람들에 대한 기본적 이해가 부족하기 때문일 것입니다. 그 점을 항상 학생들이 마음 깊이 불편하게 느끼길 바랐습니다. 학생들은 학생 미혼모, 전학생, 이민자, 장애인, 이주노동자, 따돌림을 당하는 학생, 성소수자, 특정 문화에 매니아적 성향이 있는 사람 등의 그림일기를 썼습니다. 완성된 그림들을 교실 한쪽 벽에 붙이고 자유롭게 감상할 시간을 준 뒤 우리가 만들 '섬' 이야기에서 이방인을 어떤 인물로 설정할지 결정하자고 했습니다. 아뿔싸. 학생들이 '학생 미혼모'를 선택하고 말았습니다.

이야기 구조 만들기

『섬』의 이야기와 현실의 이야기를 액자식 구조로 만드는 방향으로 가닥이 잡혔습니다. 그렇다면 현실의 이야기를 얼마나 『섬』과 통하면서도 매력 있게 만들 수 있을지 많은 자료조사가 필요할 듯했습니다. 사실 저도 학생 미혼모를 실제로 만나 본 적도 없고 그들의 삶에 크게 관심을 가지지도 못했기에 그들의 이야기를 만든다는 것이 꽤 힘들었습니다. 뭔가 뻔한, 어디선가 본 듯한 영화 속 이야기만 떠올랐지요. 예전에 이주노동자 이야기를 만들기 위해 직접 그들을 만나 인터뷰를 해본 적이 있었는데 그들의 삶을 이해하는 데 매우 좋은 방법이었습니다. 그렇지만 학생 미혼모들을 만나 인터뷰를 한다는 것 자체가 꽤 민감한 부분이라 여겨져 이 방법을 택하기란 쉽지 않았습니다.

● 첫 번째 활동 : 기사 내용을 재구성해 가상 인물 설정하기

동아리 학생들 모두에게 숙제를 내주었습니다. 기사나 책에서 실제 학생 미혼모들의 이야기를 찾아보고 그중 가장 마음 가는 이야기를 각자 찾아오기로요. 오랜 고민 끝에 한 기사를 고르고 기사의 내용을 재구성하기로 했습니다. 기사를 다 같이 읽고 이야기를 나누고 난 뒤 현실에 있을 법한 가상의 인물들을 구축하여 칠판에 인물의 실루엣을 그렸습니다. 그리고 서로 대화는 일절 하지 않은 채 각자가 생각하는 인물들의 설정들을 실루엣 속에 적어보는 활동을 했습니다. 설정끼리 모순이 생기더라도 일단 생각나는 대로 적어보도록 지도했습니다. 최종적으로 다음과 같이 등장인물을 정했습니다.

예시) 등장인물

하린	18세 / 여 / 점점 배가 불러오는 여학생
도윤	18세 / 남 / 하린의 남자친구
지우	18세 / 여 / 전교 학생회장

담임교사 33세 / 남 / 하린의 담임 / 록 매니아

1인 다역 체육교사 / 알바사장 / 버스기사

코러스(4명) 동화 속 인물 / 현실 속 단역

○ 두 번째 활동 : 기사와 시놉시스를 활용해 장면 만들기

인물 설정을 바탕으로 동아리 내에서 연출, 작가 역할에 관심 있는 친구들에게 우리 극의 '시놉시스'를 작성해 오라고 추가로 숙제를 내주었습니다. 아무래도 모임 중에 즉흥적으로 나오는 결과에는 다소 한계가 있어 좀 더 짜임새 있는 글을 원했기 때문입니다. 그리고 전체가 아닌 몇몇 선별된 학생들에게 과제를 내주었을 때 더욱 책임감 있는 결과를 가져오는 경우가 있습니다. 그 후 『섬』이야기로 장면 만들기를 하듯 현실의 이야기도 같은 방식으로 기사와 시놉시스를 이용해 장면을 만들고 대본을 완성했습니다.

예시) 학생 미혼모를 소재로 학생들이 만든 시놉시스

하린은 같은 고등학교에 다니는 남자친구 도윤에게 어떤 부탁을 하고, 도윤은 마지못해 돕기로 한다. 점점 배가 불러오는 하린은 친구들 사이에서 따돌림을 당하고, 놀림거리가 된다. 남자친구인 도윤조차 점점 태도가 차갑다. 하린은 학교 축제 장기자랑 무대에서 친구와 노래를 부르기로 했지만, 친구가 못하겠다고 하여 결국 혼자 노래 연습을 한다. 미혼모라는 이유로 학교에서도, 버스에서도, 아르바이트를 하는 가게에서도 배척당한다. 축제 장기자랑을 포기하려는 하린에게 담임 선생님만이 유일하게 용기를 준다. 드디어 무대에 오른 하린은 야유와 격려 속에서 노

래를 마치고, 배에 차고 있던 복대를 푼다. 학생 미혼모를 향한 편견을 바꿔 보고 싶었던 하린의 의도를 알게 된 주변 사람들은 하린에게 사과하다.

예시) 학생극「회색의 섬」대본

제4장

하린은 무대 한 구석에 놓여 있는 『섬』 동화를 읽는다.

내레이션 불안감이 온 섬을 뒤덮었습니다.

"위협적인 상황이야. 너무 늦기 전에 무언가 해야 해!"

"그렇지 않아도 힘든데, 다른 사람의 안녕까지 신경 쓸 수 없어."

"그자는 이방인이야."

"그자를 내보내야 해."

사람들은 남자를 붙잡아 그가 타고 온 뗏목에 태워 파도 속으로 떠밀었습니다.

조명이 켜진다. 무대 중앙에 하린의 책상이 놓여있고 하린이 앉아있다.

목소리 자. 지금부터 글쓰기 활동을 하겠습니다. 글쓰기 주제는 '내가 좋아하는 책'입니다.

하린이 무표정으로 무언가 열심히 쓰기 시작한다. 코러스들 등장. 하린이 쓰는 글을 본 뒤 흩어진다.

코러스1   18년(강조하며)을 산 고등학생이 겨우 동화책이나 보고 있네. '섬'? '이방인'?

코러스들 일동 웃는다. 하린은 써내려가던 손을 멈춘다.

코러스2   그러게, 이방인이… 우리 반에도 아주 적합한 사람이 있지 않냐? 낯설다, 낯설어.

코러스3   누구랑 똑같네. 야야 내 배는 어때? 좀 많이 나왔나? 이러다 나 애라도 낳는 거 아냐?

코러스4   야, 니가 저 이방인도 아니고. 쟤는 다르잖아.

지우   (외치듯) 얘 별명이 뭔지 아냐? 공이야, 공. 몸뚱이 이리 굴리고 저리 굴리고. 아주 쉽게 굴린다고 공!

하린이 다시 열심히 글을 쓴다.

목소리   그럼 발표를 시작하겠습니다.

음악이 흐르고 하린이 발표를 시작한다. 학생들은 집중하지 않고 귓속말을 하거나 비아냥거린다. 하린이 입을 열어 말하지만 소리는 들리지 않는다. 하린이 참지 못하고 밖으로 뛰쳐나간다. 학생들이 하린의 자리를 엉망으로 만든다. 조금씩 정도가 커지며 결국 책상을 넘어뜨리기까지 한다.

학생들 퇴장. 무대 양옆에서 하린과 도윤이 들어온다. 무대 위의 상황에

둘 모두 절망한다.

하린   (큰 소리로) 너 뭐야? 어떻게 니가 나한테 이래.
도윤   안 그래도 미안하다고 몇 번이나 했잖아. 카톡 씹은 건 너라고.
하린   나 도와준다며, 도와준다는 게 내가 이런 취급당하는 거 뻔히 보고도 모르는 척하는 거야?
도윤   (큰 소리로) 너만 사람이야? 나도 사람이야. 너 도와줄수록 계속 피해보는 게 나라고는 생각 안 해? 나도 힘들다고. 너 노래 연습한다고 점심시간마다 급식 안 먹잖아. 그럼 나는, 급식을 먹어도 꼽 주고 안 먹어도 꼽을 줘.
하린   그 정도는 참을 수 있잖아.
도윤   밥 먹으러 가면 애들은 니 이야기를 반찬 삼아서 신나게 씹어대. 그러다가 내가 보이면 일부러 내 옆에 와서 욕부터 시작해서 패드립까지 날린다고. 전부 다 개네한테서 널 도와주면서부터 시작된 일이야. 나도 이렇게 괴롭힘당하는 거 못 해 먹겠으니까 이젠 전부 니가 알아서 해. (소리치며) 대체 뭘 바꾸겠다고!
하린   야, 이도윤!

도윤이 퇴장한다. 사이. 하린이 관객석을 바라본다. 눈물을 흘린다.

하린   너희들도 마찬가지야. 쟤들이 나 괴롭히는 거 뻔히 알면서도 왜 아무런 말도 안 해? 왜 안 하냐고! 나도 이젠… 너무 힘들어.

암전.

무대/장비/효과 준비하기

◉ 첫 번째 활동 : 오브제 탐색하기

개인적으로 대본 내용만큼 무대 연출을 중요하게 여겨 '어떻게 보여주는가?'에 대한 고민을 많이 하는 편입니다. 작년에는 오브제 탐색에 빠져 있어서 접이식 목제 의자를 무대 소품으로 다양하게 변형하여 사용했습니다. 변형이 가능한 의자는 단순히 앉는 데에만 쓰임이 있는 것이 아니라 접기도 하고, 눕히기도 하고, 들고 움직이기도 하면서 의자가 아닌 다른 캐릭터를 가질 수 있게 됩니다. 극에서는 접이식 의자들이 염소 우리가 되기도 하고, 성벽이 되기도 하고, 탑이 되기도 했습니다. 상상과 변형을 통해 연극에서만 보여줄 수 있는 마법을 부린 것과 같습니다. 현란한 배경 소품 없이 단순한 의자의 상상과 변형만으로 무대를 채울 수 있게 되는 것입니다.

◉ 두 번째 활동 : 음향 효과 설정하기

피아노 세션을 둬서 실제 공연에서 실시간 연주로 음향 효과를 채웠습니다. 음향 컨트롤의 실수나 기기의 문제로 인한 음향 사고를 막을 수도 있고 또 준비 과정에서 배우와 스태프가 조금 더 교감할 수 있는 부분이기도 합니다.

◉ 세 번째 활동 : 다양한 조명을 활용한 빛 탐색하기

지역 청소년회관 공연장의 조명들은 다소 부족한 부분이 있습니다. 학

교 예산으로 파라이트[1]와 줌라이트[2]를 추가로 구매하여 좀 더 다양한 조명 연출을 보이려 노력했습니다. 사실 이 모든 것은 직접 만져보고 눈으로 관찰해야 습득할 수 있는 '기술'인 듯합니다.

공연하기

동화 『섬』의 이야기를 액자식 구성에서 낭독극으로 제시했습니다. 코러스들은 '섬'을 이미지화해서 보여주고, 현실에서는 단역 역할을 맡습니다. 많은 소품 없이 배우들의 구도나 조명, 음향으로 극의 분위기를 표현했고, 특히 '섬'에서는 접이식 의자를 오브제로 사용했습니다.

연극의 한 장면

#프롤로그

도윤 니가 어떻게 하고 싶은진 알겠는데, 그러면 너만 힘들어져. (사이) 그냥 포기하자, 응?

하린 아니 바뀔 거야, 그렇게 되야 돼.

---

[1] 파라이트는 하나의 조명으로 다양한 색을 표현할 수 있으며 사이키 효과도 표현할 수 있는 조명입니다. 학교에서 공연하는 경우 공연용 조명이 제대로 구성되어 있는 경우가 드물기 때문에 파라이트 두세 개 정도면 적은 비용으로도 연극에 필요한 대부분의 색 조명 효과를 볼 수 있습니다.

[2] 줌라이트는 빛을 비추는 범위(면적)를 조절할 수 있는 조명입니다. 특수한 상황이나 빛을 활용한 연출이 필요한 경우 효과적으로 사용할 수 있습니다. 스포트라이트 효과나 그림자극 연출, 그림자 크기를 변형시키는 연출 등에 사용됩니다.

#1. 책을 보는 하린에게 시비 거는 친구들

여고딩1   야, 박하린! 너 대체 여기 왜 왔냐?

하린   점심 먹고 소화도 시킬 겸 책 읽으러 왔어.

여고딩2   그게 아니라, 너. 그 상태로 학교에 왜 왔냐고.

#3. 이방인을 향한 섬사람들의 공포

코러스들   아이들이 겁에 질려 있어. 기회가 있으면 우리 모두 죽일 거야. 틀림없어.

#4. 하린에게 비아냥거리는 반 친구들

코러스1   고등학생이 겨우 동화책이나 보고 있네. 섬? 이방인?

코러스2   이방인이라… 우리 반에도 아주 적합한 사람이 있지 않냐?

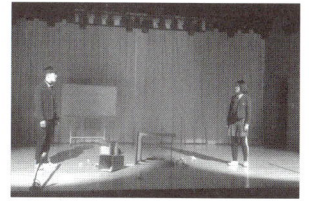

#5. 엉망이 된 책상을 본 하린과 도윤

하린   나 도와준다며, 내가 이런 취급당하는 거 뻔히 보고도 모른 척하는 거야?

도윤   너 도와줄수록 계속 피해보는 게 나라고는 생각 안 해? 나도 힘들다고!

#. 에필로그

하린 책 속의 이야기는 슬픈 결말을 보여줬습니다. 제가 사는 현실에서의 이야기도 영화처럼 해피엔딩으로 끝나지는 않았고요. 회색빛 섬에서 쫓겨난 이방인은 어디로 갔을까요?

수업을 마치며

혼자서 온전한 극을 만들기란 비전공자들에겐 쉽지 않은 노동이기도 합니다. 그래서 주변에 도움을 꼭 요청하시라 전하고 싶습니다. 저는 방학마다 전교연에서 진행하는 '극 만들기' 연수에서 배우게 된 많은 부분을 제가 만드는 극에 차용하기도 하고, 지역 모임에서 샘들에게 자문하기도 했습니다. 또 여러 미디어에서 아이디어를 얻기도 했습니다. 그렇지만 역시 대부분의 아이디어는 학생들과의 활동을 통해 나온 결과물에서 얻었습니다. 이를 그대로 극에 반영하기도 하고 자연스럽게 수정해서 극에 녹이기도 했습니다. 아직은 어린 학생들의 결과물이 마냥 마음에 들지 않을 때가 많아 욕심을 부릴 때도 있습니다. 경계할 필요가 있음에도 이 욕심을 버리는 것이 쉽지만은 않네요. 이 글을 읽는 독자 여러분은 작가주의 태도에서 벗어나, 학생들과 함께 극을 만드는 즐거움을 잃지 않으시길 바랍니다.

참고자료 1

학교 연극공연 매뉴얼

이인호_천안여고 교사

학생들과 40년 가까이 연극을 하면서 여러 차례 연극제에 참가했습니다. 그런데 대부분의 참가팀이 관객 없이, 심사위원과 다른 팀의 연극부원 정도가 지켜보는 가운데서 공연합니다. 입상 여부와 관계없이 관객과 소통이 없는 공연은 술과 노래가 없는 잔치와 같습니다.

부산의 교사극단 '조명이 있는 교실'에서 공연한 〈그 꽃〉의 세 번째 이야기는 연극제에 참가해본 학생들과 지도교사라면 누구나 공감할 만한 내용입니다. 극 중 연극반 아이들은 연극제에서 입상하지 못한 상실감을 학교 공연으로 극복하며 행복해합니다. 이는 비단 작품 속 얘기만은 아닙니다.

2014년부터 본격적으로 학교 공연을 추진했습니다. 물론 이전에도 학교 운동장, 소강당 등에서 공연해 왔지만, 지금은 강당에서 간단한 조명시설을 갖추고 방송반의 도움을 받아 학교 음향기기도 적극 활용할 수 있습니다. 배우들은 관객들의 호응에 펄펄 살아났고 공연이 끝난 후 엄청 뿌듯해했습니다. 더구나 공연 후 관객과 어울림마당을 진행하면서 그야말로 연극축제를 만끽할 수 있었지요. 두 해 동안 연극제에 올렸던 작품을 학교에서 공연하고, 2015년 2학기에는 학교 공연만을 위한 작품을 준비해 선보일 수 있었던 건 학생들이 학교 공연의 묘미를 체감했기 때문에 가능했습니다. 이 장에서는 학교 공연을 추진한 경과와 각 단계에서 챙겨야 할 것을 소개하려 합니다.

학교 공연의 좋은 점 그리고 어려운 점

학생들이 대회의 압박감, 경쟁에서 벗어나 연극을 온전히 즐길 수 있는 것이 학교 공연의 최대 장점이 아닌가 싶습니다. 심사위원들만 있는 연극경연대회와는 달리 관객들의 반응을 피부로 느낄 수 있어 더 신명 나기도 합니다. 공연 후 간단한 프로그램을 준비해 관객들과 소통하는 시간을 가질 수도 있는데, 특히 스태프는 공연 뒤 어울림마당에서 무대에 서지 못한 아쉬움을 달랠 수 있습니다. 무엇보다 학교 공연은 홍보, 무대 설치, 스태프 영역, 공연, 뒷정리까지 전 과정을 역할 분담을 통해 참여할 수 있기 때문에 연극반 자체 역량 강화를 위해서도 퍽 요긴한 일이지요. 그러나 공연 장소로 쓸 만한 공간 확보가 어렵고, 조명이나 음향시설이 미비해 공연을 연습할 때나 관객을 모집할 때 제한을 받을 수 있다는 점이 아쉽습니다. 이런 장단점을 어떻게 살리고 보완할지는 각각의 준비 과정에서 조금 자세히 살펴볼까 합니다.

학교 공연 준비 단계

● 공연 시기와 장소 확정하기

공연 시기는 작품 준비 정도에 따라 다르겠지만 1학기나 2학기 기말고사가 끝나 교과 수업 활동이 느슨해질 무렵이 좋았습니다. 방학 3일 전쯤 야자 시간을 활용하기도 했고, 2학기 때는 동아리 발표회 시간에 별도의 공연 프로그램으로 신청하여 개최했습니다. 공연 장소로는 시청각실이나 강당을 주로 사용하는데, 학교 일정과 강당 사용 일정 등을 미리 파악하여 사전 결재를 받아 자습 지도하는 교사들을 편안하게 해 줄 필요가 있습니다. 학교 실정에 따라 암막이 있는 음악실이나 교실, 과학실 등을 사용할 수도 있을 겁니다.

전문적인 공연장에 비하면 대부분의 시설이 열악할 수밖에 없지만, 특히 조명 때문에 애를 먹는 경우가 많습니다. 이동 조명이나 기본 조명을 설치해 보완하되, 무대 세트나 조명을 단순화하거나 최소화하여 연습하는 것이 중요합니다. 이동조명기가 있으면 교실 공연도 가능합니다. 이동식 조명기 HN-230 LED 멀티 파 라이트(약 17만 원), 조명 컨트롤러인 DISCO-240(약 22만 원)를 구입하면 연극 공연은 물론 학교에서 이뤄지는 여러 소공연에 활용할 수 있습니다. 우리 학교의 경우, 3년에 걸쳐 강당에 기본 조명과 콘솔박스를 설치하여 연극 공연뿐 아니라 다른 행사 때도 적절하게 사용했습니다. 또한, 학교에 음향시설이나 방음시설이 부족하면 관객 수를 제한할 수밖에 없으므로 몇 회에 걸쳐 공연을 하거나 꼭 보고 싶어 하는 관객들을 초대하는 방식으로 해결해 나가는 수밖에 없는 듯합니다. 핀 마이크를 사용할 수 있으면 공간을 좀 더 넓게 쓸 수 있습니다.

● 작품 선정하기

대회에 선보인 작품을 공연할 때는 학교 공연을 염두에 두고 대본 선정과 세트, 조명 계획을 세우는 것이 좋습니다. 등장인물 수, 무대 변화,

세트의 단순성과 이동 가능성, 기본 조명에 준하는 학교 조명 상황을 고려하여 준비합니다. 꼭 청소년극이 아니더라도 완성도가 있는 극이면 학생들은 훌륭한 관객이 되어줍니다.

우리 학교 연극반에서 공연한 〈우리 동네 사람들〉과 〈아빠 어디 가〉와 같은 작품은 전국교사연극모임에서 검증된 작품으로 학생들의 주변 인물과 일상, 경험 등을 다루어 호응을 얻었습니다. 소설을 각색한 〈우상의 눈물〉 그리고 낭독극으로 만든 〈원미동 사람들〉과 〈봄동백꽃〉(김유정의 「봄봄」과 「동백꽃」을 하나로 묶은 작품)은 국어 시간에 익숙한 작품을 극화하여 표현함으로써 소설 읽기에서 대사와 동작, 장면 재현 등을 곁들여 흥미를 유발하고 감상의 깊이를 더했습니다.('참고자료 2 : 국어시간에 낭독극 공연하기' 참조)

● 홍보와 관객 선정하기

공연 포스터를 만들고 초대권을 만들어 관객 참여를 유도하고 관객 수를 조절했습니다. 초대권은 교사와 학생에게 골고루 배부되도록 신청을 받고, 연극반 학생들에게는 일정량을 주어 초대하고 싶은 사람에게 주도록 했고요. 이 초대권이 야간자습을 빠질 수 있는 패스권이 되어 학생들 사이에서 인기가 높았고, 덕분에 연극부원들은 기분이 으쓱해졌습니다.

● 공연 전후 프로그램 만들기

공연 전에 연극반 활동을 알리고 그동안 공연한 작품을 소개하는 영상을 5분 정도 상영할 수 있게 사전 작업을 했습니다. 공연 후 프로그램도 진행자를 정해 미리 기획하게 했는데, 스태프 중에 무대 욕심이 있는 학생에게 맡겼더니 의욕적으로 준비했습니다. '배우와 한 장면 연기하기' '관람한 연극에 대한 퀴즈 풀기' '포토타임' '간단한 춤과 즉흥연기' 등을 내용으로 30분 정도로 진행했습니다. 상품도 미리 준비하도록 했지요.

● 공연 당일 진행하기

사전에 준비한 영상을 상영한 뒤 바로 공연 그리고 공연 후 관객과의 어울림마당 순으로 진행했습니다. 입장 안내, 공연장 뒷정리까지 세부적으로 역할을 맡아 진행해야 흐름이 자연스러웠습니다. 특히 공연 후 어울림마당에서 관객들의 연극 감상 소감을 듣는 것도 좋은데, 교사 중에서도 한두 분 소감을 청해 연극부원들을 격려하고, 행사를 정리해 주시도록 하면 좋습니다. 졸업한 선배, 학부모의 참여도 학교 측이나 동아리부원들에게 힘이 됩니다.

● 공연 평가하기

공연 다음 날이나 세트, 의상, 분장 도구 등의 정리가 완결된 다음에 지도교사와 연극부원들끼리 식사나 다과를 겸한 뒤풀이 식으로 진행했습니다. 소감과 평가를 나누되 문제점은 꼭 정리하여 다음 공연에 참고하는 것이 좋습니다. 전체적으로는 서로의 노고를 칭찬하고 격려하는 분위기가 되도록 하고, 동아리 단톡이나 페이스북을 통해 나름의 소감문을 공유하는 방법도 괜찮습니다.

● 소감 나누기

"연극대회에서 공연하는 것과 학교에서 공연하는 건 정말 달랐어요. 대회에서는 실수하면 안 된다는 압박감에 많이 떨기도 했고, 저희 공연이 잘돼 가는지 안절부절못한 채 지켜봤거든요. 그리고 엄청 빠르게 지나갔던 것 같아요. 같이 학교 생활하는 친구들 앞에서 공연한다고 생각하니 조금 부끄럽기도 하고 떨리기도 했는데, 친구들 반응이 좋아 재미있게 같이 즐기면서 공연할 수 있었습니다. 대회와는 다르게 공연 후 친구들과 얘기도 하고, 공연과 관련된 문제나 게임도 함께하며 관객과 소통할 수 있어서 재밌었습니다."(한별, 고2)

"처음 공연할 때가 떠오릅니다. 그전까지 많은 사람 앞에 서는 것을 꿈꿔본 적 없는 저에게 이런 기회가 왔을 때는 정말 설렜지만, 한편으로는 부담되었습니다. 그런데 막상 무대에 서니까 머릿속에 잡생각이 사라지고 공연만 꽉 찼습니다. 공연이 끝난 뒤 저는 제가 해냈다는 생각에 정말 가슴이 벅차올랐습니다. 그때 그 기분을 저는 잊을 수 없습니다. 2학년이 되어 다시 학교 공연 소식을 접하자 다시 또 긴장감을 느꼈습니다. 이게 한두 번 경험이 있어도 익숙해지지는 않더라고요. 제가 이런데 후배들은 어떨까 하면서 긴장감을 억누르고 공연했습니다. 후배들과 함께해서 더 의미 있고, 제가 1학년 때 선배들의 기분을 맛본 것 같아서 뜻깊었습니다. 이런 경험을 통해 저는 한층 더 성숙해진 것 같습니다."(영준, 고3)

"학교 공연과 대회 공연 둘 다 정말 좋은 경험이지만 대회에서는 제가 맡은 캐릭터를 어떻게 더 잘 표현할지 고민했다면, 학교 공연에서는 관객이 같은 학교 학생들이어서 그런지 내 감정을 어떻게 더 진정성 있게 전달할지를 더 생각했습니다. 개인적으로 가장 성취감을 느낀 순간은 공연을 마친 후 부원들끼리, 선생님과 서로 수고했다는 말을 건넬 때와 관객들이 저를 제가 연기한 캐릭터로 기억해줄 때였습니다. 학교 공연은 배우, 스태프, 관객 모두 조금 더 가까운 곳에서 연극을 만들어 갈 수 있다는 점에서 더 매력을 느꼈고, 저 스스로 연극을 해서 참 행복한 사람이라 생각했습니다." (지수, 고2)

"넓은 강당에서 연기하기 때문에 목소리가 뒤쪽까지 들릴지 걱정했는데, 우려와 달리 모두 재밌게 공연을 보고 모든 관객 분들이 호응을 정말 잘 해주셨습니다. 연극이 끝난 후 연극 내용에 관한 퀴즈, 배우와 연기 대결, 노래, 같이 사진 찍기 등을 통해 관객들과 소통하며 즐거운 시간을 보냈던 것도 기억에 남습니다. 아마 제 학교생활 중 가장 즐거운 시간이 아닐까 생각합니다. 소음 때문에 에어컨까지 끄고 공연했던 여름, 강당 바닥에 앉아 엉덩이에서 땀이 나는 것을 참으며 봐준 관객분들과 겨울에 시청각실에서 공연할 때 조금 늦게 도착해 입장도 못 하고 돌아가신 분들에게 미안하고 고맙습니다." (태경, 고2)

참고자료 2
국어시간에 낭독극 공연하기

이인호_천안여고 교사

모둠 구성과 역할 분담

학급당 여덟 명에서 열 명씩 네 모둠을 편성합니다. 이때 모둠장(연출)을 선정하여 모둠의 진행사항이나 할 일, 조언할 점, 작품 선정, 도울 것, 준비물 등을 모둠원들과 협의하게 하는 것이 좋습니다. 스태프와 배우를 정하되 스태프도 가능하면 무대에 설 기회를 주도록 합니다. 스태프는 음향, 조명, 무대, 소품 정도로 분담하는데, 작품의 출연자 수나 내용에 따라 적절히 조정할 수 있습니다.

소품, 의상, 무대

가능하면 교실이나 학교에서 구할 수 있는 간단한 것을 상징적으로 사용하도록 합니다. 예를 들면, 책걸상이나 커튼, 체육대회 반 단체복, 교사의 의상, 색상지나 머메이드지 등으로 제작한 미니어처 등이요.

음악과 조명

음악은 극 분위기 전달, 장면 전환, 휴지, 시작과 끝을 표현하는 데 사용하며 가능하면 꼭 들어가도록 합니다. 조명은 교실이나 공연장(시청각실, 음악실 등)의 불을 활용하되 스마트폰, 촛불, 손전등 등을 활용할 수 있습니다.

작품 선정과 대본 작업

낭독극으로 공연할 작품은 교과와 연계하여 순수문학 작품으로 하되, 시와 소설로 한정할 수 있습니다. 선정한 작품은 교사와 협의를 통해 조정하거나 교체합니다. 단, 기존의 수업 시간에 배웠던 작품이 아닌 앞으로 배울 작품이나 같이 공유할 만한 작품을 우선적으로 하도록 유도합니다.

  시를 선택한 경우, 텍스트를 분석하는 데 시간이 덜 걸리므로 시적 상황을 그려내거나 연상되는 이야기를 두 개 이상 담도록 합니다. 소설의 경우, 가능하면 단편소설을 권장하고 장편소설의 경우, 보여주고 싶은 부분이나 주요한 내용을 선택하여 장면화합니다. 시와 소설 모두 10분 이내로 구성하고 장면은 네 장면에서 여섯 장면 정도가 적당합니다. 연극적 요소를 살려 선택된 내용을 깊이 있게 표현하도록 지도합니다. 대본 작업 시에는 스케치북, 켄트지, A3 용지 등을 통해 주요 문장이나 단어, 배경, 장면, 인물 등을 문자나 그림으로 나타내는 활동을 곁들여도 좋습니다.

발표(공연)하기

주인공보다 해설자나 낭독자의 정확한 전달을 강조하고 무대에서 공연하도록 합니다. 등장인물의 행동을 단순화하고, 소품이나 의상보다 대사 전달을 정확하게 하는 것이 중요합니다. 또한, 가능하면 객석 쪽을 보고 대사를 하도록 지도합니다. 공연 직전 관객들에게도 관람 예절을 지켜 감상하도록 당부한 뒤 발표를 진행합니다.

시설에 따라 영상을 함께 사용할 수 있으나 영상으로 지나치게 대체할 수 있으므로 연극적 제작을 위해서는 가능한 한 자제하는 것이 좋겠습니다. 공연 전후로 작품 설명, 작가 소개, 줄거리, 인물 등을 소개하면 관객들이 작품을 이해하고 감상하는 데 도움을 줄 수 있습니다. 그리고 촬영 담당자를 두어 공연 사진과 영상을 자료화하는 것도 잊지 마세요. 공연 후에는 모둠당 대본 1부씩을 제출하게 한 뒤 심사를 통해 학급별 우수 작품을 선정하여 학년 전체 연극제를 기획해도 좋습니다.

4부
자유학기제, 자유롭게 즐겁게

01
까불까불 몸짓놀이

이종영_양산중앙중 교사

수업 적용 가능 대상 : 초등 고학년~중등 전학년
활동 대상 : 중 1 학생 25명
수업 시간 : 총 18차시(차시당 45분 수업)
준비물 : 마스킹테이프, 의자, 안대,
　　　　스트레칭 고무밴드, 호스, 컵 등

수업이 부담스럽다면
'연극' 말고 '놀이'에 방점을 쾅!

자유학년 수업으로 예술체육·동아리 프로그램을 맡아 학생들의 삶에 유익한 교육연극 수업을 구상하고 싶었습니다. 하지만 25~30명 가까이 모인 학생들 모두가 원해서 신청한 수업은 아니었고, 수업 공간이 학교로 제한된다는 점을 생각하면 답답하고 걱정스러운 맘이 없진 않았습니다. 교육연극을 조금 맛보았다고 연극 수업을 맡기에는 무언가 많이 부담스러울 때, 수업 대신 '놀이'에 방점을 쾅 찍어보면 어떨까요? 놀이는 미적 체험을 하고 자기 표현, 자기 돌봄 능력을 기르도록 도움을 줍니다. 연극놀이를 통해 학생들과 더 재미있게, 유익하게 놀 수 있습니다.

전체적인 활동 흐름

차시	활동	내용	시간	학습 형태
1~2	몸과 마음 열기	샐러드 놀이 '이웃을 사랑하십니까' 놀이 손님 모셔오기 놀이 기차 가위바위보 봉황 가위바위보	전체 활동	마스킹테이프, 의자
3~4	놀며 친해지기1	술래 따라 하기 고양이와 쥐 술래잡기	전체 활동	–
5~6	놀며 친해지기2	그물 술래잡기	전체 활동	안대
		전략 이어달리기	모둠 활동	
7~8	몸의 신비1	휴먼 만다라 터널 통과하기	모둠 활동	스트레칭 고무밴드
9~10	몸의 신비2	도미노 박수, 꼬인 손 풀기 실과 바늘, 자석 놀이	모둠 활동	안대
11~12	상상과 변형1	조각 빚기 조각상 만들기	모둠 활동	–
13~14	상상과 변형2	마음으로 연상단어 잇기 몸으로 만들기(사물과 장소)	모둠 활동	–
15~16	감각 깨우기1	움벨레 놀이, 거울 놀이 눈 감고 손으로 이끌기	모둠 활동	안대
17~18	감각 깨우기2	다양한 방법으로 물 전달하기 물을 이용한 벽화 그리기	모둠 활동	호스, 컵

수업 과정

몸과 마음 열기

처음 만나는 학생들이 마음을 열고 친해질 수 있도록 큰 부담 없는 놀이들을 배치했습니다. '샐러드 게임' '이웃을 사랑하십니까' '손님 모셔오기' 등의 자리 바꾸기 놀이는 학생들이 한데 섞이며 서로 얼굴을 익히게 해줍니다. 특히 '이웃을 사랑하십니까' 놀이는 그룹의 특성이나 공통점, 차이점도 관찰할 수 있는 놀이라 학생들의 몰입도가 높은 편입니다.

● 첫 번째 활동 : 샐러드 놀이

1. 원의 형태로 의자를 놓고 마주 보고 앉은 다음, 사람들마다 특정 채소나 과일의 이름을 붙여줍니다.
2. 한 명이 술래가 되어 특정 채소나 과일의 이름을 부릅니다. 이때 자신에게 해당하는 채소나 과일의 이름을 부르면 그 사람들끼리 자리를 바꾸어 앉습니다.
3. 술래는 하나의 이름이 아니라 두세 개의 이름을 동시에 말할 수 있습니다. 그러면 동시에 부른 이름에 해당하는 사람들 전원이 자리를 바꾸어 앉습니다.
4. 술래가 "샐러드"라고 외치면 앉아있던 전원이 자리를 바꾸어 앉습니다.
5. 술래는 사람들이 자리를 바꾸는 동안 비어있던 의자를 재빠르게 찾아 앉습니다. 자리를 잃은 사람이 다시 술래가 됩니다.

- **두 번째 활동 : '이웃을 사랑하십니까' 놀이**

    1. 원의 형태로 의자를 놓고 마주 보고 앉습니다.
    2. 한 명이 술래가 되어 의자에 앉아있는 사람 중 한 명에게 가서 "당신의 이웃을 사랑하십니까?"라고 묻습니다.
    3. 질문을 받은 사람이 "네"라고 답하면 질문 받은 사람 양쪽의 사람이 자리를 바꾸어 앉습니다.
    4. 질문을 받은 사람이 "아니오"라고 답하면 술래가 "그럼 어떤 이웃을 사랑하십니까?"라고 묻습니다. 이때 질문을 받은 사람은 "안경을 낀 이웃을 사랑합니다" "오늘 아침 식사를 한 이웃을 사랑합니다" "겨울에 태어난 이웃을 사랑합니다" 등 특정 조건을 이용하여 답합니다. 그럼 그에 해당하는 사람들끼리 자리를 바꾸어 앉습니다.
    5. 술래는 사람들이 자리를 바꾸는 동안 비어있던 의자를 재빠르게 찾아 앉습니다. 자리를 잃은 사람이 다시 술래가 됩니다.

- **세 번째 활동 : 손님 모셔오기 놀이**

    1. 원의 형태로 의자를 놓고 마주 보고 앉은 다음, 한 자리를 비워둡니다.
    2. 빈 의자 양옆에 있는 두 사람은 손을 잡고 달려가서 다른 자리에 앉아있던 사람을 아무나 데리고 와서 빈 의자에 앉힙니다.
    3. 새롭게 생긴 빈 의자 양옆에 있는 두 사람이 다시 손을 잡고 달려가 다른 자리에 앉아있던 사람을 아무나 데리고 와서 빈 의자에 앉힙니다.

4. 특정 시간으로 타이머를 설정하여 울리게 합니다. 타이머가 울릴 때 손님을 모셔오지 못한 사람이 벌칙을 받습니다.

◯ 네 번째 활동 : 기차 가위바위보

전체적으로 학생들의 참여가 이루어지고 난 뒤 가위바위보를 활용한 놀이를 진행합니다. 기차 가위바위보는 그룹을 원의 형태로 만들기에 좋고, 학생들이 다양하게 섞이기에도 좋은 놀이입니다.

1. 수업에 참여하는 학생들이 각각 두 명으로 짝을 만들어 마주 본 상태로 가위바위보를 합니다.
2. 이긴 학생만 뒤로 돌고 진 학생은 이긴 학생 어깨 위에 손을 올려 기차를 만듭니다.
3. 두 명으로 구성된 기차끼리 마주치면 서로 마주 본 상태로 가위바위보를 합니다.
4. 이긴 기차의 학생들만 뒤로 돌고 진 기차의 학생들은 이긴 기차 학생 방향으로 어깨 위에 손을 올려 네 명으로 구성된 기차를 만듭니다.
5. 네 명으로 구성된 기차끼리 마주치면 서로 마주 본 상태로 가위바위보를 합니다.
6. 전체 학생들이 하나의 기차가 될 때까지 반복합니다.
7. 하나의 기차가 되면 기차 머리가 기차 꼬리를 잡고 원을 만듭니다.

이 놀이의 경우 가위바위보에 이기든 지든 계속해서 가위바위보를 하는 학생이 바뀌기 때문에 꼭 이기지 않더라도 재미있게 즐길 수 있습니다.

● 다섯 번째 활동 : 봉황 가위바위보

봉황 가위바위보는 알에서 병아리, 병아리에서 닭, 닭에서 봉황으로 단계를 밟으며 진행하기 때문에 학생들이 긴장의 끈을 놓을 수 없는 놀이입니다. 또 알, 병아리, 닭, 봉황을 몸으로 흉내 내는 표현 활동이기도 합니다.

1. 수업에 참여하는 학생들 전체가 쪼그려 앉은 채 양손을 머리 위에 올려 원 모양을 만들어 알이 됩니다.
2. "알, 알, 알, 알"이라고 반복적으로 말하며 이동합니다. 같은 알을 만나면 가위바위보를 합니다.
3. 가위바위보에 이긴 학생은 쪼그린 상태로 양쪽 허리에 손을 올리고 병아리가 됩니다.
4. "삐약, 삐약, 삐약"이라고 반복적으로 말하며 이동합니다. 같은 병아리를 만나게 되면 가위바위보를 합니다.
5. 가위바위보에 이긴 학생은 일어선 상태로 한 손은 머리 위로, 한 손은 엉덩이로 올리고 닭이 됩니다.
6. "꼬꼬댁, 꼬꼬댁, 꼬꼬댁"이라고 반복적으로 말하며 같은 닭을 만나게 되면 가위바위보를 합니다.
7. 가위바위보에 이긴 학생은 우아하게 날갯짓을 하며 봉황이 됩

니다.
8. "봉황"이라고 크게 외치고 벽 쪽으로 날아와 앉습니다.
9. 가위바위보를 닭인 상태에서 지면 병아리로, 병아리인 상태에서 지면 알로, 알인 상태에서 지면 그대로 알이 되어 다시 가위바위보를 할 상대를 찾습니다.
10. 최종 세 명이 남을 때까지 반복하며 남은 세 명에게 벌칙을 줍니다.

놀며 친해지기

○ 첫 번째 활동 : 술래 따라 하기

학생들에게 익숙한 놀이인 술래잡기를 변형한 놀이들로 수업을 구성합니다. 술래 따라 하기는 다양한 방법으로 진행할 수 있습니다. 방법은 다음과 같습니다.

1. 그룹에서 한 명을 제외한 학생 사이에서 술래를 정합니다. 제외된 한 명의 학생이 술래가 누군지 모르게 정해야 합니다.
2. 학생들은 공간을 자유롭게 거닐며 술래의 행동을 따라 하고 제외되었던 학생이 술래가 누구인지 찾습니다.

다른 방법으로 모두가 술래가 될 수도 있습니다. 무작위로 학생들의 이름을 섞은 종이를 하나씩 뽑아 본인만 확인합니다. 마찬가지로 공간을 자유롭게 거닐고 본인이 뽑은 종이에 적힌 학생의 행동을 따라하게 합니다. 각 학생들은 자신의 동작을 따라 하는 학생들을 찾습니다. 이 놀이는 관찰력을 키울 수 있는 활동이기도 합니다.

○ **두 번째 활동 : 고양이와 쥐 술래잡기**

이 놀이는 술래잡기의 규칙을 다양하게 변형하며 진행할 수 있으며, 한 사람이 술래로 오래 있지 않도록 하는 규칙도 있어서 신체 능력이 크게 중요하지 않고 모두가 재미있게 즐길 수 있다는 장점이 있습니다. 규칙이 여러 차례 바뀌기 때문에 정신없이 진행될 수도 있으나 그 순간이 오히려 하나의 웃음 포인트가 됩니다.

1. 술래로 고양이 한 명, 쥐 한 명을 정합니다.
2. 남은 구성원은 두 명씩 짝을 지어 어깨를 나란히 붙인 채 나무가 되어 교실 공간 여기저기 섭니다.
3. 고양이는 "야옹"이라고 크게 외치고 쥐를 잡으러 갑니다.
4. 고양이가 쥐를 잡으면 역할이 서로 바뀝니다.
5. 쥐는 도망 다니다 나무에 붙어 나무로 변할 수 있습니다. 이때 쥐는 "찰칵"이라고 크게 외치며 붙어야 합니다.
6. 쥐가 나무에 붙으면 나무 두 명 중 쥐와 반대편에 있던 나무 한 명은 떨어져 나옵니다.
7. 첫 번째 규칙에 따라 떨어져 나온 나무가 쥐가 되어 고양이로부터 도망을 갑니다.
8. 두 번째 규칙에 따라 떨어져 나온 나무가 고양이가 되고, 원래 고양이었던 학생은 쥐가 되어 고양이로부터 도망을 갑니다.

> **실전 TIP**
> 쥐를 두 명으로 늘려 진행할 수도 있습니다.

◉ 세 번째 활동 : 그물 술래잡기

그물 술래잡기를 통해 전체 학생들을 원으로 만듭니다. 수업 시작 시 그냥 원을 만들기보다는 놀이를 통해 원을 만들면 학생들이 다음 놀이에도 몰입하여 참여할 수 있습니다.

1. 한정된 공간에서 술래를 한 명 정하고 술래잡기를 합니다.
2. 술래가 한 명을 잡으면 한 손씩 서로 잡습니다. 손을 잡지 않은 바깥 손으로만 또 다른 사람을 잡습니다.
3. 잡힌 사람은 잡은 사람의 손을 잡습니다. 세 명 중 가운데 사람은 양손이 각각 양쪽의 사람 손을 잡고 있기 때문에 다른 사람을 잡을 수 없고, 바깥쪽에 있는 사람은 바깥 손으로만 또 다른 사람을 잡습니다.
4. 여러 명이 술래가 되어 그물이 되어도 그물 양쪽 끝의 두 팔로만 사람을 잡을 수 있습니다.
5. 한 명이 남을 때까지 반복해서 술래잡기를 합니다.

◉ 네 번째 활동 : 전략 이어달리기

이 게임도 다양한 방법으로 구성할 수 있습니다. 저는 두 팀 단위로 경쟁하는 활동으로 구성했습니다. 방법은 다음과 같습니다.

1. 한 팀에서 다섯 가지 색을 임의의 순서로 정하면 상대 팀이 다섯 가지 색의 고깔을 가지고 이어달리며 색의 순서를 맞추어 봅니다.
2. 반환점에는 다섯 개의 점이 찍혀있습니다. 한 명당 하나의 고깔을 놓거나 고깔의 위치를 한 번 바꿀 수 있습니다.
3. 달릴 때에는 조건을 부여합니다. 원숭이처럼 달리기, 늪지대에서 달리기, 슬로우 모션으로 달리기 등 특정한 동물이 될 수도 있고, 특정한 장소가 될 수도 있습니다.

이 활동은 이어달리기이지만 마치 가위바위보와 같은 확률 게임이므로 신체적 능력이 크게 중요하지는 않아 학생들이 부담 없이 즐길 수 있습니다.

몸의 신비

● 첫 번째 활동 : 휴먼 만달라

휴먼 만달라 예시1

휴먼 만달라 예시2

스트레칭 고무 밴드를 활용한 놀이입니다. 개인별로 밴드를 하나씩 나누어 주고 네다섯 명 정도로 모둠을 구성한 뒤 각 모둠마다 밴드와 몸을 이용하여 인간 만달라를 만들도록 합니다. 밴드뿐만 아니라 몸의 다양한 부분을 이용하여 별 모양이나 원의 형태 등 규칙성이 보이는 무늬를 모둠원들이 함께 만들어 봅니다.

○ 두 번째 활동 : 터널 통과하기

전체 학생이 두 줄로 서로 마주 보며 선 다음 밴드를 여기저기 엮이도록 마주 잡아 터널을 만듭니다. 가장 끝의 두 명은 두 손을 뒷짐을 진 상태로 나머지 학생들이 만든 밴드 터널을 통과합니다. 통과한 두 명의 학생은 터널에 합류하며 가장 끝의 두 학생이 같은 방법으로 터널을 통과합니다. 고무 밴드들이 규칙성 없이 엮이어 터널이 복잡해질수록 좋습니다.

터널 통과하기 예시

◉ 세 번째 활동 : 도미노 박수

전원이 원을 만들어 앉아 도미노 놀이 하듯 박수를 전달합니다. 도미노 박수를 통해 주변의 소리와 동작에 집중하고 본인의 반응까지 살피는 경험을 합니다. 박수의 간격이 일정하고 최대한 지연 없이 빠르게 한 바퀴 돌 때까지 진행해 봅니다. 이후 박수 전달하기 등 박수를 활용한 활동이나 놀이를 합니다.

◉ 네 번째 활동 : 꼬인 손 풀기

네다섯 명 정도 모둠을 만들어 꼬인 손 풀기 활동을 합니다. 모둠원들은 원을 만들어 서로 마주 보고 섭니다. 앞으로 나란히 팔을 편 다음 오른팔이 왼팔 위로 겹치도록 교차합니다. 교차한 상태로 양옆 사람의 손을 잡고 원을 만듭니다. 잡은 손을 놓지 않은 상태로 교차된 팔을 다 풀어줍니다. 성공한 모둠은 두 모둠을 합쳐 여덟 명에서 열 명이 함께 꼬인 손 풀기를 다시 해봅니다. 이때는 서로 대화하지 않고 풀 수 있도록 안내합니다. 점점 모둠을 확장하고 마지막으로는 전체가 하나의 모둠이 되어 꼬인 손 풀기를 해봅니다.

◉ 다섯 번째 활동 : 실과 바늘

두 사람이 짝이 되어 가위바위보를 합니다. 이긴 학생이 진 학생의 옷에 가상의 실과 바늘로 실을 꿥니다. 이긴 학생은 실을 잡고(마음으로 실을 잡는 시늉을 합니다) 진 학생을 이끕니다. 서로의 움직임과 속도에 집중하여 움직입니다. 이때 실의 길이를 의식하여 두 사람 사이의 간격이 일정하게 움직입니다. 놀이를 변형하여 두세 명의 학생이 한 명의 학생에게 실을 꿰어 이끌 수도 있고, 한 명의 학생이 두세 명의 학생에게 실을 꿰어 이끌 수도 있습니다.

○ 여섯 번째 활동 : 자석 놀이

가위바위보에서 이긴 학생의 손바닥은 자석이 되고, 진 학생의 특정 신체 부위가 쇠붙이가 됩니다. 자석은 물결을 그리는 움직임이나 점프를 반복하는 움직임, 원을 그리는 움직임 등 특정한 모양의 흐름으로 쇠붙이를 당깁니다. 쇠붙이는 자석에 거의 닿을 정도의 거리로 자석의 흐름에 끌려갑니다. 놀이를 변형하여 자석이 먼저 신체 부위를 외치며 특정한 움직임을 보여주면 상대 학생의 해당 신체 부위가 쇠붙이가 되어 자석의 움직임대로 자석을 따라 오게 할 수도 있습니다. 또 다른 변형으로 두 학생이 손바닥 혹은 한 손가락끼리 맞닿게 한 다음 쇠붙이 역할의 학생은 눈을 감고 자석 역할의 학생이 쇠붙이 역할의 학생을 이끌 수도 있습니다. 가능하면 음악을 틀어 움직임이 음악에 녹아들게 하면 좋습니다. 이때 손바닥을 맞잡거나 손가락을 걸지 않고 살짝 닿게 합니다.

상상과 변형

○ 첫 번째 활동 : 조각 빚기

상상의 공을 빚어 보는 활동입니다. 몸으로 빚은 공의 특성(무게, 질감, 온도 등)이 잘 드러나게끔 표현한 뒤 한 명씩 번갈아가며 공을 주고받습니다. 이때 공의 특성이 잘 드러나도록 받는 동작을 합니다.

● 두 번째 활동 : 조각상 만들기

두 명이 짝이 되어 번갈아가며 한 명은 조각가, 한 명은 찰흙이 됩니다. 최근 가장 인상 깊었던 일, 나의 버킷리스트 등 주어진 상황에 맞게 조각가는 찰흙을 이용하여 자신의 모습을 상상하여 빚습니다. 돌아가며 조각상에 대해 설명한 뒤 조각가가 조각상에 숨결을 불어넣으면 조각상은 잠시 살아 움직입니다. 조각가가 설명한 상황에 맞게 동작이나 대사를 짧게 하고 다시 정지합니다. 번갈아가며 2회 정도 반복합니다. 조각상들은 자신의 동작을 잘 기억하고 있다가 한 동작을 고릅니다. 전원이 모두 조각상이 되고 한 명씩 조각상 미술관을 걸어봅니다. 관람이 끝나면 다시 조각상이 되고 번갈아가며 조각상 미술관을 걸어봅니다.

● 세 번째 활동 : 마임으로 연상단어 잇기

끝말잇기처럼 연상되는 단어를 동작으로 잇는 놀이입니다. 이때 전달하는 말은 귓속말로 다른 사람들이 듣지 못하도록 합니다. 마지막까지 전달되면 각자 자신이 전달한 단어를 마임으로 표현하고 서로 맞추어 봅니다. 처음 단어에서부터 마지막 단어가 어떻게 변형되어 가는지 확인합니다.

● 네 번째 활동 : 몸으로 만들기(사물과 장소)

네다섯 명으로 모둠을 만들고 각 모둠에서 특정 장소나 영화 등을 정지장면으로 만들어 다른 모둠이 맞추어 보는 활동입니다. 이 활동은 빨리 맞추는 것이 목적이 아니기 때문에 정지 장면을 보자마자 답을 외치지 않고 충분히 감상 후 다 함께 대답하도록 진행합니다. 활동이 어려울 것 같다고 판단될 경우 '몸으로 말해요' 놀이를 먼저 하면 학생들이 좀 더 쉽게 '몸으로 만들기'에 참여할 수 있습니다.

감각 깨우기

◯ 첫 번째 활동 : 움벨레 놀이

익히 아는 움벨레 놀이를 변형해서 진행했습니다. 방법은 다음과 같습니다.

1. 술래로 늑대와 양을 정하고 안대를 씌웁니다.
2. 나머지 학생들은 서로 양손을 잡고 크게 원을 만들어 울타리가 되어 마주 보고 섭니다.
3. 늑대는 코끼리코 다섯 바퀴를 돈 다음 양을 잡으러 갑니다.
4. 울타리들은 늑대가 양을 잡으러 출발하는 동시에 "움벨레~ 움벨레"라고 반복하여 말합니다. 이때 늑대와 양의 거리가 가까워질수록 소리를 크게 합니다.
5. 늑대가 양을 잡으면 양은 늑대가 되고 새로운 양을 정해서 놀이를 다시 진행합니다.

움벨레가 인디언 말로 '조심해'라는 뜻이라고 들었으나 어디에도 그 근거가 없어 다른 말로 대체했습니다. 사라질 것 같은 세계의 말 중 '칼랑가(KALANGA)'와 '부가이(BUGAY)'라는 말이 있습니다. 칼랑가는 탄자니아의 마텡고어(Matengo)로 '멀리서 저주를 건다'라는 뜻입니다. 부가이는 필리핀의 아르타어(Arta)로 '사냥개를 데리고 홀로 수렵에 나서

다' 즉 '사냥하러 가다'라는 뜻입니다.

　진행자의 선택에 따라 늑대와 양을 다른 역할로 변형시킬 수 있습니다. 칼랑가를 사용하여 귀신과 사람으로, 부가이를 사용하여 사냥개와 양으로 놀이를 진행할 수 있습니다. 놀이에서 쓰이는 말이 앞으로 사라질 가능성이 높은 다른 나라의 말이라는 점에서 소수 언어를 배우는 재미도 있습니다.

● 두 번째 활동 : 거울 놀이

두 명이 짝이 되어 번갈아가며 '나'와 '거울 속의 나'가 됩니다. '나'는 '거울 속의 나'가 동작을 잘 따라 할 수 있도록 천천히 움직입니다. 몸의 움직임뿐만 아니라 표정이나 소리 등을 낼 수도 있습니다. 확장하여 한 명의 '나'와 나머지 '거울 속의 나'로 움직임을 따라 해볼 수도 있습니다.

● 세 번째 활동 : 눈 감고 손으로 이끌기

두 명이서 짝이 되어 손을 잡습니다. 한 명은 눈을 감고 다른 한 명은 길의 안내자가 되는 놀이입니다. 안내자가 공간의 상황을 제시합니다. 눈이 가득 쌓인 한낮의 놀이터라거나 시끌벅적한 놀이동산, 시원한 바람이 부는 울창한 숲속 등 주어진 상황에 맞게 안내자는 구체적인 상황이나 장소를 말로 설명합니다. 눈을 감은 학생은 몰입하여 안내자가 말하는 바에 맞게 반응합니다. 번갈아가며 놀다가 놀이가 익숙해지면 좀 더 넓은 공간으로 나가 본인들만의 상황에 맞는 안내자가 됩니다. 가능하면 걷는 것뿐만 아니라 충분히 상상할 수 있도록 다른 물건들을 만져

보게 한다든지 위험하지 않을 정도로 달려보게 하는 등 다양한 경험을 할 수 있도록 안내합니다.

◉ 네 번째 활동 : 다양한 방법으로 물 전달하기

열 명 이하로 모둠을 구성한 다음 일렬로 서서 물이 가득 담긴 컵을 앞에서부터 머리 위로 전달하거나 각각 컵을 받은 상태에서 물만 전달하는 놀이입니다. 모둠별로 물을 가장 먼저 전달한 순위를 정하거나 가장 물을 온전하게 전달한 순위를 정할 수도 있습니다. 일부러 다른 학생에게 물을 뿌리거나 장난하지 않도록 사전에 강조할 필요가 있습니다. 이때 단순히 물을 전달하기보다 스토리텔링이 녹아 들어가는 것이 좋습니다. 예를 들어 물을 흘리지 말아야 하는 규칙에서 자원으로서의 물에 대한 이야기, 아프리카의 물 부족 상황 등에 관해 이야기 나누고 물이 낭비되지 않도록 지도합니다.

◉ 다섯 번째 활동 : 물을 이용한 벽화 그리기

모둠을 나누어 학교 외벽이나 바닥에 몸을 이용하여 규칙적인 패턴이나 재미있는 정지 동작의 형태로 몸을 밀착시킨 뒤 그 위에 호스를 이용하여 물을 뿌립니다. 이때 안개 분사 기능이 있는 호스를 사용하면 마치 인간 스텐실처럼 재미있는 벽화들을 만들 수 있습니다. 그림이 선명하려면 물을 흠뻑 뿌려야 하는데 학생들이 젖을 수 있으므로 여분의 옷을 준비하게 하거나 수건을 준비하는 것이 좋습니다. 배경의 색은 크게 관련이 없고 페인트 등으로 코팅되어 있지 않은 시멘트벽이나 벽돌을 쌓은 벽에 그림이 선명하게 나옵니다.

수업을 마치며

사실 '연극놀이'로 수업이 개설되었다면 학생들에게 진입장벽이 꽤 높았을 거라 생각합니다. 그래서 이 수업의 이름을 '까불까불 몸짓놀이'로 정했습니다. 학생들이 놀이성을 찾기를, 표현할 수 있는 방법을 터득하길 바랐습니다. 정해진 장소에서 수업하지 않고 그날그날 놀이에 맞는 공간을 찾아가면서 수업했다는 점도 학생들에게는 신선하게 다가왔을지 모릅니다. 익숙한 장소를 비틀어 볼 줄 아는 학생들의 눈 덕분에 저도 즐겁게 수업에 녹아들 수 있었습니다. 다만 성별이 섞여있는 상황에서 함께 놀이에 흠뻑 빠지게 하는 것이 매우 힘들었습니다. 물과 기름이 나뉘듯 남학생, 여학생은 딱 나뉘어 모이곤 했으니까요. 서로 눈을 마주치는 것조차 불편할 아이들이 손을 맞잡는 데는 생각보다 많은 시간이 걸릴지도 모르고, 어쩌면 학기가 끝날 때까지 안 될 수도 있습니다. 하지만 수업을 마치고 보니 손 하나 맞잡지 않았다고 하여 수업이 무너지는 것은 아니니 그런 부분은 그저 기다리거나 내려놓으면 될 것입니다.

수업을 진행하며 인상적이었던 것은 놀이 곳곳에 숨겨놓은 연극적 요소를 학생들은 그저 놀이로서 몰입하고 즐기고 있었다는 점입니다. 그 순간 그들은 예술가가 되어 잘 놀고 있었습니다. 물론 표현력이 뛰어나지 않거나 연극적 활동에 몰입하는 것에 피로를 느끼는 학생들도 꽤 있습니다. 어쩌면 '끼'라는 것은 타고나는 것일지도 모르겠으나, 수업에 참여한 모든 학생이 적어도 미적 체험을 했으리라는 믿음이 있습니다. 그것은 연극적 기질과는 다른 영역이라 생각합니다.

놀이가 단순히 놀이로 끝나는 것이 괜히 아쉽다면 교사의 철학에 맞게 놀이를 재구성하는 것은 어떨까요? 예를 들어, 움벨레 놀이를 변형하여 학생들과 함께 소수언어, 소수민족, 소수자들에 대해 이야기를 나누어보거나 기억에 남는 뉴스를 조각상으로 빚어 볼 수도, 학교에서 겪는 수많은 폭력적인 상황을 조각상으로 빚어 볼 수도 있을 것입니다. 물 전달하기 게임을 하기 전에 자원의 소중함에 대한 공감대를 형성한 뒤 물을 무사히 손실 없이 전달하도록 지도하면 어떨까요? 대결 구도의 놀이에서 경쟁이 중요치 않도록 규칙을 만들어 보는 것도 좋은 교육 방법이라고 한다면 지나친 생각일까요?

종종 '예술' 하는 사람들의 마음이 궁금해질 때가 있습니다. 또 종종 교육 현장에서 '예술' 하는 사람들의 태도는 어때야 하나 궁금해질 때가 있습니다. 명확한 답이 있는 것만이 바른 길인 양 모호함을 불편해하고 인정하려 들지 않는 교육 현장에 바로 그 모호함의 꽃을 피울 예술이 성큼성큼 들어오기를 바랍니다.

우리의 이야기, 연극이 되다

양은영_관교여중 교사

수업 적용 가능 대상 : 중 1~고등 전 학년
활동 대상 : 중 1 학생 27명
수업 시간 : 총 12차시(차시당 90분 수업)
준비물 : 색깔 천, 악기, 종이상자

매시간 나누는 이야기가 모여 연극이 될 수 있어요

자유학기제 수업을 개설할 때 가장 먼저 고려한 것은 차시별 활동을 잇고 모아서 결과물을 만들 수 있는 수업은 무엇일까, 하는 것이었습니다. 전국교사연극모임이 주최한 5박 6일의 연극연수에서 배운 것을 학교 현장에서 적용해 보자는 것이 자유학기제 연극 수업의 출발이었지요. 개설될 수업을 안내하고 반별로 세 명씩 수업을 지원해서 9개 반, 총 27명의 학생이 모였습니다. 첫 시간, 어떻게 해서 수업을 신청했는지 물었을 때 스스로 희망해서 온 학생은 딱 한 명이었습니다. 눈앞이 캄캄해지는 느낌이었습니다. 우선 낯선 교사와 또래 아이를 만난 두려움부터 해결해야 했습니다.

그해 1학년 중에는 성격 유형 중 예술가형 기질을 가진 학생이 많았습니다. 그렇지만 자존감이 낮고, 관계에 예민한 학생, 부끄러움이 많거나 소통이 불편한 학생도 있었지요. 최대한 긴장감을 낮추고 관계를 형성할 수 있는 연극놀이를 즐겨보는 것, 활동 소감을 나누면서 발견하는 생각과 이야기들을 학기 말에 연극으로 엮어보는 것을 목표로 잡았습니다. 소외되는 학생 없이 매시간 나누는 이야기를 모아서 연극을 만들었기 때문에 수업에 참여하는 학생들이 부담 없이 참여할 수 있었고, 연극을 만드는 과정에 모두가 참여했기 때문에 '우리의 작품'이라는 점에서 보람을 느낄 수 있었습니다.

장소는 교직원 회의실을 선택했습니다. 일반 교실보다 1.5배 큰 곳으로, 사용 가능한 곳 중 가장 넓었습니다. 수업 시작과 후에 모든 책걸상을 한쪽으로 정리해야 한다는 게 수고스럽긴 했지만요. 활동 중에는 바닥에 앉거나 누울 수 있기 때문에 캠핑용 매트를 저렴한 것으로 구입해서 바닥에 깔았습니다.

전체적인 활동 흐름

차시	활동	내용	시간	학습 형태	준비물
1	몸과 마음 열기 1	몸풀기 체조	45분	전체 활동	체육복(편한 차림)
		연꽃이 활짝 피었습니다			
	중심 활동 1	이름으로 즉흥극 만들기	45분	모둠 활동	
2	몸과 마음 열기 2	고양이와 쥐 놀이	45분	전체 활동	
	중심 활동 2	소지품으로 자기 이야기하기	45분	2인 1조	1인1개 소품
3	몸과 마음 열기 3	인디언 놀이	30분	전체 활동	
	중심 활동 3	악기를 사용해서 즉흥극 만들기	60분	모둠 활동	소리 나는 악기
4	몸과 마음 열기 4	연극놀이(독거미, 최면술 놀이)	90분	전체 활동	체육복(편한 차림)
5	몸과 마음 열기 5	무궁화꽃이 피었습니다	45분	전체 활동	
	중심 활동 5	신문지 놀이	45분	모둠 활동	신문지, 테이프
6	몸과 마음 열기 6	그림자 놀이	30분	2인 1조	배경음악
	중심 활동 6	나에게 있었던 기쁜 날과 슬픈(또는 화났던) 날의 일기 쓰기	60분	개별 활동	전지 1/2 크기 (인원수X2장), 파스텔
7	몸과 마음 열기 7	상황에 어울리는 행동과 소리를 마임으로 표현하기	30분	모둠 활동	
	중심 활동 7	딱지치기를 정지 장면으로 표현하기 (딱지 만들기 포함)	60분	개별 활동	딱지 재료 (우유갑)
8	몸과 마음 열기 8	색깔 천과 상자 탐색으로 대신함		모둠 활동	
	중심 활동 8	색깔 천과 상자를 사용한 즉흥극 만들기	90분	모둠 활동	색깔 천, 택배상자, 가위, 테이프
9	몸과 마음 열기 9	이심전심 놀이	30분	전체 활동	
	중심 활동 9	비 오는 날을 몸으로 표현하기	60분	모둠 활동	류재수 『노란 우산』 (CD 포함)
10~12	대본 만들기	1~9차시까지 모은 이야기를 바탕으로 대본 만들기	차시별 90분	전체 활동	

수업 과정

차시별 수업 활동 방법과 잘된 점, 다음 시간에 고려하면 좋을 내용, 학생들의 반응, 수업 분위기를 기록한 수업 일기를 바탕으로 정리했습니다.

몸과 마음 열기 1

처음 만난 27명을 하나의 원으로 서게 했습니다. 수업을 시작하기 전에는 항상 원으로 서게 합니다. 이때 관계에 따라 친한 사람이 있다면 가까이 몰려서고 친한 사람이 없으면 원 바깥으로 비껴 서는 경우가 많습니다. 원으로 서는 활동을 하면 학생들의 관계와 학급의 분위기를 쉽게 파악할 수 있습니다. 관계에 따라 원으로 서는 학생들의 모습은 시간마다 다릅니다. 필요한 경우 예측이 불가능한 방법으로 모둠을 나누면 학생들이 평소 관계를 벗어나 수업에서 맺어지는 관계에 마음을 열기도 합니다. 이것은 후에 다시 설명하겠습니다.

　수업을 시작하기 전에는 항상 원으로 서게 합니다. 의자에만 앉아 있던 굳은 몸을 활동하면서 풀어주면 몸도 풀리고 심적으로도 새로운 것을 받아들일 여유가 생깁니다. 그래서 몸과 마음을 여는 활동이 중요하다는 것을 학생들이 익숙해질 때까지 매시간 반복해서 이야기합니다. 단순한 놀이가 아니라 몸과 마음을 여는 활동을 충분히 해야 우리가 제안하는 여러 이야기를 받아들이고 표현할 수 있다고 의미를 설명합니다. 실제로 간단한 놀이라도 수업 시작 때 하는 활동은 상대의 이야기를 수용하고 새로운 제안을 하기 위해 많은 집중력을 요구하며 이후 본 활동의 성과에도 영향을 미칩니다.

● **첫 번째 활동 : 몸풀기 체조**

연극 활동을 하는 첫 시간에 하는 활동입니다. 순서대로 활동하면서 꽃을 피운다는 최종 목표를 위해 학생들이 제안과 수용을 하고 자연스럽게 신체 활동을 하기 때문에 어색한 분위기를 바꾸는 데 좋습니다.

1. 개별적으로 기지개 켜기, 손 털기처럼 간단한 동작을 합니다. 이후 두 명씩 마주 보고 양손을 서로의 어깨 위에 올린 후 허벅지가 당기도록 지그시 눌러줍니다. 이때, 서로의 도움으로 스트레칭을 하는 것이므로 머리가 부딪치지 않도록 적당한 거리를 두고 상대가 편안한 정도까지만 상체를 누르도록 합니다. 장난을 치면 다칠 수 있다는 주의를 줍니다.
2. 1을 함께한 두 사람이 짝이 됩니다. 바닥에 앉아서 등을 마주 댑니다. 양반다리를 하고 편안하게 앉은 상태에서 상대의 등을 미는 힘만으로 일어섭니다. 두 사람이 동시에 같은 힘으로 상대를 밀면 일어날 수 있습니다. 이때 손으로 바닥을 짚지 않도록 합니다.

교사가 학생과 시범을 보여주거나 두 사람이 등을 완전히 밀착하도록 하고 어깨에 틈이 생기지 않게 자세를 잡아주면 성공할 확률이 높습니다. 먼저 성공한 학생은 다른 학생을 돕도록 하면 자연스럽게 제안과 수용이 이루어집니다. 두 명이 공동의 목표를 이루면서 유대감을 가지면 수업에도 쉽게 적응할 수 있습니다. 교사는 관찰하면서 보거나 들은 좋은 사례를 나누고, 상대를 배려한 학생들이 서로를 칭찬합니다. 이때, 연극은 혼자 하는 활동이 아니며 1인 배우가 공연하더라도 관객이 있듯이 함께하는 활동이라는 것을 이야기하면 좋습니다. 서로에 대한 배려가 있어서 활동에 성공할 수 있었다는 것을 기억하자고 이야기합니다.

두 번째 활동 : 연꽃이 활짝 피었습니다

1. 모두가 하나의 원을 이루어 섭니다. 이때 어깨 너비로 다리를 벌리고 옆 사람과 내 양발의 옆면이 닿도록 합니다. 내 양발이 바깥쪽으로 미는 힘이 상대를 지지해 주기 때문입니다.
2. 각자 왼쪽 옆 사람의 등 뒤에 자기 왼손을, 오른쪽 옆 사람의 등 뒤에 자기 오른손을 둡니다. 이렇게 하면 자기를 기준으로 옆 사람의 옆 사람과 손을 잡을 수 있습니다.
3. 하체는 지탱하는 힘으로 정지해 있고 상체만 뒤로 젖힙니다. 자기 등 뒤에서도 두 사람이 손을 잡고 있을 텐데 그것이 자기가 뒤로 넘어지지 않게 지탱해 줄 안전망입니다. 간격이 넓지 않은지 물어보고 학생들이 적정한 거리를 제안하여 움직이도록 합니다.
4. 하나, 둘, 셋 신호에 맞춰 동시에 상체를 젖히고 잡은 손으로는 몸이 쓰러지지 않게 버텨줍니다. 성공한 후에는 모두가 성취감이 큽니다. 교사가 원 밖에서 책상 위에 올라가 사진을 찍으면 학생들의 모습이 활짝 핀 꽃 모양임을 확인할 수 있습니다.

3번과 같은 방법으로, 원의 간격을 좁혀서 활동할 수 있습니다. 자기를 기준으로 옆 사람의 옆 사람 등 뒤에서 자기 손과 만날 수 있는 사람의 손을 잡습니다. 간격이 좁아졌기 때문에 키 차이가 큰 경우 어려움이 있지만 어떻게 하면 좋을지 학생들과 대화를 나눕니다. 학생들은 자기 몸을 낮추거나 다양한 방법으로 활동을 성공합니다. 교사는 협동과 배려가 있는 순간을 모두에게 전하고 칭찬해 줍니다.

학생들 중에는 자기만 생각해서 몸 전체를 뒤로 기울이는 경우가 있는데 이렇게 되면 잡은 손을 놓쳐서 자기 외에 여러 사람이 다칠 수 있다는 것을 3번 활동을 하기 전에 강조해야 합니다. 불안함에 몸을 움직이지 않는 경우도 있는데, 구성원의 힘이 균등하지 않으면 몸을 젖힌 사람과 젖히지 않은 사람 사이에 잡아당기기 위해 많은 힘을 써야 해서 더 힘들 수 있다는 것을 알려주면 좋습니다. 이를 통해 서로 믿어야 성공할 수 있다는 것을 경험합니다. 교사가 활동에 적극 참여한 학생을 눈여겨보았다가 함께 시범을 보여주는 것도 도움이 됩니다.

'연꽃이 피었습니다'는 반 구성원의 특성에 따라 활동 시간의 차이가 큽니다. 낯선 분위기에 소극적인 구성원이 많으면 실패하기도 합니다. 활동의 의미를 교사가 꾸준히 설명하고 좋은 방법은 무엇인지 대화를 나누고 의견을 적극 수용하며 격려하는 것이 좋습니다. 다음은 수업에 참여한 한 학생들의 소감입니다.

> "원해서 선택한 수업도 아니고 친한 친구가 없어서 낯설었다. 선생님이 일부러 두 명씩 짝을 짓게 했던 것 같다. 두 명이 계속 활동하면서 편안한 마음이 들었고, 반 전체가 함께 무엇을 해 본 적이 없었는데 성공해서 뿌듯했다."

"내가 하는 이야기를 누군가가 열심히 들어준다는 느낌이 좋았다. 다음 시간에도 기분 좋게 수업에 올 수 있을 것 같다."

> **실전 TIP**
>
> 활동 사진을 촬영해서 다음 시간에 꼭 보여줘 보세요. 필자의 경우, 항상 수업을 시작할 때 원 모양으로 앉게 한 다음 지난 시간에 찍은 활동 사진을 함께 보았습니다. 어떤 활동을 했는지 되짚어보고, 서로 아이디어를 제안하고 수용했던 모습을 칭찬합니다.

중심 활동 1 : 이름으로 즉흥극 만들기

서로의 이름을 알아가며 친해지고, 자연스럽게 극을 만들도록 유도하기 위한 활동입니다. 활동 전에 먼저 모둠을 정해야 합니다. 원으로 앉은 상태에서 교사가 전체 인원수를 1/n 해서 모둠을 만들도록 제시어를 제안합니다. 전체 인원이 27명인 경우 한 모둠당 인원이 네다섯 명씩 5~6모둠이 되도록 했습니다. 교사를 기준으로 시계 방향으로 '무지개 빛깔'의 한 글자씩을 차례대로 말하게 했습니다. 그런 후에 같은 글자를 말한 사람들끼리 모여서 모둠이 됩니다. 이때 "'무지개 빛깔' 중 '무'를 말한 사람 손들어 보세요"처럼 자기가 말한 글자가 무엇인지를 꼭 확인해 주는 것이 필요합니다. 그렇지 않으면 자기가 어느 모둠인지 모르는 학생들 때문에 분위기가 소란스러워질 수 있습니다.

> **실전 TIP**
> 제시어는 매시간 다르게 준비해서 학생들이 예측할 수 없도록 했습니다. 이런 과정이 되풀이되자 모두들 친한 사람이 아니어도 즐겁게 활동할 수 있다는 것을 받아들였습니다.

　모둠원의 이름이 한 번 이상 불려야 한다는 조건만 제시하고 즉흥극을 만들도록 했습니다. 교사는 모둠별 활동을 관찰하고 도움이 필요한 경우 참여했습니다. 학생들의 첫 질문은, "몇 분 정도 발표해요?"입니다.

　교사는 수업할 때 최소한의 조건을 제시하고 궁금한 것은 무엇이든 의미가 있으니 질문하라고 합니다. 학생들의 질문 중 모두가 생각해 보면 좋을 질문은 전체 공유를 하고 서로 답하도록 유도합니다. 부담 없이 극을 만들 수 있는 발표 시간은 얼마인지 검토한 뒤 1분 이내가 좋겠다면 그렇게 제한 시간을 주는 게 좋아요. 필요한 경우 더 짧거나 길어질 수도 있다고 허용해 줍니다.

　모둠원의 결과물이 완성되었는지 확인한 후에는 교실 한쪽을 무대로 약속하고 무대를 기준으로 객석에 앉도록 합니다. 첫 시간에는 공연장에서 지켜야 할 예절이 무엇인지 이야기하고 무대에 서는 배우는 자기 목소리가 관객에게 들리도록 하자고 제안합니다. 즉흥극 만들기 전에 소감 나누기를 하면서 목소리 크기가 어느 정도여야 모두가 소리를 들을 수 있는지 함께 이야기 나눴습니다. 소감을 나눌 때 목소리가 작은 경우, 알려주기도 했고요.

예시) 모둠별로 만든 즉흥극

- 1조 : 가족. 엄마가 버리라는 쓰레기를 가족들이 서로의 이름을 부르며 미루는 내용.
- 2조 : 교사 한 명과 반 친구들. 한 명의 친구를 에워싸고 놀리는(?) 중에 선생님이 와서 아이들의 이름을 부르며 친하게 지내라는 이야기를 함. (교사의 이름은 호명되지 않았음. 다른 모둠에서 관찰하여 봄.)
- 3조 : 형사계 과장이 형사를 호명하며 범인을 잡으라고 함. 잡혀온 범인들이 취조하는 형사에게 이름과 죄명을 불림. 즉흥적으로 대사를 주고받았음. 범인의 연기를 극이 끝날 때까지 하는 학생도 있었음.

교사가 관객의 시선, 위치에서 학생 발표를 보면 짚어주고 싶은 이야기가 생깁니다. 목소리 크기, 관객에게 등을 보이지 않게 서는 방법을 알려주면서 학생들이 그 차이를 알 수 있게 시범을 보였습니다. 작은 목소리로 대사를 하는 경우와 관객에게 등을 보이고 서서 대사를 하는 경우를 직접 보여주니까 반응이 좋았습니다. 2차시부터는 발표할 모둠에게 "배우 여러분, 준비해 주세요" 하는 방식으로 그들 스스로 연극의 참여자임을 알도록 했습니다. 학생들의 태도도 점점 진지하게 바뀌었습니다. 다음은 수업에 참여한 학생들의 소감입니다.

"친구들의 이름을 알 수 있었다. 재미있었다."
"짧은 시간 동안 의논해서 극을 만들었다는 것이 신기하다."
"등을 보이지 않고 연기해야 한다는 것을 배웠다."
"연기를 잘하는 친구들이 있었다."

"내 이야기를 들어주는 것이 좋았다."

　모두들 실수 없이 완벽하게 연습해서 발표하고 싶어 했습니다. 시간이 지날수록 표현 욕구가 강해졌습니다. 완벽한 대본, 실수 없는 연극도 좋지만 다른 사람의 반응을 염려하는 마음과 정답이 있을 거란 생각을 내려놓고 즐겨보자고 했는데 최종 수업 평가 때는 학생들의 의견이 엇갈렸습니다. 충분하게 연습할 시간이 있었으면 좋겠다는 의견이 있었습니다. 그때의 경험을 바탕으로, 지금은 활동을 관찰하면서 남은 시간을 여러 번 알려주거나 학생들이 원하는 시간만큼 연습을 하도록 의견을 수렴합니다.

　1차시(90분) 수업의 목표는 어색한 학생들끼리 친해지고 다음 수업 시간을 두려워하지 않도록 하는 것이었습니다. 활동 소감을 나눌 때도 대부분의 학생은 재미있었다 정도를 말했습니다. 27명이 모두 말하는 동안 때로는 기다림이 필요했고, 쑥스러워 말하지 않으려는 분위기를 전환하기 위해 제가 먼저 활동하며 느낀 소감과 관찰한 것을 이야기했습니다.

　그래서 1차시 활동부터 대본 쓰기를 어떻게 할 것인가를 계획하진 않았습니다. 적극적으로 활동하는 학생이 누구인지, 즉흥 연기를 즐기는 학생이 누구인지, 발표 내용은 무엇이었는지를 기록했습니다. 이름으로 즉흥극을 만들 때 쓰레기를 버리기 싫어서 동생에게 심부름을 시키는 언니에 관한 내용이 있었는데, 대본을 쓸 때 공부를 잘해서 부모님에게 사랑을 독차지하는 언니 때문에 소외되는 동생을 등장인물로 생각하게 되었습니다.

몸과 마음 열기 2 : 고양이와 쥐 놀이

고양이와 쥐 역할을 맡아 쫓고 쫓기는 역할을 연극적으로 경험하는 놀이입니다. 놀이를 하는 동안 긴장감을 경험하고 바뀌는 역할에 적응하는 연습을 할 수 있습니다. 수업 당시 일주일 만에 만나는 학생들의 어색함을 풀기 위해서 원으로 모여 앉았습니다. 일주일 동안 있었던 일 중 기억에 남는 일을 소개하는 말하기를 했습니다.

1. 학생들 중에 고양이와 쥐 역할을 할 사람을 한 명씩 정합니다. 다른 사람들은 모두 2인 1조로 팔짱을 끼고 섭니다. (이 놀이는 다양한 방법이 있는데, 실제 수업한 것만 적었습니다.)

2. 고양이 역할을 맡은 학생은 자기가 고양이임을 알리기 위해, "야옹!"이라고 신호를 한 후, 쥐를 쫓습니다. 쥐 역할을 맡은 학생은 팔짱을 끼고 있는 학생들 사이를 지나다니며 고양이를 피해 다닙니다.

3. 이때, 쥐를 맡은 학생도 "찍찍" 소리를 내서 자기 역할이 무엇인지 알리도록 했는데 도망 다니느라 신호를 잊어버리는 경우도 있고, 계속 소리를 내며 다니는 것을 힘들어하는 학생도 있었습니다. 상황에 따라서 역할이 바뀌는 순간에는 잠시 정지하고, 교사가 고양이와 쥐 역할자에게 소리를 내게 한 후 하나, 둘, 셋 하면 놀이를 시작하도록 했습니다.

4. 고양이가 쥐를 잡으면, 쥐였던 학생은 고양이가 되고, 고양이였던 학생은 쥐가 됩니다. 고양이가 쥐를 쫓습니다. 2인 1조인 학생들이 쥐를 위해 방어막이 되어 준 순간이 있었습니다. 순간의 제안

이었는데 쥐를 맡은 역할자는 좋아하고, 고양이를 맡은 역할자는 자기만 힘들다고 속상해했습니다.
5. 규칙이 익숙해지면 놀이 방법을 바꿉니다. 2인 1조로 서 있던 학생들이 지루하지 않도록 놀이 방법을 전환하는 것이 좋습니다.
6. 쫓기는 쥐는 2인 1조(예를 들어, A와 B가 팔짱을 끼고 있다고 가정하면) 중 한 명에게 팔짱을 낄 수 있습니다. 쥐가 A와 팔짱을 끼었다면, B가 새로운 쥐가 됩니다. B는 "찍찍" 소리를 내어 자기가 쥐임을 알리고 도망을 다닙니다.

4번이 익숙해지면 놀이를 변형할 수 있습니다. 쥐가 A에게 팔짱을 끼면 B에게 새로운 역할이 생기는데 4번에서는 B가 쥐였다면, 이제는 B가 고양이가 되어 "야옹"하고 쥐를 쫓아갑니다. 고양이로서 쫓는 역할이었던 학생은 (B가 고양이가 되면) 쥐가 되어 "찍찍"하고 도망을 다닙니다.

이때 역할이 빠르게 바뀌기 때문에 놀이에 집중해야 재미를 느낄 수 있습니다. 규칙을 제대로 알지 못하면 "뭐지?"하고 묻는 학생 때문에 놀이의 속도가 떨어집니다. 학생들이 규칙을 잘 알고 있는지 교사가 잘 관찰하는 것이 중요합니다.

쥐를 보호하려는 2인 1조(활동 당시 '나무'라고 이름 붙임) 나무가 고마웠다는 의견이 있었고, 대본을 쓸 때 소외된 여중생을 도와주는 나무 같은 존재가 있었으면 좋겠다는 생각을 하게 됐습니다. 다음은 수업에 참여한 학생들의 소감입니다.

"재미있었다."

"처음엔 규칙을 잘 몰라서 헷갈렸다. 고양이 또는 쥐가 되는 참여자가 자기 역할을 정확하게 알려주는 것이 중요한 것 같다."

"여러 번 뛰어다녀서 힘들었다."

> **실전 TIP**
>
> 자유학기제 수업이 5교시부터 시작이어서 뛰는 활동과 역할이 바뀌는 놀이 규칙에 집중하는 것을 학생들이 어려워했습니다. 초등학교에서는 잡기 놀이와 비슷해서 활발한 움직임이 일어난다고 하는데, 몸을 쓰는 활동이 많지 않은 중학생부터는 이 놀이를 길게 하는 것은 적절하지 않다는 생각입니다. 체조라든지 충분한 몸풀기 후에 10~15분 정도 활동하면 좋을 것 같습니다.

중심 활동 2 : 소지품으로 자기 이야기하기

자기 경험을 또래에게 말하는 것은 관계에 대해 안전함을 느낄 때 활발합니다. 1차시를 마무리할 때 자기만의 의미 있는 물건, 휴대할 수 있는, 공책 크기보다 작은 것 한 가지를 가져오도록 했습니다. 아직 어색한 관계인 학생들이 물건을 소개하는 말하기를 통해 자연스럽게 대화를 나누며 서로를 알아갈 수 있다는 데 의미가 있는 활동입니다.

1. 두 명씩 짝을 이룬 다음 가지고 온 물건을 상대에게 소개합니다. 물건을 주어로, "나는 ~가 좋아하는 지우개야"라고 말할 수 있습니다. 형식은 자유롭게 하고 교사가 신호할 때까지 이야기를 나눕니다. 교사가 신호하지 않는 경우, 이야기를 먼저 끝내고 어색

해하는 경우가 있기 때문입니다. 주어진 시간 안에 이야기를 나누고 궁금한 것은, 활동 후에 묻고 답하기를 했습니다.

2. 1번을 한 후에는 물건을 서로 교환하고 헤어져서 새로운 짝을 만납니다. 바꾼 후 가지고 있는 물건에 대해 들은 이야기를 상대에게 말합니다. 이때 누구 물건인지는 말하지 않도록 미리 약속을 정합니다. 물건을 바꿔서 다니다 보면 익명성이 생겨서 누구 물건인지도 잊어버리게 되고, 들은 내용에 대한 이해가 달라져서 새로운 이야기가 만들어지기도 합니다.

3. 모두가 만나서 이야기를 나누었다면, 가장 마지막에 바꾼 물건을 가지고 원으로 앉습니다. 이 활동을 하는 데 15~20분 정도 걸립니다. 일주일 중 가장 기억에 남는 일을 말하거나 고민 또는 걱정을 이야기하는 활동 후에 '자기 물건을 소개하고 바꾼다'로 활동을 수정할 수도 있습니다. 현재 가지고 있는 물건에 대해 들은 이야기를 모두에게 전합니다. 모두를 대상으로 말하는 활동을 자주 하면 적절한 목소리 크기를 알 수 있습니다. 처음 내가 한 이야기와 다른 내용이 있더라도 상대의 말하기가 끝날 때까지는 기다립니다. 누구의 물건일 것 같은지 함께 이야기 나누면 내가 생각하는 나와 친구들이 생각하는 나의 모습도 발견할 수 있습니다. 물건 주인에게 물건을 돌려주고, 사실과 다른 내용이 있거나 하고 싶은 이야기가 있으면 말할 수 있습니다.

다양한 소품으로 이야기를 나누면서 대본에 쓸 소재를 모을 수 있었습니다. 학생들의 반응을 관찰하면서 추후 연극적 소재로 사용하면 좋겠다는 이야기를 발견하기도 했고요. 어릴 적 추억이 있는 물건을 가져온 경우가 있었는데, 이야기를 듣던 참여자들이 공감하면서 "그땐 우리도 예뻤는데" "사랑받았는데" 하고 슬퍼하는 말을 한 적이 있었습니다. 대본 쓰기를 할 때 그 이야기를 다시 하자 교사가 열정적으로 자기 이야기를 듣고 기록했다는 점에 학생들은 감동했습니다. 그리고 나도 사랑받고 싶은 존재라는 이야기를 주제로 정하는 데 이 활동의 의미가 컸습니다. 다음은 수업에 참여했던 학생들의 소감입니다.

"친구의 이야기를 모두 기억하기가 어려웠다."
"친구들과 친해지는 느낌이 들었다."
"공통점을 가진 친구와 만나는 일이 즐거웠다."
"내 이야기가 다르게 전달되는 것을 경험하고 말을 전달할 때 조심해야겠다는 생각이 들었다."

> **실전 TIP**
> 비싼 물건, 도난 또는 파손이 걱정되는 물건, 무거운 물건은 가져오지 않도록 미리 이야기하는 것이 좋습니다.

몸과 마음 열기 3 : 인디언 놀이

인디언 노래에 맞추어 한 명씩 만나서 악수하다가 열 번째에 만나는 사람과는 손을 잡고 앉는 놀이입니다. 놀이를 하면서 자연스럽게 새로운 대상을 만날 수 있으므로 학기 초에 하면 좋은 활동입니다.

1. 인디언 노래를 부릅니다. 노랫말은 '한 사람 두 사람 세 사람 만나고(길게 악수) / 네 사람 다섯 사람 여섯 사람 만나고(길게 악수) / 일곱 사람 여덟 사람 아홉 사람 만나고(길게 악수) / 열 사람 만났다'입니다. 노래를 시작하면, 자연스럽게 걸으면서 만나는 사람과 악수합니다. '만나고'라는 가사가 나올 때는 조금 더 길게 악수합니다. '열 사람 만났다' 할 때 만난 두 사람은 손을 잡고 바닥에 앉습니다.

2. 노래하고 박수 치면서 여러 사람과 손을 잡는 행동을 하며 긴장을 풀 수 있습니다. 그리고 노래가 끝날 때까지 누구와 짝이 될지 예측할 수 없지요. 실제 참여자의 성향에 따라 규칙을 파악해서 '열 사람 만났다' 할 때 친한 친구를 만나는 경우도 있어요. 이럴 때는 교사가 한 번 더 놀이를 제안하고 지금 손을 잡은 사람과는 짝이 되지 않아야 한다고 조건을 제시합니다.

중심 활동 3 : 악기를 사용해서 즉흥극 만들기

◉ 첫 번째 활동 : 악기의 쓰임과 소리 탐색하기

45분 중 몸과 마음 열기 활동을 간단하게 한 후, 다양한 악기를 탐색하도록 했습니다. 교사는 다양한 악기를 준비하여 펼쳐 놓습니다. 학생들은 악기의 소리를 듣고 연주합니다. 준비한 악기는 캐스터네츠, 트라이앵글, 실로폰, 방울 등입니다.

학생들이 준비물을 충분히 가지고 놀면서 탐색하는 게 중요합니다. 놀이의 시작은 탐색이라고 하는데 탐색이 충분해야 그것을 도구로 활용한 다음 활동하는 데 집중할 수 있기 때문입니다.

트라이앵글은 삼각형 몸체 중 어느 부분을 무엇으로 두드리느냐에 따라서, 어떤 간격으로 두드리느냐에 따라서 다른 느낌을 표현할 수 있습니다. 교사는 사용법이 익숙하더라도 그 악기를 사용해서 어떤 소리가 나고, 어떤 분위기를 만들 수 있는지 숙지하고 수업에 참여하는 것이 좋습니다.

● 두 번째 활동 : 악기를 사용해서 즉흥극 만들기

학생들이 수업 방법에 익숙해질 때까지 가장 많이 한 질문은, 자유롭게 해도 되는지 정답이 있는지를 묻는 것이었습니다. 그래서 학생들의 자율적인 활동을 최대한 허용하는 분위기를 만들었습니다. 정해진 것은 없으며 창작자의 입장에서 자유롭게 발표하는 모든 것이 작품이라고 이야기했습니다. 학생들은 요리하기, 야구장에서 응원하기, 오케스트라 단원의 연주하기 등을 발표했습니다.

교사는 모둠별로 연습 과정을 지켜보았고, 학생들에게 소리의 크기와 강약의 변화가 있게 발표하라고 새로운 조건을 제시했더니 음식이 보글보글 끓거나, 야구장에서 타자가 홈런을 친 경우, 오케스트라가 빠른 음악을 연주할 때 소리의 변화가 있었습니다. 발표할 준비가 되면 시작하는 동작으로 정지하고 서 있도록 했고, 모둠원이 모두 멈춘 것을 확인하면 발표하도록 했습니다. 극이 끝날 때는 "끝났어요"라고 말하지 않고 모두가 동작을 정지해서 극이 끝난 것을 관객에게 알리자고 약속을 정했습니다.

대본을 쓸 때 요리 장면을 사용했고, 장면의 효과적인 표현을 위해 어떤 음향 효과를 사용할 수 있을까를 이후 수업마다 생각하는 시간을 가졌습니다. 그래서 대본 작업 때 음향에 대해 고민하는 시간을 아낄 수 있었습니다.

활동하면서 아이디어를 제안하고 연주를 이끄는 학생이 눈에 띄었습니다. 대본을 쓸 때, 즉흥적으로 연기하면서 대본을 수정했는데, 활동 중 리더가 된 학생들이 주연을 맡거나 연출가의 역할을 하는 경우가 많았습니다. 다음은 수업에 참여한 학생들의 소감입니다.

"익숙한 악기에서 다양한 소리가 난다는 것을 알았다."
"즉흥극을 만드는 일이 재미있다."
"친구들의 발표를 보는 것도 즐겁고, 내가 만든 것을 보고 재미있어 하는 친구를 보는 것도 즐겁다. 또 해 보고 싶다."

몸과 마음 열기 4 : 연극놀이

4차시에는 90분 동안 즐겁게 연극놀이를 했습니다. 한 가지 놀이를 30분 이상 하기도 했는데 규칙을 충분히 익히도록 하고, 놀이를 더 재미있게 하려면 어떤 방법이 있을지 학생들의 제안을 들으면서 변형하기도 했습니다.

○ 첫 번째 활동 : 독거미 놀이

신체적 움직임, 걷기와 표정, 눈짓 등을 생각해 보려고 한 활동입니다. 독거미인 사람을 찾을 수 있는 좋은 방법은 무엇일지 학생들과 의견을 교환하며 놀이를 했습니다.

1. 학생들 중에 독거미 역할을 할 사람을 정한다고 알립니다. 독거미를 몇 명이 할 것인지 미리 정해야 하는데 27명 기준으로 두세 명이 적당한 것 같습니다.
2. 모두 고개를 숙여서 서로를 볼 수 없게 한 상태에서, 교사는 독거미 역할을 할 사람에게 약속한 신호(예: 등 두드리기)를 합니다.
3. 독거미끼리는 고개를 들어 서로를 확인하고 기억합니다. 그렇지 않으면 누가 독거미인지, 몇 명이 독거미였는지 잊어버리기 쉽습니다.
4. 신나는 음악을 신호로 학생들은 자연스럽게 걸으며 만나는 사람과 악수를 합니다. 독거미인 사람은 악수할 때 상대의 손바닥에 독침을 놓듯 손가락으로 상대방의 손바닥을 찌르거나 가볍게 두드리는 신호를 합니다.
5. 독거미를 만난 사람은 다른 사람이 독거미의 정체를 모르도록 두 발자국 정도 걸은 후에 '악' 소리를 내며 쓰러집니다.
6. 이때 교사는 모두의 움직임을 정지시키고, 쓰러진 학생에게 최후의 한마디를 하게 합니다. 쓰러진 학생은 한마디 즉흥 대사(예: 살고 싶어)를 하고 놀이 밖에서 관찰자가 됩니다.
7. 독거미가 누구인지 알 것 같으면 교사에게 신호해서 "정지!"라고 말하고 술래일 것 같은 사람의 이름을 말합니다. 놀이에 참여하는 중에 답을 틀리게 말했다면 그 사람도 한마디 즉흥 대사(예: 너였어야 했는데)를 하고 놀이 밖에서 관찰자가 됩니다.
8. 독거미가 누구인지 밝혀지면 놀이가 끝납니다.

활동을 마친 뒤 누가 독거미인지 알 수 있었던 방법을 이야기 나누었습니다. 놀이 밖에서 관찰자였던 참여자는 놀이가 끝난 후에 말할 수 있으며, 관찰했던 참여자들의 움직임과 반응을 이야기할 수 있습니다. 그래서 관찰자가 되더라도 관찰자로서의 역할을 가지면 놀이에 집중합니다. 다음은 수업에 참여한 학생들의 소감입니다.

"재미있었다."
"독거미인 사람이 손바닥을 손톱으로 긁을 때 기분이 좋지 않았다."
"독거미와 악수를 하면 죽으니까 떨리고 무서웠다."
"다들 연기를 잘하는 것 같다. 누가 독거미인지 알기 어려웠다."

> **실전 TIP**
> 독거미인 사람이 상대와 악수할 때 손바닥을 찌르거나 긁는 동작이 있었는데, 그때 기분이 상했다는 친구도 있었습니다. 이럴 경우, 어떤 신호를 하면 좋을지 의견을 나눈 뒤 학생들이 원하는 방식으로 진행하면 좋을 것 같습니다.

● 두 번째 활동 : 최면술 놀이

거울 놀이라고도 합니다. 평상시에 사용하지 않던 몸의 근육을 움직여 보고, 평소보다 느린 동작을 하면서 자연스러운 움직임을 찾을 수 있습니다. 상대가 따라 할 수 있는 빠르기로 동작을 제안하면서 상대를 배려할 수 있게 됩니다.

1. 두 사람씩 짝을 이룬 다음, 가위바위보를 하여 둘 중 한 사람이 최면술사가 됩니다. 최면에 걸린 사람이 상대방(최면술사)의 몸짓을 그대로 따라 하는 놀이입니다.
2. 두 사람은 상대의 눈을 바라보고 시선을 유지합니다. 최면술사는 상대방의 얼굴 높이에 자기 손바닥을 펴고 손바닥과 상대방의 얼굴과의 거리는 20cm 정도 간격을 유지합니다. 상대방의 움직임을 볼 수 있게 하고, 부딪치지 않도록 간격을 두는 것이지요. 눈을 보는 것이 낯설어서 활동에 집중하지 못하는 경우, 손바닥을 보게 했습니다.
3. 최면술사는 상대방이 따라 할 수 있는 정도의 속도로 움직입니다. 처음에는 손바닥을 위아래, 좌우로 움직이는 것처럼 간단한 동작부터 하고, 걷는 속도를 다르게 하거나 몸의 높낮이를 바꿀 수도 있습니다. 최면에 걸린 사람이 다른 참여자와 부딪치지 않도록 주변을 살피는 것도 중요합니다. 교사가 음악을 틀어줄 수도 있습니다. 음악의 빠르기를 고려하여 움직이면 좋습니다.
4. 놀이를 마치면 역할을 바꾸어 다시 해 봅니다.

90분 동안 열심히 놀았더니 참여자들은 노는 것도 힘이 든다고 얘기했습니다. 다음 시간에는 극 만들기를 해 보고 싶다는 의견을 내기도 하고요. 다음은 수업에 참여한 학생들의 소감입니다.

"재미있었다. 눈을 바라보는 것이 어색했다. 최면술사일 때 어떻게 움직여야 하는지 몰라서 긴장됐다."

"최면술사가 빨리 움직여서 따라 하느라 힘들었다."

"최면술사가 하라는 대로 움직이니까 편했다. 내가 하자는 대로 친구가 움직여서 인형을 조정하는 것 같았다."

> **실전 TIP**
>
> 최면술사 역할을 맡은 아이들, 최면술사를 따라 하는 역할을 맡은 아이들 모두 동작을 하는 데 어려움을 토로하는 경우가 많았습니다. 교사가 최면술사일 때 어떻게 움직여야 하는지 예시를 몸으로 보여주고, 상대를 배려하는 움직임이 무엇인가에 대해 이야기를 나누어 보세요. 최면술사 놀이가 익숙해질 때까지 진행하다가 소감을 듣고 보완해서 새로운 짝과 놀이를 하게 해도 좋습니다.

몸과 마음 열기 5 : 무궁화꽃이 피었습니다

평상시 하는 동작을 정지 동작으로 표현하면서 효과적인 표현 방법은 무엇인지 고민해 볼 수 있는 활동입니다. 경험해 본 것을 더 잘 표현할 수 있음을 아는 것이 이 활동의 목표입니다.

1. 술래 한 명이 등을 보이고 서서 '무궁화꽃이 ~ㅂ니다'라고 노래를 부릅니다. '~ㅂ니다'는 동작으로 표현이 가능한 단어여야 합니다. '교사가 책을 읽는다' '밥을 먹는다'처럼 예를 제시한 후 어떻게 동작으로 표현할 수 있는지 참여자와 대화를 나누면 좋습니다. 이때 몸의 높낮이를 다르게 해서 표현하도록 합니다. 책을 읽더라도 의자에 앉아서 읽는 경우와 바닥에 누워서 읽는 경우 등으로 다르게 표현할 수 있습니다.

2. 술래가 노래 후 몸을 돌릴 때까지 참여자들은 술래가 제안한 '~ㅂ니다'를 정지 동작으로 표현합니다. 술래가 보았을 때 정지 동작의 의미가 궁금하면 참여자에게 설명을 요구할 수 있습니다. 술래는 참여자의 표현이 부족하다고 생각하면, 참여자를 가까이 오게 해서 손을 잡습니다. 참여자가 술래에게 가까이 간 경우, 참여자가 술래와 잡은 손을 놓게 하고 도망갑니다.

이 놀이는 술래가 도망자를 쫓고 잡는 것보다 술래가 제안한 단어를 정지 동작으로 어떻게 표현하는지가 중요합니다. 따라서 술래의 의미가 부정적(놀이의 실패자)이지 않다는 것을 미리 알려주고 놀이를 시작하는 것이 좋습니다. 술래가 제안하는 것을 즐길 수 있도록 교사가 시범을 보여주는 것이 필요합니다. 예를 들어, 무궁화꽃이 '수영을 합니다' '큰 파도가 덮쳤습니다' '물을 먹었습니다' 등 재미난 상황을 제시하면 재미있는 반응을 볼 수 있습니다. 다음은 수업에 참여했던 학생들의 소감입니다.

"다양한 동작이 있다는 것을 알았다."
"술래가 되는 것이 싫었다."
"술래를 오래 하는 것이 싫었다."
"재미있었다."
"관찰이 중요하다는 것을 알았다."
"직접 해 본 것은 하기가 쉬웠는데 해 보지 않은 것은 어려웠다."

중심 활동 5 : 신문지 놀이

신문지를 탐색하고 놀이하는 방법은 여러 가지가 있습니다. 신문지를 많이 모아둔 경우 신문지로 이야기 주인공을 표현할 수 있어요. 예를 들어, 신문지를 구기거나 자르거나 테이프로 이어붙여서 인어공주의 비늘 다리와 조개를 만들 수 있습니다. 그 밖에도 신문지를 다양한 형태로 변형하면서 놀 수 있어서 참여자의 몰입이 크고, 여럿이 함께 활동하면서 협력하게 됩니다. 다음은 활동에 참여했던 학생들의 소감입니다.

"신문지로 오랜만에 놀았다. 테이프로 칭칭 감을 때 기분이 좋았다."
"여럿이 함께 만드는 과정이 재미있고 뿌듯했다."

몸과 마음 열기 6 : 그림자 놀이

최면술사 놀이와 비슷한 놀이입니다. 함께 활동하는 상대방을 믿어야 하기 때문에 다양한 감정이 생길 수 있습니다.

1. 두 사람이 짝이 됩니다. 앞에 선 사람은 눈을 감고 그 뒤에 선 사람은 앞사람의 어깨에 손을 얹습니다.
2. 뒤에 선 사람이 앞에 선 사람에게 "앞(왼쪽, 오른쪽)으로 가"라고 방향을 제시하면 앞에 선 사람은 제시한 방향으로 걷습니다. 익숙해지면 걷는 속도도 조절할 수 있습니다. 이때 방향을 제시하는 사람은 앞에 선 사람이 부딪치지 않도록 속도를 조절합니다.

부딪히기 전에 걷는 방향을 바꾸거나 어깨를 잡는 것을 정지 신호로 정해서 걷기를 멈추게 할 수 있습니다. 앞에 선 사람은 눈을 감고 있어서 보이지 않는 두려움이 있습니다. 믿음을 갖고 다닐 수 있도록 배려하는 것이 중요합니다. 양손을 X 자 모양으로 해 가슴 앞쪽을 보호합니다. 놀이를 마치면 역할을 바꾸어 다시 해봅니다. 활동 후 소감을 꼭 나누는 것이 좋습니다. 다음은 활동에 참여한 학생들의 소감입니다.

"앞이 보이지 않아서 부딪힐까 봐 두려웠다."
"뒤에 서 있는 친구가 다치지 않게 잡아줘서 든든했다."
"걷는 속도가 너무 빨라서(혹은 느려서) 두려웠다."
"활동을 마치고 뿌듯했다."

중심 활동 6 : 나에게 있었던 기쁜 날과 슬픈(또는 화났던) 날의 일기 쓰기

학생들은 각자 한 장씩 받은 B4 용지에 크레파스로 나에게 있었던 기쁜 날과 슬픈(또는 화났던) 날의 일기를 씁니다. 일기 내용은 공유하기 때문에 비밀 이야기를 적지 않도록 합니다. 쓴 일기는 모두가 볼 수 있도록 펼쳐 두고 충분히 감상합니다. 그리고 듣고 싶은 이야기가 있으면 일기의 주인이 동의하는 경우, 일기 내용을 들을 수 있습니다. 수업 중 일기를 쓰는데 쉬는 시간이 되어서 활동의 흐름이 끊어질 때가 있습니다. 이럴 경우, 기쁜 일부터 일기를 쓰고 쉬는 시간 후에 조용한 음악을 틀어 분위기를 잡아주는 것도 좋습니다.

이 활동은 마음을 충분히 열어야 하고 그 이야기를 진심으로 들어주는 관계가 있어야 가능하다고 생각합니다. 기쁜 일이든 슬픈 일이든 공감하는 이야기가 보태지고, 자기 상처를 고백하고 서로 위로했습니다. 학생들이 쓴 일기 중 비 오는 날, 누군가가 우산을 가지고 마중 나왔으면 하고 바라는 내용의 일기를 장면 만들기에 사용했습니다.

> **실전 TIP**
>
> 모두가 볼 수 있도록 큰 글씨와 그림을 그리는 것이 중요하다고 생각해서 크레파스를 선택했습니다. 후에, 파스텔이 훨씬 부드러워서 감정에 따라 그림을 그리는 활동에 적절하다는 것을 알았습니다. 색깔 펜은 돋보이는 색상 때문에 자기 이야기를 쓸 때 오히려 부담스럽다고 생각합니다. 그리기 재료의 재질과 색상, 굵기 등이 활동 결과에 영향을 줄 수 있습니다.

몸과 마음 열기 7 : 상황에 어울리는 행동과 소리를 마임으로 표현하기

활동 전에 원으로 모여서 모둠을 나눕니다. 모둠별로 어떤 공간을 의논하여 정한 후 그 공간에서 하게 되는 행동과 소리를 마임으로 표현하는 활동입니다. 다른 모둠은 그 공간이 어디인지 맞혀야 합니다. 움직임을 다양하게 해볼 수 있는 활동을 여러 번 한 후에 마임으로 표현하기를 했기 때문에 자연스럽게 활동할 수 있었습니다. 우리가 익숙하게 잘 알고 있는 장소가 어디인지 알 수 있었고, 그 장소에서 들리는 소리, 그 공간에서 하는 동작을 대본 쓰기를 할 때 사용했습니다.

중심 활동 7 : 딱지치기를 정지 장면으로 표현하기

「딱지 따먹기」(백창우 외 지음)라는 동시에서 '딱지가 홀딱 넘어갈 때 나는 내가 넘어가는 것 같다'라는 구절이 마음에 들어서 준비한 활동이었습니다. 몸과 마음 열기 활동을 한 후 우유갑 두 개를 포개어 딱지 만들기를 했는데 딱지를 처음 만들어보는 학생이 많아서 딱지를 완성하기 전에 쉬는 시간이 되었습니다. 딱지를 만드는 데 많은 시간을 쓴 것이 아쉬웠지만, 딱지치기를 놀이로 즐겼고, 그 후에는 딱지치기를 정지 동작으로 표현하고 하나, 둘, 셋 하면 딱지 치는 장면을 보여주는 활동을 했습니다.

모든 학생이 딱지를 치는 모습만 표현하는데 곧게 허리를 세우고 서 있는 모습으로 정지하는 경우가 많았습니다. 딱지를 칠 때 주변에 누가 있을까, 딱지를 따는 아이와 잃는 아이는 어떤 마음으로 표정을 지을까 등을 함께 이야기 나누면서 동작을 바꾸었습니다. 학생들은 그 인물이 되어 표현하면 같은 상황이라도 장면이 달라질 수 있다는 것을 알게 되었습니다.

중심 활동 8 : 색깔 천과 상자를 사용한 즉흥극 만들기

색깔 천은 인터넷에 '자투리 천'이라고 검색해서 빨강, 파랑, 초록, 검정, 흰색 천을 두 마씩 구입했습니다. 학생들이 충분히 살펴보고 원하는 만큼 가위로 잘라서 사용하게 했습니다. 천은 몸에 두르거나 무엇을 싸거나 하는 다양한 용도로 사용할 수 있다는 것을 미리 알려주었습니다.

상자는 일반 택배 상자를 크기별, 두께별로 여러 개 구입했습니다. 학생들이 어떤 용도로 사용할지 알 수 없어서 다양하게 준비했습니다. 학생들은 상자도 찢거나 오려서 형태를 바꾸어 사용했습니다. 상자를 이용해서 점점 커지는 무엇을 만드는 장면이 있어서 대본 쓰기를 할 때, 비 오는 날 아주 커다란 우산을 쓰고 가는 장면을 만들 수 있었습니다.

　즉흥극 만들기에 익숙한 상황이고, 천과 상자를 탐색하는 충분한 시간이 필요하다고 생각해서 몸과 마음 열기 활동은 따로 하지 않았습니다. 또한, 놀이와 즉흥극 만들기에 익숙해진 상태라 교사가 제안하는 것보다 스스로 만들기를 원해서 장소와 갈등 상황을 알 수 있게 표현하기만 제안했습니다. 다음은 활동에 참여한 학생들의 소감입니다.

> "수술실, 이승과 저승 등을 표현했는데 친구들의 아이디어가 다양해서 재미있다."
> "천과 종이상자를 이용하니까 여러 가지를 만들어보고 싶었다."
> "오리고 찢고 재미있게 놀았다."
> "친구가 연기를 잘해서 놀랐다."

몸과 마음 열기 9 : 이심전심 놀이

1. 삼삼오오 앉아 있던 상태에서 가까운 사람과 1대1로 짝을 지어 가위바위보를 합니다.
2. 이긴 사람은 왼편, 진 사람은 오른편으로 나누어 양편이 서로 마주 보고 섭니다.
3. 반대편 사람과 1대1로 짝을 지어 가운데에 서서 등을 맞댑니다.
4. 교사가 신호하면 자기가 바라보는 앞의 방향으로 걸어가다가 뒤를 돌아봅니다.
5. 돌아본 사람은 그대로 멈춰 서서 상대방도 돌아볼 때를 기다립니다.

6. 동시에 돌아볼 때까지 중앙에서 등을 대고 서서 처음처럼 되풀이합니다.
7. 규칙을 설명할 때 약속을 정하거나 대화하지 않는 것을 조건으로 합니다.

중심 활동 9 : 비 오는 날을 몸으로 표현하기

몸으로 표현하는 활동이다 보니 배경음악을 틀어 분위기를 내는 것도 좋습니다. 저는 쉬는 시간부터 류재수의 『노란 우산』 CD를 틀어주었습니다. 비 오는 날의 이야기가 대본에 필요하다는 생각이 들어서 준비한 활동입니다.

1. 큰 원에서 반원씩 두 팀으로 나누어 한 팀은 활동을 하고, 나머지 한 팀은 활동 모습을 감상합니다.
2. 활동하는 팀은 적절한 간격을 두고 서서 눈을 감은 채, 비 오는 날의 장면을 상상하여 몸으로 표현합니다.

모자를 뒤집어쓰거나 우산을 쓰는 장면, 손으로 머리를 감싸는 모습 등을 제자리에서 표현하다가 움직임을 표현해 달라고 하자 모두 걷기 시작했습니다. 다음은 활동에 참여한 학생들의 소감입니다.

"눈을 감았는데 걸으라고 해서 부딪힐까 봐 두려웠다."
"지켜보는 친구가 있어서 쑥스러웠다."
"비 오는 소리를 들으니까 정말 비가 오는 것 같았다."

"빗물이 고인 웅덩이에서 첨벙첨벙 몸이 젖도록 놀았던 기억이 났다."
"우산이 없어서 슬프게 걸어가는 장면이 생각났다"

각자가 했던 동작의 의미, 감정 또는 친구들의 표현을 보면서 떠오른 자기 이야기를 자연스럽게 나누었습니다. 이 중 빗물이 고인 웅덩이에서 첨벙첨벙 즐겁게 놀았던 기억을 대본을 쓸 때 활용했습니다. 이어서 이야기를 찾기 위해 즉흥으로 비 오는 날의 상황을 발표했습니다. 1~3개 모둠이 모두 무대를 설정하고 등퇴장의 방향을 신경 써서 연기를 했습니다.

예시) 모둠별로 만든 즉흥극

- 첫 번째 모둠 : 연수를 들으러 버스를 탐.(1반 장○○) 버스카드를 찍으며 "성인 요금입니다"처럼 구체적인 대사를 함. 그 버스가 지나가며 물을 튀겨서 맞는 행인이 있었음. (○○이가 무대 밖에서 "학교에서의 상황입니다"라는 대사를 함) 비를 맞으며 가는 행인 두 명, 옷을 뒤집어쓰고 뛰어가는 행인 두 명이 등퇴장을 함. 무대 밖에서 장면 전환에 대한 정보를 실제로 알려줄 수는 없으니 (조명 사용이나 장면 전환을 알리는 신호 등을 생각해) 자연스럽게 등퇴장을 연결하도록 다음 시간에 이야기함.
- 두 번째 모둠 : 지나가는 버스가 물을 튀겨 맞는 행인(첫 번째 모둠과 같은 장면), 비를 맞으면서 신나게 빙글빙글 돌면서 가는 행인, 옷을 뒤집어쓰고 가는 행인(첫 번째 모둠과 같은 장면)
- 세 번째 모둠 : 한 명이 등장하여 반대편으로 가더니 무언가를 뽑는 시늉을 하여 뽑은 것을 들고 등장한 쪽으로 가서 무리와 함께 그것을 썼

다. 반대편으로 함께 모여서 가다가 멈춰서서 "어~!" 하더니 그중 두 명만 따로 빠져나와 반대편으로 가고 아이들이 (잘 들리지 않았다) 이야기를 했다.

왼쪽, 오른쪽에서 번갈아 가면서 등퇴장을 하는 것이 인상적이었습니다. 다음 시간에 학생의 상황극을 보여주고 등퇴장을 일정한 방향으로만 하면 어떨지 의논하고, 연기를 해 본 소감을 나누는 것도 좋을 듯합니다. 세 번째 발표 후 무슨 내용인지 이해가 안 된다는 질문이 있어 세 번째 모둠에 설명을 부탁했습니다. 편의점 앞 커다란 파라솔을 우산으로 쓰려고 뽑았는데, 모두 함께 그것을 쓰고 가던 중 바람 때문에 파라솔이 뒤집어졌다고 합니다. 극 중 마지막에 대화를 나눈 두 명은, 숨겨둔 자기 우산을 쓰고 몰래 일행과 멀어져 걸은 것이라고 했습니다. 관객의 입장에서는 이해가 안 되는 장면이어서 어떻게 표현할 수 있을지 생각을 나눴습니다. 파라솔을 넘길 만한 바람이 불었다는 설정이 재미있어, 그 바람을 어떻게 표현하면 좋을지 의논하여 장면으로 사용했습니다.

대본 만들기

첫 수업부터 모은 이야기들을 정리하고 실제 공연이라는 전제로 즉흥극을 만들었습니다. 교실 컴퓨터 화면에 대본의 형식을 볼 수 있도록 해서 학생들의 의견을 바로 기록했고, 즉흥으로 배우를 캐스팅하고 배우가 연기를 하면서 모두가 작가, 배우, 연출을 경험한 시간이었습니다.

예시) 학생극 대본

#0. 오프닝

(암전된 무대) 가늘게 내리는 빗소리가 들린다.

무대 위 다섯 명의 배우는 등을 보이고 서 있다. 한 명씩 차례로 무대 앞을 향해 돌아서며 비 오는 날, 우리의 모습을 몸짓으로 표현한다. 우산을 쓰는 사람, 외투를 뒤집어쓰는 사람 등

모두   비가 오네. (정지)

두 명의 행인이 우산을 함께 쓰고 지나간다. (버스 지나가는 소리, 물이 튀는 소리)

행인   아이 씨! 옷이 다 젖었잖아. (걸어가면서 퇴장)

#1. 집

라디오 방송 소리가 들린다.

엄마   (주방에서 음식을 하는 중에 라디오 방송에서 날씨 예보가 나온다. 창밖을 바라보며) 어머! 비가 오네.

#2. 학교 현관

수업이 끝났음을 알리는 종소리가 울린다. 학교 현관, 학교를 떠나는 아이들의 부산한 소리가 들린다. 비를 맞으며 황급히 달려가는 아이. 우산

을 급히 펴 들고 따라가는 아이. 마중 나온 엄마의 우산 속으로 뛰어드는 아이. 우산을 혼자 또는 함께 쓰고 가는 아이. 모두가 돌아가고 주변이 조용하다.

A, B, C   (한 명씩 무대 앞으로 한 걸음씩 나오며) 어! 비가 온다. (각자의 동작 후 우연하게 셋의 시선이 만난다.)

#3. 거리1

빗방울이 굵어졌다. A, B, C가 약간의 시차를 두고 비를 피하려다 편의점 앞에서 만난다.

A, B, C   (함께) 어! (편의점 앞 탁자에 꽂힌 파라솔을 손가락으로 가리킨다.)

#4. 거리2

A, B, C가 큰 파라솔을 함께 쓰고 길을 걷는다. 웅덩이의 물을 튀기거나 하며 신나는 분위기로 비 오는 날을 즐긴다. 맞은편에서 중년의 행인이 전화통화를 하며 걸어온다.

행인   학원은 갔어? 비 맞으면 어디 큰일 나니? 엄마가 학원은 빼먹지 말고 가랬지!

A   (행인의 통화를 듣느라 무리에서 뒤처지며) 맞다! 나도 학원 가야 했는데… 엄마한테 혼나겠지? (고개를 숙인다.)

B, C   (뒤를 돌아보며) A! 왜 그래? 어서 가자!

강한 비바람이 분다. 파라솔이 뒤집힌다.

#5. A의 하루

A   (애교 섞인, 신나는 목소리로) 엄마~ 나 오늘 생일이니까, 맛있는 케이크 사 줘. 생일 케이크~.

엄마   얘가 생일이 뭐 그리 대단하다고 그래. 365일이 생일이지. 아이, 조용히 해.

A   (좀 더 커진 목소리, 조르듯) 엄마 엄마, 생일 케이크~ 생일 케이크 사 줘.

엄마   (화를 내며) 조용히 안 해! 언니 수능 점수 떨어져서 힘들어하다가 겨우 맘 잡고 공부하잖아! 생일은 내년에도 있는데 왜 이래, 진짜.

언니   (짜증 섞인 목소리로) 왜 이렇게 시끄러워. 공부를 할 수가 없잖아.

엄마   (큰딸을 달래며) 어, 그래그래. 어서 들어가서 공부해. (엄마와 언니는 등을 돌려 선다.)

A   (무대를 향해 정면으로 서서, 친구에게 전화를 건다.)

친구   으이그, 이 철없는 것아. 언니가 공부한다는데 생일 케이크 타령이냐! 언제 철들래?

A   (전화를 끊으며 한숨) 에휴… 외롭다.

#6. 다시 거리2

A, B, C가 우울하게 헤어진다.

엄마와 C의 가족이 C를 맞이하러 나온다.

| 엄마 | (등을 때리며) 감기 걸리면 어쩌려고 비를 맞고 돌아다녀! 학교 가도 안 보이고 어디 갔나 엄마가 걱정했잖아! |

음악과 함께 퇴장하며 끝난다.

수업을 마치며

스스로 원해서 수업을 희망한 학생이 없었고, 교사도 매시간 고민하면서 활동을 계획해야 했기 때문에 끈기와 힘이 필요했습니다. 학생들의 반응을 민감하게 관찰해서 즐거운 분위기이면 최대한 그 놀이를 오랫동안 해 보고 어떻게 변형할 수 있는지 학생과 이야기를 나눠서 적용해 보기도 했고요. 예를 들어, 고양이와 쥐 놀이를 하면서 두 명이 한 모둠으로 서 있을 때 그들에게도 역할이 있었으면 좋겠다는 의견이 있어서 쥐를 지켜주는 방어벽이 되기도 하고, 고양이를 돕기 위해 쥐가 도망가는 통로를 차단하는 걸림돌이 되기도 했습니다.

한 가지 활동을 한 후에는 교사가 무엇을 염두에 두었는지 활동의 의미도 꼭 이야기하고 활동한 소감도 모두 발표하도록 했습니다. 한 번 두 번 그 시간이 쌓이자 그냥 노는 것이라는 생각에서 우리의 이야기에 관심을 가졌고, 이야기가 모이면서 어떤 순서로 어떤 인물을 등장시킬 것인지 진지한 토론이 이어지곤 했지요. 무엇이 정답일지 두려워하지 않고 또래 친구와 나눈 이야기가 모여서 연극이 되었다는 점에서 전 차시의 수업이 학생들에게 소중해졌습니다. 나와 누군가의 이야기를 귀

담아들어줄 사람이 있다는 안정감, 그것이 연극적으로 표현되었을 때 느끼는 성취감과 성장이 수업을 통해 학생과 교사가 얻은 것입니다.

다만 아쉬운 점은, 연극 대본을 완성하지는 못했다는 점입니다. 겨울 독감이 유행하면서 결석생이 늘고 주연배우가 교체되면서 집중력이 떨어졌습니다. 하지만 결과보다는 과정이 유의미할 수 있다는 것을 배웠습니다. 학생들도 "같은 반 친구처럼 서로의 이야기를 말하고 들으며 친해질 수 있어서 좋았다" "누군가가 자기 이야기를 귀 기울여주어서 존중받는다는 느낌이 들었다" "우리 이야기가 연극이 될 수 있다는 과정을 경험하면서 나 자신이 특별한 사람이 된 것 같은 생각이 들었다"며, 다음에도 이런 수업을 후배들과 꼭 해 보라고 권하기도 했습니다.

연극 활동 수업은 학생들의 숨겨진 생각을 만날 수 있는, 그리고 또래 사이에서도 우리가 어떤 생각을 하고 있는지를 자연스럽게 나눌 수 있는 장점이 있습니다. 선뜻 시작하기 어렵다면 연수를 통해서, 또는 지역 모임을 통해 만나는 것부터 시도해 보시길 바랍니다.

찾아보기

────── 연극 용어 및 도구

과정드라마 34, 37~38, 81, 82, 103쪽

나무상자(큐빅) 216쪽

블랙라이트 242~243쪽

비브라슬랩 265쪽

빈 의자 기법 135쪽

'소리를 높여' 기법 112~113, 115쪽

소시오그램 237쪽

에너지차임 15쪽

오르프 15쪽

윈드차임 15쪽

전사(前事) 124, 127, 136, 208, 239, 254쪽

정지 장면 72, 78, 94~95, 130~131, 142, 148, 157, 164~166, 185, 195, 197, 253, 255~256, 262, 269, 271, 308, 340쪽

조건 낭독 74쪽

즉흥극 15, 58, 72, 79, 158, 165, 188, 321, 330~331, 341, 344쪽

지브리쉬 157~158쪽

차임벨 180, 262쪽

톤블럭 15쪽

핫시팅 122, 141, 143~144, 161, 208~209, 238쪽

핸드드럼 15쪽

핸드벨 15쪽

────── 도서 · 문학 · 예술작품

그림책 『도서관에 간 사자』 157쪽

그림책 『돼지책』 160쪽

그림책 『모자 사세요!』 186쪽

그림책 『백만 번 산 고양이』 253~254쪽

그림책 『섬』 269쪽

그림책 『젊어지는 샘물』 194쪽

그림책 『하얀 눈썹 호랑이』 235쪽

동화 「401호 욕할매」 34쪽

동화 『웨이싸이드 학교 별난 아이들』 167쪽

동화집 『아빠는 캠핑 중』 34쪽

소설 「수난이대」 125쪽

소설 「아홉 켤레의 구두로 남은 사내」 139쪽

시 「못 위의 잠」 72쪽

시 「우리 동네 구자명 씨」 91쪽

시집 『지리산의 봄』 91쪽
영화 〈목격자의 밤〉 207쪽
영화 〈귀향〉 46쪽
창작극 「목격자를 찾습니다」 205쪽
창작극 「회색의 섬」 276쪽
희곡 「파수꾼」 103쪽
희곡집 『이강백 희곡전집1』 103쪽

───── 연극놀이
거울 놀이 310, 334쪽
거인, 마녀, 작은 사람 36쪽
고양이와 쥐 놀이 184, 302, 325쪽
그림자 놀이 338쪽
그물 술래잡기 303쪽
기차 가위바위보 299쪽
꼬인 손 풀기 306쪽
눈 감고 손으로 이끌기 310쪽
'내가 누구게' 놀이 192쪽
다양한 방법으로 물 전달하기 311쪽
도미노 박수 306쪽
독거미 놀이 332쪽
두 사람 얼음 땡 35쪽
마임으로 연상단어 잇기 308쪽
몸으로 만들기 308쪽
무궁화꽃이 피었습니다 105, 185, 233, 336쪽
물을 이용한 벽화 그리기 311쪽
보물을 지켜라 56쪽
봉황 가위바위보 300쪽
상대방을 설득하는 말하기 132쪽

샐러드 놀이 182, 297쪽
소리 터널 놀이 192쪽
손님 모셔오기 놀이 298쪽
술래 따라 하기 301쪽
신문지 놀이 186, 338쪽
신분놀이 57쪽
실과 바늘 306쪽
어젯밤 꿈에 156쪽
업어주기 가위바위보 130쪽
연꽃이 활짝 피었습니다. 319쪽
움벨레 놀이 191, 309쪽
이심전심 놀이 342쪽
'이웃을 사랑하십니까' 놀이 297~298쪽
인디언 놀이 329쪽
자석 놀이 307쪽
정지 장면 놀이 185쪽
조각 빚기 307쪽
조각상 만들기 308쪽
죠스 놀이 185쪽
진주-조개-불가사리 놀이 183쪽
최면술 놀이 334쪽
터널 통과하기 305쪽
휴먼 만달라 304쪽